마가복음 강해서 3

하나님의 계명

하나님의 계명

모든 계명 중에 첫째가 무엇이니이까.....
주 너의 하나님을 사랑하라 하신것이요.
(마가복음 12:28,30)

마가복음 강해서 3

안병만 박사 지음

Expository Sermons:
The Gospel according to St. Mark

도서출판 영문

Acknowledgments

저자(著者)의 변(辯)

설교학을 전공한 목사로서 늘 고민하는 것 중에 하나가 '어떻게 하면 설교를 하나님의 마음을 담아서 청중들에게 적실하게 적용할 수 있을까' 하는 점입니다. 고인이 되신 옥한흠 목사님께서 설교에 대해서 '설교 준비는 진통이라면 설교는 해산과 같다' 는 말씀으로 비유하신 것을 잊지 않고 공감합니다. 본인은 설교는 하면 할수록 더 어렵고 무거운 짐이라는 것을 통감하고 있습니다. 신학대학원에서 원우들에게 설교를 잘 하는 방법과 그들의 장단점을 지적하여 시정하도록 요구하는 클리닉은 쉽게 하지만 진작 자신은 설교준비 과정에서 과부하가 걸리고, 설교문을 가지고 청중 앞에 설 때마다 또한 설교 후에는 어떤 반응이 나올까 하는 두려움을 감출 수 없는 것이 저의 솔직한 고백입니다. 이것은 모든 설교자들이 갖는 공통된 심경일 아닐까 라고 생각하기도 합니다.

예수님의 지상 사역에 대한 관심을 가지면서 사복음서 중에 어떤 것을 선택하여 강해를 할까 고심하는 가운데 복음서의 원본(Original-사복음서 중에 제일 먼저 기록된 책)이라고 말하는 마가복음을 선택하여 주일마다 강단에서 선포하게 되었는데, 그것을 모아서 두 권의 책을 먼저 내었고 이번이 세권째이므로 앞으로 한 두 권 더 출간함으로써 시리즈 강해서를 마무리 하려고 합니다. 마가복음은 간단하면서도, 하나님의 복음의 주제이신 우리 주 예수 그리스도의 행적에 대해서 잘 드러내고 있는 성경입니다. 이방인(로마인)들을 위해 쓰인 복음이기 때문에 이론보다 행동적인 면을 많이 강조하고 있고, 간단하면서도 사건이나 진리 자체가 명료합니다. 마태복음처럼 유대인들에 대한 변증이나 구약의 인용이 적고, 주님의 사역 가운데서도 이방인 복음 전파의 저항에 대한 언급들이 없이 "복음의 시작이다"(1:1)라는 첫 선언처럼 순수한 복음에 대해서 기술하고 있습니다. 이런 면을 고려해 볼 때 마가복음은 모든 민족, 특히 이방세계에 흩어져 사는 고난과 핍박 받는 하나님의 백성들을 위한 '기쁜 소식, 승리의 소식, 복된 소식'(εὐαγγέλιον-유앙겔리온)임이 분명합니다. **예수님께서는 가장 큰 계명이 '하나님 사랑과 이웃 사랑'이라고 하시면서 수직과 수평적 사랑의 균형을 맞추어 실천해야 할 것을 강조하셨습니다. 성도들은 구원 받은 하나님의 백성으로 계명을 실천함이 너무나 당연하고 그 계명을 지키는 자들이 바로 하나님을 사랑하고 이웃을 사랑하는 실천적 그리스도인입니다.**

설교자는 성경에서 말하고자하는 바를 충분하게 드러내어 삶에 적용시켜 성도들로 하여금 변화를 이끌어 내는 것이 강해설교의 목적인데(존 스토트, 해돈 로빈손) 대부분의 설교자들이 힘들어하는 것이 바로 이점이라고 생각합니다. 본문을 깊이 연구하고 묵상하여 직접 삶으로 울어낸 진리를 전달하여 청중들의 삶의 변화를 이끌어 내는 사역은 고역입니다. 그러나 부르심을 받아 말씀 맡은 자로서 쓰임 받기 위해서는 적어도 이 정도의 수고로움은 동반되어야 하고, 그 결과는 성령님께 맡기는 것이 옳습니다. 강단에서 외쳐진 말씀을 다 글로 적어서 출판하는 일은 거의 불가능하지만 기본적인 진리를 글로 표현하는 일은 그렇게 어렵지 않기 때문에 평생 설교에 헌신하는 분들에게 조금이나마 길잡이가 되고자 용기를 갖고 이 세상에 햇병아리와 같은 또 한 권의 책이 탄생하게 되었습니다. 말씀을 연구하는 분들과 말씀을 사모하는 평신도들에게 조금이나마 도우미가 된다면 이 책이 세상에 태어난 충분한 가치가 있다고 확신합니다.

본인은 **'존 스토트의 설교의 원리와 방법'**(프리셉트)을 연구하여 박사학위(Th.D)을 받아 수지에 있는 열방교회를 개척하여 섬기면서 성경적인 원리와 정신 그리고 아카데믹한 신학적 원리를 현실적으로 어떻게 접목하고 실현할 것인가를 오랫동안 고민하면서 먼저 요한 일서의 강해집 – **'하나님의 마음'**(프리칭)을 출간하여 독자들에게 좋은 반응을 얻게 되었고, 그것을 계기로 용기를 얻어 마가복음 강해서를 시리즈로 출간하게 되었습니다.

특별히 감사한 것은 이 책 출판을 위해 물심양면으로 후원해 주신 조은영 장로님/ 손하은 권사님 부부와 황봉엽 원장님께 감사를 드립니다. 분주하신 중에서 백석예술대학교 부총장으로 사역하시는 김진섭 박사님과 존경하는 선배, 정근두 박사님 그리고 먼저 목회의 본을 보이시는 정주채 목사님, 박은조 목사님, 그리고 합신대학원 대학교에서 후학들을 가르치시는 현창학 교수님께서 기쁨의 추천서를 써 주셔서 진심으로 감사를 드립니다. 이 책이 아름답게 다듬어져 나오기까지 수고를 아끼지 아니하신 윤재지 목사님과 이중구 장로님 그리고 송정복 목사님 내외분께 감사를 드립니다. 늘 변함없이 곁에서 버팀목이 되어 주고 기도로 동역한 사랑하는 아내(허순덕)와 자녀들(보혜/정훈, 희락, 보은)에게 감사의 마음을 표합니다.

2015. 6. 1

광교산 자락에 위치한 열방교회 목양실에서...

안병만 목사

Acknowledgments

As a scholar who majored in homiletics I am always concerned about how I can deliver the sermon according to God's will and apply it to the congregation. The late Rev. Hanhum Ok quoted, 'If preparing a sermon is being in labor, then delivering it would be giving birth.' I now fully realize that delivering a sermon becomes harder the more I do it. I may be able to teach students at a theological seminary, advising them to correct their mistakes and encourage merits. However, I confess that when I am preparing to deliver a sermon I feel burdened, hesitant as I walk up to speak in front of the congregation and fear what their reaction may be after the sermon. I presume that this feeling is shared by most preachers.

I have selected Mark, the very first(original) book to be written among the four Gospel, to take a closer look at the ministry of Jesus Christ.

This being my third book of the sermons on Mark, with two books that have already been published, I plan on completing the series when I publish the fourth book.

Mark is simple, yet clearly illustrates the ministry of Jesus Christ here on earth. This book contains simple facts and truth which was originally written for the gentiles, especially Romans of that time, therefore it emphasizes more on how Christians should live than on theory.

Unlike Matthew, there are fewer quotations from the Old Testament and demonstration of Jews, no mention of the resistance against the spreading of the gospel to the Gentiles, and depicts the pure Gospel in its own self as its starting quote, "the beginning of the Gospel". Considering these features, the Book of Mark is "the good news" and "the news of victory"(euvagge,lion) to all nations and especially for God's people who are facing many difficulties and suffering out in the world.

Jesus said that the greatest commandment was to 'love God and one another', emphasizing on the balance between vertical(God) and horizontal(one another) love. It is a duty for God's people to obey and fulfill this commandment and those who do are 'active Christians' who truly love God and one another.

The goal of an expository sermon is to help the preacher uncover the intention of the Bible(John Stott, Haddon Robinson), and to help the congregation apply to and bring about changes in their lives, which many preachers find very difficult. On the other hand, this kind of effort is necessary for a person who has dedicated his life as a servant of God and should believe that the outcome is up to the Holy Spirit. It may seem impossible to write down every spoken word that was proclaimed on the pulpit but this book is put together based on the written texts of my sermons so it is my greatest wish to be helpful to many preachers out there who find preaching difficult. It would be an honor if this book is of help to any preacher or christian eager to study and deliver influential sermons.

I have written the book "The Principles and Methods of John Stott" and received a doctor's degree in Theology. I founded All Nations' Community Church in Suji 12 years ago and it has been a great pleasure to serve the congregation. My first expository book on 1 John, "God's Heart", which was written as a product of trying to figure out how to apply biblical principle and spirit and theological truth to everyday life, was loved by many readers. By God's grace I have had the chance to publish this book on Mark as a series. I pray that this book will be a small tool to enrich preaching the word of God.

I would like to give special thanks to elder Eun-Young Cho and deaconess Ha-Eun, medical doctor, Bong yeob Hwang, Son for their support in publishing this book. I would also like to express my gratitude to Dr. Jin Sup Kim, Dr. Keun doo Chung, my role models as preachers, Revd. Joo Chae Jung and Eun Jo Park, and Prof. Chang Hak Hyun of Hapdong Theological Seminary for their words of recommendation. I also thank Revd. Jae Ji Yoon, elder Joong Goo Lee and Revd. Jung Bok Song and his wife for their selfless devotion in editing this book. I am grateful for my family that God has blessed me with, my everlasting support, my wife(Soon Deog Hur) and my children (Bo-Hye, Jeong-Hoon, Hee-Rak and Bo-Eun).

2015 Jun. 1

Dr. Byeong-Man An

추천사

기다리고 기대했던 안병만 목사의 마가복음 강해 시리즈 제 3권 (하나님의 계명)이 출간이 되어 얼마나 기쁜지 모르겠습니다. 저자가 심혈을 기울여 하나님의 말씀을 연구하고 강단에서 선포하여 검증된 메시지가 한권의 책으로 묶여 아름다운 결실로 드러난 것이기에 더욱 찬사를 아끼지 않습니다. 주부라면 누구나 밥을 짓듯이 목사라면 누구나 설교를 해야 합니다. 하지만 주부라고 누구나 밥을 잘 할 수 있는 것도 아니고 목사라고 누구나 설교를 잘 하지는 않습니다. 그러나 주부의 요리솜씨가 탁월하지 않아도 식구들은 집에서 먹는 음식을 선호합니다. 그것은 파는 음식에서 기대할 수 없는 사랑과 정성이란 양념이 주부의 음식에는 들어있기 때문입니다. 그래서 인류가 존속하는 한 모든 사람들이 음식점에서 음식을 사 먹는 비극이 일어나지 않기를 바라고 있습니다. 마찬가지로 가장 탁월한

한 설교자의 설교를 모든 사람이 다 듣도록 강요당하는 시대가 오지 않을 것이란 믿음을 가지고 있습니다.

저자 안 병만 목사는 같은 교단에 속해 있을 뿐 아니라 동시에 같은 나라 남아공화국 포체프스트룸 대학교에서 유학을 한 공통점을 가지고 있습니다. 내가 '로이드 존스의 원리와 방법'을 전공한 것과 같이 그는 '존 스토트의 설교의 원리와 방법'을 전공했습니다. 그래서 그의 설교집은 또 한 권의 설교집이 아닙니다. 한 편의 설교마다 본문이 말하는 내용을 담아내기 위한 설교학을 전공한 사람의 고민이 고스란히 묻어나고 있습니다. 그의 설교를 읽어보면 한 편 한 편의 내용이 결코 평범하지 않다는 것을 알게 될 것입니다. 첫 권에서는 하나님의 복음에 대한 생생한 이야기들로 가득 차 있고, 둘째 권에는 하나님의 나라에 대한 내용으로 독자들에게 큰 도전과 감동이 있었습니다. 셋째 권에는 하나님의 관점이 무엇인지를 우리에게 알려 주므로 삶의 좌표를 하나님의 기준에서 보게 합니다. 그러므로 시리즈로 계속 나오게 될 그의 마가복음 강해집 제 4 권에 대한 기대를 갖게 만듭니다.

지금은 하늘에서 쉬고 있는 하용조 목사님의 마태복음 연속설교집이 일찍 나왔고, 아직도 끝맺음을 못한 추천인의 누가복음 강해설교집이 계속 나오는 것처럼, 그리고 김서택 목사님의 요한복음 연속강해설교집의 대열을 이어서 안 목사님의 마가복음 강해설교집이 복음서 연속강해집이 또 하나의 이정표를 새롭게 만들어가기를 바랍니다. 각 사람이 자기 시대의 자기 청중에게 영원한 복음을 전해야 할 사명이 있기 때문입니다. 안 목사님의 마가복음 설교집은 밥 짓는 일이 계속되듯이 설교를 매주 준비해야 하는 동역자들에게 큰 도움이 될 것이라고 생각합니다.

부디 이 책을 읽는 동역자들과 일반 독자들은 저자를 통해서 마가가 전하려고 했던 복음의 그 단순 명료하고 힘 있는 능력을 접하게 되기를 바랍니다. 그리하여 시대마다 신실한 종들에 의해서 천국의 진리가 더 널리 전파되는 일에 이 책이 귀한 디딤돌이 되기를 바랍니다. 그리하여 이 세상 나라를 우리 주 하나님과 그리스도의 나라가 되어 그가 세세토록 왕 노릇 하는 그날이 속히 임하기를 소원합니다. "아멘 주 예수여 오시옵소서"

구주대망 2015년 6월 1일, 남쪽 울산에서

울산교회 담임 정근두 목사

차례

Chapter 1

사천명을 먹이신 예수님

(Jesus feeds the four thousand)?

막 8:1-10

그 무렵에 또 큰 무리가 있어 먹을 것이 없는지라 예수께서 제자들을 불러 이르시되 내가 무리를 불쌍히 여기노라 그들이 나와 함께 있은 지 이미 사흘이 지났으나 먹을 것이 없도다 만일 내가 그들을 굶겨 집으로 보내면 길에서 기진하리라 그 중에는 멀리서 온 사람들도 있느니라 제자들이 대답하되 이 광야 어디서 떡을 얻어 이 사람들로 배부르게 할 수 있으리이까 예수께서 물으시되 너희에게 떡 몇 개나 있느냐 이르되 일곱이로소이다 하거늘 예수께서 무리를 명하여 땅에 앉게 하시고 떡 일곱 개를 가지사 축사하시고 떼어 제자들에게 주어 나누어 주게 하시니 제자들이 무리에게 나누어 주더라 또 작은 생선 두어 마리가 있는지라 이에 축복하시고 명하사 이것도 나누어 주게 하시니 배불리 먹고 남은 조각 일곱 광주리를 거두었으며 사람은 약 사천 명이었더라 예수께서 그들을 흩어 보내시고 곧 제자들과 함께 배에 오르사 달마누다 지방으로 가시니라

제프 딕슨(Geoff Dixon)은 '현대인들은 학력은 높아졌지만 상식은 부족하고, 지식은 많아졌지만 판단력은 모자란다. 돈을 버는 법은 배웠지만 어떻게 살 것인가는 잊어버렸고, 인생을 사는 시간은 늘어났지만 시간 속에 삶의 의미를 넣는 법은 상실했다' 라고 현시대를 진단하고 있습니다.

사실 현대인들은 문화 생활을 즐기고 외형적인 화려한 삶을 살지만 인생답게 사는 것은 너무 부족합니다. 고령화 시대로 접어들면서 수명은 길어졌지만 의미있는 생활을 위한 여유가 없습니다. 생애에 중요한 것은 외형적인 삶의 화려함이나 장수가 아니라 가치있고 의미 있는 삶을 사는 것입니다.

연말연시가 되면 가치 있는 삶을 사는 사람들은 이웃에 대해, 특히 가난하고 소외된사람들에게 동정심을 가지고 자신의 재물을나누어주는 운동에 기꺼이 동참합니다. 평소에는 잊고 바쁘게 지내다가도 한 해를 마무리하는 시점에 와서는 동정적인 마음을 가지게 되는가 봅니다.

사실 그리스도인들이 가져야 할 관심은 바로주님께서 가지신 관심의 영역인 그늘진 곳의 소외된 사람들이어야합니다. 우리 주님은 세상에 계시면서 소외계층의 사람들에게 많은 관심을 가졌습니다. 즉 고아와 과부, 세리와 창기, 배고프고 집이 없는 사람들이었습니다. 오늘 우리도 자신과 가족만 생각하지 말고 어려움을 당하는 사람과 도움의 손길을 기다리는 시설을 생각하며 주님의 마음을 전달할 수 있는 넉넉한 성도들이 되어야 하겠습니다. 주님께서는 우리가 가지고 있는 것을 통해 오병이어(五餠二漁)와 칠병이어(七餠二漁)의 이적을 행하시기를 원하고 계십니다.

무리를 불쌍히 여기심

예수님께서 수로보니게 여인의 딸을 고치시고, 귀먹고 말 더듬는 사람을 고치신 이적에 대한 소문을 듣고 많은 사람들이 예수님을 따랐습니다. 오늘 본문 1절에서 '큰 무리' 라고 한 것을 보면 장정만 사천이니 아이들과 여성들을 다 합치면 만명 이상은 되었을 것입니다.

무리들은 주님과 함께 사흘이나 있었고, 먹을 것도 없이 주님의 말씀을 듣는 일에 몰두했습니다. 기적을 보면서 몰려 온 사람들이었지만 예수님의 말씀을 듣는다고 사흘이라는 시간이 지났는데도 시간가는 줄 모르고 따라 다녔고 음식 먹는 일도 잊고 있었습니다. 이들이 예수님과 함께 있으면서 끼니도 거른채 말씀에 집중한 것을 보면 예수님의 말씀 선포가 얼마나 은혜스러웠던가를 알 수 있습니다.

주님이 그들을 굶겨서 보내면 기진하게 된다고 하신 것을 보면 무리들은 분명히 허기진 상태에 있었음을 알 수 있습니다. 한끼만 굶어도 못살겠다고 아우성 치는 지금 시대와는 사뭇 다르다는 느낌을 가지게 됩니다. 사흘이나 굶었으니 얼마나 배가 고팠겠습니까? 100Km 이상 떨어진 곳에서도 왔기 때문에 귀가하려면 허기진 상태에서는 불가능하다는 것을 주님은 아셨습니다.

사흘이 지나도록 끼니도 거른채 예수님의 말씀에 전념했던 이들에 비하면 현대인들은 말씀 듣는 것에 너무 소홀하지 않나 하는 생각이 듭니다. 일주일에 한번 교회당에 나와서 말씀 듣는 것도 게을리합니다. 예배시간 중 설교말씀이 조금 길어지면 지루함을 느끼며 산만해지기 시작합니다. 배가 고프고 좀 피곤하면 더더욱 말씀에 집중하지 못합니다.

육신의 피곤함과 배고픔이 힘든 것이지만 그것을 초월할 수 있는 힘이 말씀에 있습니다. 꿀과 꿀송이 보다 더 단 하나님의 말씀이 나의 삶을 풍요롭게 하고 기적을 가져온다는 사실을 알 때 우리는 말씀 듣는 일에 집중할 수 있습니다. 다른 그 어떤 것 보다 가치 있는 삶을 살게 하는 변화의 능력이 바로 말씀에 있다는 것을 믿는 분들은 결코 말씀을 떠나지 않습니다.

2절에서 주님은 무리를 보시고 '불쌍히 여기노라' 라고 하셨습니다. 신학자인 유진 피터슨(Eugin Peterson)은 이 말씀을 'This crowds breaking my heart' 즉 '내 마음이 몹시 아프구나' 라고 더 쉽게 의역을 했습니다. 주님께서는 사흘 동안 먹지 않아 허기진 배를 채울 양식이 없는 그들의 형편을 보셨습니다. 먹을 것을 아무것도 가지고 오지 못한 가난한 사람들의 형편을 보셨습니다.

자기를 찾아온 그 사람들과 같은 심정(心情-compassion)을 갖는 것이 긍휼입니다. 2절과 같은 같은 말씀이 마가복음6장34절에도 나옵니다. "예수께서 나오사 큰 무리를 보시고 그 목자 없는 양 같음을 인하여 불쌍히 여기사 이에 여러가지로 가르치시더라."

예수님이 상황을 보는 시각은 특별했을 뿐 아니라 정확했습니다. 아픈 곳이 낫고 싶어서 온 사람들, 호기심을 가지고 온 사람들, 의식주 해결을 위해 온 걸인 같은 사람들, 말씀에 목말라 하며 갈증을 해소하기 위해 온 군중들을 향하여 "목자가 없는 양 같다"고 하셨습니다.

목자가 없는 양을 생각해 보십시오. 양은 방향 감각이 없습니다. 시야(視野)가 넓지 않아서 멀리 볼 수도 없습니다. 또한 근시(近視)이기 때문에 멀리 있는 물건이나 맹수를 볼 수 없습니다. 양은 짐승 중에서 유일하게 공격용 무기를 갖고 있지 않아 방어는 물론 공격도 할 수 없습니다. 목자가 보호해 주지 않으면 생명을 보호받을 길이 없습니다.

예수님께서는 자기를 찾아오는 무리들이' 목자없는 양 같음' 을 아셨습니다. 그래서 예수님은 그들을 불쌍히 여겼습니다. 그들의 형편과 필요를 정확하게 아시고 공감하셨습니다.

우리가 먹을 것이 없고, 돈이 없어서 걱정할 때, 아무도 이런 형편에 있는 우리를 알아주지 않는다고 섭섭해 할 수 있지만, 하나님께서는 다 아십니다. 다 아실뿐 아니라 긍휼의 마음을 품고 계십니다. '그 중에는 멀리서 온 사람도 있느니라.' 는 말씀과 같이 우리의 모든 속사정과 겉 사정을 잘 알고 계십니다. 그래서 결국은 오늘 칠병이어(七餠二漁)의 이적과 같이 놀라운 은혜로 해결해 주실 것이니, 결코 걱정하지 말라는 것입니다. 오직 우리 주님께 날마다 맡겨버리라는 것입니다. 그러면 그분께서 알아서 처리를 해 주십니다.

그렇다면, 어떻게 해결해 주십니까? 4절에서 제자들은 또 다시 지난 번 오병이어(五餠二漁)때와 비슷한 질문을 하고 있습니다. 지난 번에도 "마을에 가서 이백 데나리온(δηνάριον)의 떡을 사다가 나눠주오리까?" 라고 했는데, 이번에도 그때의 기적은 다 잊어버린 것 같은 질문을 하고 있습니다. 늘 하나님의 살아계신 증거를 체험하면서도, 어려운 일이 닥칠 때면 또 똑같은 근심을 되풀이 하는 것이 사람들의 마음인가 봅니다. 예수님께서는 이번에도 변함없이 지난 번과 똑같은 방법으로 그 문제를 해결해 주시고 계십니다.

실제로 부유하고 먹을 것이 많은 사람들은 주님을 찾지 않고, 와서 말씀도 신중하게 듣지 않습니다. 왜냐하면 그들은 먹을 것, 입을 것 그리고 물질만 넉넉하게 있으면 만족한 삶, 행복한 삶을 살 수 있다고 생각하기 때문입니다. 사람이 떡으로만 사는 것이 아님을 알지 못하기 때문에 말씀에 대한 사모함이나 집중력이 없습니다.

가난하고 목마른 사람만이 사슴이 시냇물을 찾듯이 주님을 찾게 되고, 말씀을 듣게 됩니다. 우리가 좀 가난하고 어려운 것이 얼마나 큰 축복의 기회인지 알 수 없습니다. 육신적으로 넉넉한 사람은 대부분 예수님을 찾지 않습니다. 교회에 나오지도 않습니다. 더 나아가 억지로 나와도 말씀이 그 마음에 심겨지지 않습니다. 가난하고 어렵고, 병들고 밑바닥까지 내려갈 때 주님께 빈손 들고 나오게 되고 말씀이 제대로 먹히게 됩니다. 그러므로 결국 가난과 환난 당하는 것이 유익이 되며 주님의 율례를 배울 수 있는 호기가 됩니다.

긍휼이란 신의 속성 중에 하나입니다. 로마서 9장 15절에 보면, **"모세에게 이르시되 내가 긍휼히 여길 자를 긍휼히 여기고 불쌍히 여길 자를 불쌍히 여기리라 하셨으니"**라고 했습니다. 그렇다면, 누가 하나님께서 긍휼히 여기시고 불쌍히 여기실 사람이겠습니까? 바로 형편을 탓하지 않고 주님을 의지하며 말씀을 사모하는 하나님의 자녀들입니다. 우리 또한 주님의 긍휼함을 입은 사람들이기에 이 땅에서 가난과 배고픔 속에 살아가는 사람들에 대해서 긍휼과 불쌍히 여기는 마음을 가져야 합니다. 그 마음이 바로 주님의 마음이요, 선한 사마리아인이 가진 마음입니다.

칠병이어(七餠二漁)

오병이어(五餠二漁)의 이적과는 달리 칠병이어(七餠二漁)의 이적은 유대인이 아닌 두로, 시돈, 데가볼리 지방과 같은 이방 땅에서 행해진 사건입니다. 당시 이방인들은 예수님을 쫓아 100km 정도를 같이 따라다녔습니다. 그리하여 3일 동안 예수님을 쫓아 쉬지 않고 걸었으며 예수님의 말씀을 귀담아 들었습니다. 예수님께서는 간간히 그들의 병을 치료하시고 말씀을 나누어 주셨습니다.

삼일 째 되던 날, 예수님은 무리들이 기진맥진할 것을 염려하여 먹을 것이 있느냐고 물었습니다. 무리들은 사흘 동안 먹을 양식을 준비해 오지 않았을 뿐아니라 가져온 양식도 동이 나고 없던 상태였습니다. 빈들이었기에 주위에 상점이나 식당도 찾아볼 수 없었습니다. 오병이어때와 같은 조건이었습니다. 군중 속에 있었던 유일한 양식은 어린 아이가 가지고 있었던 떡 7개와 작은 물고기 두 마리뿐이었습니다. 그것은 아이가 한끼 먹을 수 있는 최소한의 양식이었습니다. 예수님께서는 군중들을 무리지어 앉게 하시고, 축복

기도하신 후에 제자들에게 떼어 나누어 주도록 하셨습니다. 그들은 배불리 먹었고 일곱 광주리 가득 남게 되었습니다.

풍족함과 여분

예수님께서 떡 일곱 개와 물고기 두 마리를 가지고 축사하시고 나누어 주도록 하셨습니다(6, 7절). 먼저 떡을 가지고 축사하시고 나누어 주시고, 다음에 물고기를 가지고 축사하시고 나누어 주셨습니다.

윌리암 버클리(William Berclay) 주석에 이런 아름다운 기도문을 소개하고 있습니다. '땅에서 일용할 양식을 주시는 우주의 왕, 우리 하나님 여호와여! 당신은 복되도다(Blessed art Thou, Jehovah our God, King of the universe, who bring forth bread from the earth)'. 이것이 그 당시 유대인들이 했던 식사 기도라고 합니다.

우리 주님은 무(無)에서 유(有)를 창조하시는 기적도 행하시지만 우리에게 있는 것을 가지고 기적을 일으키시는 분입니다. 하나님께서는 우리에게 없는 것을 억지로 만들어 일하게 하지 않으십니다. 가진 것이 비록 적고 하찮은 것이라고 해도 주님께 드려 그분의 손에 올려질 때 풍성함으로 바뀝니다. 인간이 보기에는 하찮은 것 같지만 주님은 과부의 렙돈(λεπτόν) 두 닢을 부자가 넣은 많은 액수의 헌금보다 더 많다고 하신 것처럼 저희들의 적은 정성이 큰 기적을 불러올 수 있습니다(눅21:1-4). 사실 손과 발을 씻는 물 조차도 주님의 손에 올려질 때 포도주가 되어 사람들의 기분을 좋게 만들고 혼인잔치를 즐겁고 풍성하게 했던 주님의 첫 번째 이적을 우리는 잘 알고 있습니다.

주님의 축사는 바로 감사의 기도였습니다. 우리에게 있는 적은 것이라도 믿음으로 감사하며 나아갈 때 더 큰 감사의 이적을 유발합니다. 적다고 감사하지 않으면 큰 것에도 감사할 수 없고 하나님의 기적을 경험할 수 없습니다. 적은 것으로 감사하면 하나님이 큰 것을 감사하도록 만드시는데 그것이 바로 기적입니다.

떡 일곱 개와 물고기 두 마리로 우리 주님이 먹이신 사람이 사천 명이나 되었다면 오늘 우리를 통해서 일하실 하나님을 생각하면 마음에 큰 기대가 됩니다. 보잘것없는 적은 양의 양식으로 큰 일을 행하신 우리 주님은 지금도 나 자신과 내가 가진 것을 통해서 기적적인 삶을 살게 하십니다. 문제는 하나님과 주님께 대한 각자의 믿음입니다. 내가 가진 것이 적다고 생각하지 마시고 가진 것에 감사하면 하나님께서 나를 통해서 큰 일을 행하십니다. 그것은 믿음의 손을 통해서 이루어지는 이적입니다. 믿음이 없이는 하나님을 기쁘시게 하지 못하는 것처럼 믿음으로 반응하고 나아갈 때 하나님의 크신 이적을 맛보고 경험하고 누리게 됩니다.

우리가 잘 아는 19세기 미국의 부흥을 주도했던 전도자 무디 목사님은 구두수선공이었고, 초등학교도 제대로 다녀본 적이 없는 문맹자였지만 어렸을 때 부흥집회에 참석하여 '헤네스 발렐' 이라고 하는 영국 목사님의 설교를 듣고 마음이 뜨거워졌습니다. 그 목사님은 "하나님께서는 지금도 온전히 헌신하는 사람만 있으면 그를 통해서 지금까지 나타나지 않았던 더 큰 일을 할 수가 있다"고 설교하였습니다. 돈이 많다든가, 재주가 많다든가, 자식이 많은 기준이 아닌 온전히 헌신하는 자라야 한다는 말씀을 듣고 무디는기뻐서 눈물을 비오듯 흘리며 바로 그 자리에서 "자기의 생애를 온전히 바치기로 결심"했습니다. 그는 미국의 경제공황기에 100만 명을 주님께 전도하는 엄청난 기적의 일꾼으로 하나님께 쓰임을 받았습니다.

사천명의 굶주린 무리들이 먹고 남은 것이 일곱 광주리였습니다. 적은 것으로 오천명을 먹이신 주님은 더 많은 것으로 사천 명을 먹이고 남은 것도 오병이어(五餠二漁)의 기적 때 보다 적었습니다. 이것은 주님의 기적의 다양성을 우리에게 보여 주시는 것이고 과학적인 공식이나 계산에 의해서 기적의 결과가 나타나지 않는다는 것을 보여 주시는 것입니다. 그러므로 우리의 현실에 나타나는 주의 은혜의 기적에 대해서 절대 비교하면 안됩니다. 하나님의 이적의 다양성은 무궁무진합니다. 중요한 것은 예수님께서 비슷한 기적을 한 번만 아니라 몇 번씩이라도 해서 우리를 도우시고 어려운 사람과 가난한 자들을 풍성하게 하시는 점입니다.

칠병이어(七餠二漁)의 기적은 그리스도께서 모든 성도들의 삶의 주인이 되시며 그의 백성들을 말씀과 양식으로 배부르게 먹이신다는 사실을 증명하고 있습니다. 말씀을 사모하고 주님을 따르는 사람들은 비록 가난하여 굶주리고 허기질 수 있어도 주님의 긍휼을 입으며 충족한 은혜를 받을 수 있습니다. 그러나 주님의 말씀을 사모하지 않는 사람에게는 세상의 일반은총은 누릴 수 있을지 모르나 주님의 긍휼과 공급하심은 경험하지 못합니다.

우리가 가진 것으로 주님께 나아갈 때 최고의 것을 공급하시며 풍성케 하십니다. 이사야55장 2절에서는

"너희가 어찌하여 양식 아닌 것을 위하여 은을 달아 주며, 배부르게 못할 것을 위하여 수고하느냐, 나를 청종하라 그리하면 너희가 좋은 것을 먹을 것이며 너희 마음이 기름진 것으로 즐거움을 얻으리라."라고 했습니다. 성도 여러분, 여러분의 삶이 주님께 드려짐으로 여유가 있는 복된 삶이 되시기를 주의 이름으로 축복합니다.

Chapter 2

표적을 구하는 세대

(This generation ask for a miraculous sign)

막8:11-13(참조, 마16:1-4)

바리새인들이 나와서 예수를 힐난하며 그를 시험하여 하늘로부터 오는 표적을 구하거늘 예수께서 마음속으로 깊이 탄식하시며 이르시되 어찌하여 이 세대가 표적을 구하느냐 내가 진실로 너희에게 이르노니 이 세대에 표적을 주지 아니하리라 하시고 그들을 떠나 다시 배에 올라 건너편으로 가시니라

사람들은 종종 주님께서 원하시고 기뻐하시는 것 보다 자기들이 원하고 좋아하는 것을 구하고 추구할 때가 많습니다. 이것은 자신의 욕심과 욕구를 채우기 위함에서 비롯된 것입니다. 인간의 이기심의 발로는 하나님을 기쁘시게 하거나 영광 돌리는 일에 걸림돌이 됩니다. 우리가 가질 관심사는 자신보다 하나님과 그리스도여야 합니다. 말씀이어야 합니다. 그렇게 하면 삶의 방향이 분명해질 뿐아니라 올바르게 살 수 있으며 결과도 아주 좋습니다. 엉뚱한 것에 목적을 두고 살면 삶 자체도 형통하지 않을 뿐 아니라 그것이 이루어

지지 아니하면 실망하게 되고 결국 실패하게 됩니다. 신앙생활 하는 가운데 하나님께 무게를 두고 살아야 기쁨이 있고 감사가 있는 것이지 나에게 포커스를 두면 늘 채워지지 않고 성취되지 않는 것 때문에 목마르게 됩니다. 나에게 포커스를 둔 신앙생활은 재미가 없고 짜증과 억지로 하게 됩니다.

사도바울의 그 중심은 늘 그리스도를 푯대로 삼고 살았기 때문에 어떤 환경과 여건 속에서도 기뻐했고 감사했습니다. '항상 기뻐하라! 쉬지말고 기도하라! 범사에감사하라!' (살전 5:16,18)

사도바울은 '항상 기뻐하라! 쉬지말고 기도하라! 범사에 감사하라!' 이 세가지가 하나님의 뜻임을 분명히 했고, 또한 자신의 삶의 철학으로 삼았습니다. 그리고 교회 공동체 멤버들에게 모범을 보이면서 명령하였습니다. 우리가 추구하고 있는 중심이 무엇인지를 오늘 본문말씀을 통해서 한번 점검해 볼 수 있는 시간이 되었으면 좋겠습니다.

바리새인들이 구한 것

바리새인들은 그 당시 종교지도자 그룹 중에 하나며, 율법에 대해서 열심을 가지고 장로의 전통과 유전을 지키는 정통파 유대인들이었습니다. 성경에 나오는 그들의 정체는 율법과 전통을 소중히 여기며 유대주의에 철저한 사람들이었습니다.

그들은 항상 예수님께서 행하시는 새로운 진리와 가르침에 대해서 반기를 들고 적대시했습니다. 그럴 수밖에 없었던 것은 예수님께서 그들의 신앙태도에 대해서 질책하시고 꾸짖었기 때문입니다. 그들의 종교형식, 즉 껍데기만 붙잡고 살아가는 유명무실한 태도를 우리 주님은 그냥 보고 지나칠 수 없었습니다. 속에는 썩은 시체가 들어 있고 겉만 화려한 회칠한 무덤 같은 그들의 모습이 주님의 눈에는 좋지 않아 보였습니다. 겉모습만 그럴듯한 그들의 행동이 반드시 고쳐져야 하나님 앞에 쓰임 받을 수 있고, 신앙인 다울 수 있기 때문에 주님은 시간이 날 때 마다 그들의 잘못된 종교생활에 대해서 책망하셨습니다. 이런 이유로 그들도 예수님에 대해서 기회가 주어지면 힐난하고, 율법을 어겼다고 생떼를 부리고 시험하여 곤경에 빠뜨리기도 했습니다.

오늘 본문 11절을 보면 예수님을 '힐난하고 시험했다' 고 기록하고 있습니다. 여기서 '힐난하고' 라는 단어는 헬라어로 쉬제테인(σύζητειν)인데 단순히 '질문하다' 라는 의미보다는 '논쟁하다, 이치를따지다' (to dispute) 라는 의미를 함축하고 있는 단어입니다. 진리에 대해 호기심이 있어서 선한 의도를 가지고 질문한 것이 아니고, 뒤에 따라 나오는 단어 '시험' (페이라존테스–πειραζοντεσ) 하기 위한 힐난의 의미가 다분히 담겨 있습니다.

바리새인들은예수님께서 행하시는 많은 기적들을 눈으로 목격했습니다. 오병이어와 칠병이어 그리고 소경이 눈을 뜨고 귀신들린 자들이 회복되는 신기한 초자연적인 기적을 많이 경험했습니다. 그

럼에도 불구하고 하늘로부터 오는 표적을 요구했습니다.

그렇다면, '하늘로부터 내리는 표적' 이란 무엇이며, 바리새인들은 왜 예수님에게 그러한 표적을 요구했을까요? 예수님 시대의 유대인들은 메시아가 오시면 놀라운 일들이 벌어질 것이라고 믿고 메시아를 기다리고 있었습니다. 그래서 거짓 예언자들이 많이 나타났습니다. 그들은 사람들을 현혹하며 놀라운 표적을 약속하였습니다. 어떤 이는 요단 강을 둘로 갈라놓고 그곳을 걸어서 통과할 수 있게 하겠다고 약속했습니다. 다른 이는 말 한 마디로 성벽을 무너지게 하겠다고 장담했습니다. 바리새인들이 예수님에게 요구한 것은 바로 이러한 표적이었습니다.

모세가 광야에서 이스라엘 백성들을 위해 기도함으로 200만이 넘는 사람들을 40년간 먹인 표적과 엘리야 선지자가 3년 6개월 동안 비가 오지 않아 많은 이스라엘 백성들이 기아선상에 있을 때 기도함으로 하늘에서 비가 내려 가뭄이 해갈되었던 것 이상의 표적을 보여 주어야 믿겠다는 심상이었습니다.

표적은 시험하는 사람들의 불신앙을 잠재우기 위해서 행하시는 예수님의 능력이 아닙니다. 어렵고 힘들고 소외된 사람들, 특히 아직 신앙에 대해서 잘 모르는 사람들을 믿도록 하여 하나님께 영광을 돌리기 위한 목적으로 행해지는 주님의 최소한의 능력입니다.

사람들은 큰 이적을 보았다고 해서 믿는 것은 아닙니다. 이스라엘 백성들은 출애굽부터 하나님의 능력을 경험했지만 현실적으로 어려움이 닥치면 지도자인 모세를 원망하고 하나님을 불신앙했습니다. 사람들은 계속적인 기적이 일어나면 예수님을 구세주로 믿을 수 있을 것으로 생각하지만 실제 현실적 어려움에 부딪히면 그렇지 않습니다.

지옥에 있던 부자가 아브라함에게 부탁하기를 자신의 형제 다섯에게 나사로를 보내어 자기가 지옥에 있다는 사실과 나사로가 하나님을 믿어 천국에 있으니 형제 다섯도 예수님을 믿고 지옥에 오지 말도록 복음을 증거해 달라고 했습니다. 아브라함이 부자에게 말하기를 지상에서 복음을 전하는 사람들(모세와 선지자)의 증거를 믿지 못하면 죽었다가 살아난 자의 말도 믿지 않는다고 하여 일언지하에 거절했던 것을 우리는 알고 있습니다(눅16:27-31).

오늘 우리도 신앙생활 가운데 바리새인들처럼 자꾸만 이적을 추구하면서 더 큰 이적과 기사가 일어나기를 바라고 있지 않나 하는 생각을 해 봅니다. 주신 은혜에 감사하지 못하고 더 짜릿하고 더 큰 은혜를 바라면서 현실에 만족하지 못하는 어리석음이 있을 수 있습니다. 그러한 것은 결과적으로 하나님을 시험하는 것이 됩니다. 참된 신앙은 표적을 봄으로 체득되는 것이 아니라 하나님과의 올바른 관계를 맺음으로 이루어집니다.

험준한 계곡 사이에 펼쳐진 나이아가라 폭포 위에 줄을 놓고 건너간 유명한 줄타기 선수가 있었습니다. 많은 사람들이 이 아슬아슬한 모험을 지켜보기 위해 모였습니다. 줄 타는 사람은 손을 흔들어 군중을 조용하게 한 후 '당신들은 내가 이 줄을 타고 성공적으로 건너갔다 올 수 있으리라고 믿습니까?' 하고 물었습니다. 사람들은 그의 능력을 믿는다고 환호했습니다. 그는 신묘한 기술로 무사히 건넜습니다. 관중들의 열광적인 박수를 받았습니다. 그는 다시 손을 흔들어 그들의 갈채를 잠잠하게 한 후 그의 등에 의자 하나를 메고 소리쳤습니다. '당신들은 내가 이 의자를 메고 이 폭포를 건널 수 있다고 믿습니까?' 하고 물었습니다. 다시 군중들은 믿음을 표하고 환성을 질렀습니다. 그는 다시 폭포를 건너갔고 이 위험스런 모험을성공시켰습니다. 그는 열광하는 군중을 향해 '당신들은 이번에 내가 이 등뒤의 의자에 사람을 태우고 무사히 건널 수 있다고 믿습니까?' 하고 물었습니다. 군중들은 할 수 있다고 외쳤습니다. 그러자 '그러면 누가 이 의자에 타는 지원자가 되겠습니까?' 라고 그가 다시 물었습니다. 갑자기 사방이 조용해졌습니다. 아무도 지원하는 사람이 없었습니다.

이렇게 믿음은 어떤 사람이 신기한 기술이나 초자연적인 것을 행한다고 믿는 것이 아니라 그 사람을 신뢰하는 관계에서 온다는 것을 보여 주고 있습니다. 아무리 많은 기적이 교회를 통해서 일어나도 하나님과의 올바른 관계를 가지고 있지 않다면 하나님께 자신을 맡기는 신뢰가 구축될 수 없다는 사실을 깨달아야 합니다.

지금 죽은 자가 살아나도 믿지 못할 사람은 믿지 않습니다. 그러나 하나님의 말씀을 그대로 믿고 순종하는 자는 그 어떤 기적도 믿고 하나님께 영광을 돌리는 삶을 살게 됩니다. 이 이야기의 핵심은 믿음의 중심은 보는 것이 먼저가 아니라 믿는 것이 우선이라는 것입니다. 그러므로 우리가 하나님을 믿고 신뢰하는 것이 신앙생활에 있어서 근간이 되는 것입니다.

악한 세대의 표적 구함

바리새인들의 요구를 들으신 주님께서는 마음속으로 개탄하시면서 그 당시를 가리켜 **"이 세대가 악하고 음란한 세대다"**(마16:4)라고 단정하셨습니다. 주님께서는 사람들의 마음을 다 알고 계셨습니다. 우리가 아무리 포장을 하고 숨기려고 해도 주님은 우리의 마음속 의도를 다 알고 계십니다. 그러면 오늘 우리가 사는 세대를 보시고 어떻게 말씀하시겠습니까? 그 때나 지금이나 조금도 다를 바가 없을 것입니다. '이 세대가 악한 세대이다.' 라고 현재 시제 동사를 사용한 것을 보면 2천년 전의 세대를 가리키는 것만이 아니라 바로 오늘 우리가 사는 세대를 가리키는 말씀이기도 합니다. 그러면 우리가 사는 이 세대가 왜 악한 세대입니까? 무엇을 보고 악한 세대라고 말할 수 있습니까? 임신한 부인을 목 졸라 살해한 것이나, 검사가 피의자를 성폭행한 것이나 부정 부패가 극에 달하고, 중동과 아프리카에 소요가 일어나 많은 사람들이 목숨을 잃어버리는 사건 때문에 악하고 음란한 세대라고 말씀하시는 것이겠습니까? 물론 이런 것만 본다면 분명 이 세대는 악하고 음란한 세대일 것입니다.

그러나 예수님께서 말씀하시는 악한 세대란 우리 사회와 지구촌에서 일어나는 좋지 않은 사건들을 보고 말씀하시는 것이 아닙니다. 보도되지 않아서 그렇지 우리 사회가 꼭 좋지 않은 일만 일어나는 것이 아니라 좋은 일도 많이 일어나고 있습니다. 아흔 살 되신 연로한 할머니께서 평생 모은 재산인 강남에 있는 팔억대되는 아파트를 장애우(障碍友)들을 위해서 기증하셨다는 소식은 우리에게 아직 희망이 있는 좋은 사회라는 것을 보여 주고 있습니다. 그 외에도 오늘날 보이지 않는 곳에서 좋은 일을 하시는 분들이 많이 있습니다. 그런 것을 생각한다면 '이 세대는 악한 세대이다' 라고 단정할 수만은 없습니다.

그럼, 예수님께서 말씀하신 '악한 세대' 란 어떤 의미이겠습니까? 예수님께서 말씀하신 의중을 살펴보면 현대 사회에서 일어나고 있는 성적인 문제나 분쟁이나 갈등 그리고 부정 부패 등을 언급하신 것이 아닙니다. '이 세대가 표적을 요구하지만 요나 선지자의 표적 밖에는 어떠한 표적도 받지 못할 것이다. 요나가 니느웨 사람들에게 표적이 된 것처럼, 사람의 아들도 이 세대 사람들에게 그러할 것이다' 라고 말씀하시면서 요나와 자신을 결부시키고 있습니다. 니느웨 사람들이 요나의 말을 듣고 회개하였는데 이 세대의 사람들은 요나 보다 더 큰 이(예수님 자신)가 와서 말씀하시는 데도 전혀 그 말씀을 받아들이지 않고 이적만 요구하기 때문에 악한 세대라고 말씀한 것입니다.

요나가 니느웨 사람들에게 표적이 되었던 것은 무엇입니까? 요나서3장4절은 '요나가 니느웨에 들어가 하루 동안 다니며 사십일 이 지나면 니느웨는 무너지리라'고 예언한 것을 기록하고 있습니다. 이 말에 니느웨 사람들은 하나님을 믿고 금식을 선포하였습니다. 지위고하(肢位高下)를 막론하고 모두 굵은 베옷을 입고 회개하면서 금식했습니다. 이 소문을 듣고 니느웨 왕도 왕궁에서 일어나 왕복을 벗고 굵은 베옷으로 갈아입고 잿더미 위에 앉아 함께 금식하였습니다. 그리고 대신들의 뜻을 모아 니느웨 시민들에게 선포하였습니다. 그들은 철저히 불신앙의 자리에서 했던 옛 행실을 벗어 버리고 살아계신 하나님께로 돌아왔습니다.

니느웨 사람들이 못된 행실을 버리고 회개하는 것을 보시고 하나님께서 뜻을 돌이켜 그들에게 내리려던 재앙을 거두었습니다(욘 3:4-10). 요나가 니느웨 사람들에게 표적이 되었던 사건은 니느웨 사람들이 요나의 말을 듣고 하나님을 믿고 금식을 선포하였다는 점입니다. 그것은 요나의 말을 하나님의 말씀으로 받아들였다는 것입니다. 니느웨 사람들이 단순히 요나의 말만 듣고 하나님을 믿고 금식을 선포한다는 것이 어디 쉬운 일이겠습니까? 그것도 높은 사람, 낮은 사람 할 것 없이 그리고 왕도 궁에서 일어나 왕복을 굵은 베옷으로 갈아입고 잿더미 위에 앉아 단식한다는 것이 오늘 우리 세대에 가능한 일이겠습니까?

우리가 사는 이 세대에는 요나보다 더 크신 하나님이신 예수님께서 직접 **"때가 차 매 땅에 성육신(成肉身) 하시고 하나님의 나라가 가까이 왔다. 회개하고 이 복음을 믿어라."**고 하나님의 복음을 선포하셨지만 과연 이 말씀을 듣고 메시아되신 예수님을 믿고 회개하여 복음을 받아들이는 사람이 얼마나 되는가 하는 것입니다. 앞서 말씀드린 바대로 이 세대가 악하다는 것은 어떤 부정을 저지르고, 전쟁을 일으키고, 사람을 죽이고 거짓말을 하는 것 때문이 아니라 하나님이신 예수님께서 복음을 선포하셨는데도 그 말씀을 믿지 않는다는 것입니다. 회개하지도 않고, 복음도 받아들이지 않는다는 것입니다.

사람들이 이미 선포된 복음은 믿지 않고 어떤 특별한 표적만을 요구하는 것이 악한 것입니다.

예수님 당시 바리새인들이 대표적인 악한 자의 표본입니다. 메시아이신 예수님께서 오셔서 하늘의 진리를 선포하시고 자신이 하나님의 아들이라고 하시는 데도 자기들이 가지고 있는 고정관념과 선입견으로 예수님을 받아 들이지 못하고 자꾸만 그를 비난하고 시험하는 엉뚱한 태도를 보였습니다.

오늘 우리도 특이한 표적을 구하는 신앙에서 벗어나 이미 선포된 복음을 믿고 그 복음으로 생활하는 것이 중요합니다. 이상한 것을 보는 것으로 신앙생활의 만족을 얻고, 삶에는 전혀 변화가 없는 그러한 생활은 바로 불신앙의 태도요, 불신앙의 반응입니다. 아직도 눈에 보이는 표적을 추구하며 신앙생활하는 분들이 꽤 많은 것 같습니다. 이제는 말씀을 듣고 복음에 합당한 삶, 거룩한 삶, 빛 된 삶을 사는 것이 더욱 중요합니다. 매일 말씀을 읽고 묵상하면서 순종의 자리로 나아가야 합니다.

예수님의 반응

예수님께서는 그들이 원하는 표적을 주지 않을 것이라고 하시면서 그들을 떠나 다시 배를 타고 건너 편으로 피하셨습니다(12, 13절). 잘못된 요구에 대해서는 응수하지 않겠다는 단호한 반응이었습니다. 주님은 자신이 표적 이상의 것을 행하시지만 잘못된 동기와 목적으로 구하는 것에 대해서는 거절하셨습니다. 예수님께서는 이 땅에서 많은 표적을 행하셨습니다. 하지만 결코 표적만을 행하지 않았습니다. 다시 말하면 자신의 존재감을 드러내는 목적으로는 표적을 행하지 않으셨습니다. 주님은 하나님 사랑의 증거자였습니다. 예수님께서는 사랑이 없이는 결코 표적을 행하지 않으셨습니다.

예수님께서는 하나님을 우리의 아버지라고 부르셨고, 우리와 하나님과의 관계를 사랑의 관계로 설명하셨습니다. 이러한 예수님의 가르침은, 하나님을 거룩한 분으로만 이해하던 그 당시의 유대인들에게는 이단이요, 신성모독으로 간주되었습니다. 그래서 바리새인들은 예수님께 네가 말하는 사랑의 하나님을 보여달라고 요구했습니다. 그러나 사랑은 결코 증명되는 것이 아닙니다. 단지 행해질 뿐입니다. 믿음은 하나님의 사랑을 전폭적으로 신뢰하는 것이며, 그의 사랑에 참여하는 것입니다. 증명을 요구하는 불신의 세대에게 하나님의 존재에 대해 줄 수 있는 증거는 없습니다. 의혹과 미움은 사랑을 기피하며, 우리를 믿음에서 멀어지게 합니다. 믿음은 하나님의 사랑을 전폭적으로 신뢰하는 것이며, 그의 사랑에 참여하는 것입니다.

요한일서 4장 16절은 이렇게 증거합니다: **"하나님이 우리를 사랑하시는 사랑을 우리가 알고 믿었노니 하나님은 사랑이시라 사랑 안에 거하는 자는 하나님 안에 거하고 하나님도 그 안에 거하시느니라."** 우리는 증명할 줄 모릅니다. 다만 드러낼 뿐입니다. 사랑 안에서, 우리는 우리를 사랑하시는 하나님의 사랑을 알고 믿습니다. 하나님은 사랑이십니다. 사랑 안에 거하는 자는 하나님 안에 거하며 하나님께서도 그 안에 거하십니다. 여러분은 이 세상 그 어느 것과도 바꿀 수 없는 하나님의 사랑하는 자녀입니다. 우리는 하나님의 존재를 보여줄 수는 없습니다. 그러나 우리에 대한 그 분의 사랑과 그 분에 대한 우리의 사랑이 그 분의 존재를 드러냅니다. 우리는 어떻게 입증할 줄 모르지만 다만 사랑으로 드러낼 뿐입니다--사랑 안에서(We do not know how to prove. But we revealin love).

주님은 지금 그들이 요구하는 것에 대한 당장의 응답은 아니지만 하나님의 최고의 사랑인 십자가를 통해서 자신을 희생하심으로 완벽하게 드러내셨습니다. 사도 바울은 **"우리가 아직 죄인 되었을 때에 그리스도께서 우리를 위하여 죽으심으로 하나님께서 우리에게 대한 자기의 사랑을 확증하셨느니라"**(롬5:8) 라고 선언하고 있습니다.

목숨을 버리는 것 보다 더 큰 사랑은 이 땅에 존재하지 않습니다. 주님도 친구를 위해서 목숨을 버리는 것보다 더 큰 사랑이 없다고 단언하셨습니다(요15:13). 십자가 보다 더 큰 표적과 이적이 어디에 있겠습니까? 바리새인들과 대다수의 유대인들은 그렇게 엄청난 메시아의 사랑을 목격했어도 끝내 그를 그리스도로 받아들이지 않고 완강하게 배척했습니다. 믿지 아니하는 자들에게는 아무리 큰 표적과 이적 그리고 십자가의 사랑을 보여 주어도 믿지 못하고 자기의 갈 길을 갑니다. 그러나 십자가의 은혜를 경험한 성도들은 말씀을 듣고 순종하며 아주 사소하고 평범한 것에도 감동하여 믿고 하나님의 사랑을 전하는 일에 최선을 다합니다.

주님은 표적을 행하실 때는 거침없이 하셨지만(오병이어, 칠병이어, 축귀, 소경, 귀머거리, 지체 장애자등), 잘못된 요구에 대해서는 단호히 거절하시는 모습을 보여 주셨습니다. 하나님은 시험을 당하시지도 않을 뿐 아니라 성도들을 올무에 빠지도록 시험하시지도 않으신다는 것을 예수님을 통해 보여 주셨습니다. 신앙으로 접근하면 좋은 해결책을 주시지만 불신앙으로 접근하면 냉정하게 거절하시는 주님의 모습을 보게 됩니다. 주님은 표적을 행하심으로 자신의 존재감을 드러내시기를 원하시는 분이 아니라 말씀과 사랑의 행동을 통해서 자신의 존재 목적과 하나님 나라의 성격을 분명히 하시는 분입니다. 메시아 왕국은 세상나라처럼 통치자의 권력과 힘 그리고 초자연적인 것을 통해서 백성들에게 신임을 얻고 다스려지고 세워지는 나라가 아니라 사랑과 자비와 긍휼과 말씀으로 세워지는 나라임을 분명하게 보여 주셨습니다. 그러므로 성도들도 자꾸만 보이는 것만을 추구하는 유아적인 신앙의 수준에서 벗어나 보이지 않는 고귀한 가치를 삶으로 드러냄으로 주님이 하시고자 하는 목적에 충실한 성도들이 되어야 하겠습니다.

Chapter 3

아직도 깨닫지 못하느냐?

(Do you still not understand?)

막8:14-21(마16:5-12)

그 무렵에 또 큰 무리가 있어 먹을 것이 없는지라 예수께서 제자들을 불러 이르시되 내가 무리를 불쌍히 여기노라 그들이 나와 함께 있은 지 이미 사흘이 지났으나 먹을 것이 없도다 만일 내가 그들을 굶겨 집으로 보내면 길에서 기진하리라 그 중에는 멀리서 온 사람들도 있느니라 제자들이 대답하되 이 광야 어디서 떡을 얻어 이 사람들로 배부르게 할 수 있으리이까 예수께서 물으시되 너희에게 떡 몇 개나 있느냐 이르되 일곱이로소이다 하거늘 예수께서 무리를 명하여 땅에 앉게 하시고 떡 일곱 개를 가지사 축사하시고 떼어 제자들에게 주어 나누어 주게 하시니 제자들이 무리에게 나누어 주더라 또 작은 생선 두어 마리가 있는지라 이에 축복하시고 명하사 이것도 나누어 주게 하시니 배불리 먹고 남은 조각 일곱 광주리를 거두었으며 사람은 약 사천 명이었더라 예수께서 그들을 흩어 보내시고 곧 제자들과 함께 배에 오르사 달마누다 지방으로 가시니라

우리는 세상에서 일어나는 일들에 대해서 서로의 입장차이가 있습니다. 특히 현실적인 문제에 대해서 서로의 견해 차이로 대립각을 세우는 일이 흔히 일어납니다. 지난 대선 때에 TV토론을 통해서 우리는 극명하게 들어난 세 후보자(박근혜, 문재인, 이정희)의 가치관의 차이를 경험했습니다. 타락한 인간이 가지고 있는 한계가 바

로 그러한 생각의 차이를 가져 온 것이라 여겨집니다. 똑같은 현상을 보고 있는데도 그 시각의 차이는 확연히 다릅니다.

사람들은 자기가 가지고 있는 관(觀)을 가지고 현상이나 사건을 보기 때문에 각기 다른 관점을 드러냅니다. 이해의 폭만큼 수용하게 되고 수용된 만큼 행동하게 됩니다. 그러므로 바른 것을 바르게 깨닫는 것도 은혜요, 복이라고 생각합니다. 아무리 좋은 것을 보고, 듣고, 경험해도 그것이 좋은 것인 줄 모르는 사람들이 허다합니다. 신앙의 세계에도 무수한 것을 듣고 경험하지만 그것을 받아들여 삶의 잣대로 삼는 사람이 있는가 하면 그렇지 못한 사람들도 꽤 있습니다.

예수님의 제자들도 그분을 따라 다니면서 많은 것을 보고, 배우고, 경험했습니다만 아직도 그분의 깊은 의도와 본질적인 사역의 진상을 알지 못하고 있음을 주님께서 안타깝게 여기시고 오늘 '아직도 깨닫지 못하느냐? 하시면서 질책하시는 모습을 보게 됩니다. 이 시대를 살아가는 우리도 동일한 문제를 가지고 있고 우리 주님께서 안타깝게 말씀하시는 것이 아닌지를 함께 생각해 보는 시간이 되었으면 좋겠습니다.

바리새인과 헤롯의 누룩

예수님께서는 진리를 설명하실 때에 여러 가지 이미지(image)들을 사용해서 보다 쉽게 청중의 이해를 도왔습니다 주님께서 사용하신 이미지 중에 본문에서는 '누룩'(쥐메스-ζυμης)이 나옵니다. 누룩은 이로운 박테리아의 배양에 의해 감염된 것입니다. '누룩'은 밀가루에 들어가면 눈으로는 볼 수 없지만, 적은 양으로도 많은 반죽을 발효시킵니다. 누룩은 반죽 덩어리를 부풀어 오르게 하여 부드럽게 하고 맛있는 빵으로 변화시킵니다. 주님께서는 이러한 누룩의 특성을 두 가지 의미에서 언급하셨습니다.

첫째, 누룩의 의미를 긍정적인 의미로 사용하셨습니다. 주님은 누룩의 발효능력을 '복음의 침투력과 영향력'의 상징으로 비유하셨습니다(예-"천국은 가루 서 말에 넣은 누룩과 같으니…"). 주님께서는 복음이 마치 누룩처럼 밀가루를 신속하게 발효시키는 것처럼 온 세상을 변화시킬 것이라고 말씀하셨습니다.

둘째, 누룩의 의미를 부정적인 의미에서도 사용하셨습니다. 예수님께서는 밀가루를 변하게 만드는 누룩의 특성을 사회를 오염시키는' 죄와 부패'의 상징으로 사용하셨습니다. 주님께서는 종종 누룩을 사람과 사회를 부패하게 만드는 악한 영향력의 이미지로 사용하셨습니다.

바리새인과 사두개인 그리고 헤롯의 누룩은 모두 부정적인 이미지입니다.

1) 바리새인과 사두개인의 누룩

여기서 누룩은 바리새인들과 사두개인들이 가르치는 교훈을 말한다고 했습니다 (마16:12). 이들의 교훈이란 무엇이겠습니까? 그들은 유대교 안에서 생겨진 분파로 똑같이 구약성경을 하나님의 말씀으로 믿으나 그들의 믿음엔 전혀 다른 두 가지가 있었습니다. 그것은 영적인 세계와 내세에 대한 이해입니다. 바리새인은 영적인 세계를 믿으며 율법의 완전을 이루기 위해 힘쓰는 종파였다면 사두개인은 영적인 세계를 인정하지 않지만 율법의 완성을 위해 힘쓰던 종파였다고 할 수 있습니다. 똑같이 율법을 강조하였지만 바리새인들은 영적인 세계를 믿음으로 비현실적인 종파라고 한다면 사두개인들은 영적인 세계를 믿지 않음으로 매우 현실적인 종파였다고 할 수 있습니다.

종교엔 이 두 가지가 언제나 공존합니다. 어떤 이들은 너무 내세주의적이어서 비현실적인 신앙인이 있는가 하면 어떤 이들은 극히 현실적인 세계를 구하고 천국은 죽어서 내세에 가는 곳이 아니라 현실 속에서 이루어지는 하나님의 나라라고 만 인정합니다. 이 두 가지 신앙의 태도에서 한 쪽으로 치우치면 옳지 못합니다. 영적인 세계만을 동경하면 현실적이지 못해 사회 속에서 그 힘을 잃어가고, 극히 현실적이면 영적인 세계를 무시하므로 물질세계에 얽매이게 됩니다.

두 종파가 가지고 있는 공통적인 점은 오신 메시아에게 합심하여서 대적하는 일이었습니다. 그리고 육신적인 안전을 적당하게 누리고 살아가면서 이것을 위협하는 세력은 메시아라고 하는 자니 제거해야 한다는 사고방식이었습니다. 헨드릭슨 마태복음 주석에는 이렇게 썼습니다. **"그들은 그들 자신의 힘에 의하여 '구원' 또는 '보호'를 얻으려고 하는 그들의 노력에서 보여주는 바와 같이 자신의 삶을 영위해 나가는 기본원리에서 진실로 하나였다. 이 두 경우에 있어서 종교는 어떤 일정한 기준에 따라서 외적으로 일치하는 것이었다. 그들은 '진리와 의에 대해 일편단심으로 헌신하는 것을 혐오한다'는 점에서 하나였다. 따라서 그들은 삶의 철학에 있어서 하나였으며, 또한 기본적으로 그들의 가르침에 있어서도 하나였다"**

이들의 문제는 '진리와 의에 대해서 일편단심으로 헌신하는 것을 혐오하는 것' 즉 적당하게 안전을 누리면서 이 땅에서 살려고 하는 적당주의자들이라고 할 수 있습니다. 철저한 헌신도 거부하고, 주어진 기득권적인 삶을 누리면서도, 종교인으로서도 대접을 받는 것이었습니다. 이 점에서 두 그룹은 공통분모(共通分母)를 가지고 있었습니다. 요즈음 사람들이 흔히 말하는 세상에서도 즐기고, 교회에서도 엔조이하는 삶입니다. 철저한 헌신을 말하는 것을 오히려 싫어하고 듣지 않으려고 하며, 그런 말을 하는 사람들을 해하려고 하는 정신입니다. 예수님이 이 사람들의 가장 대표적인 대적의 목표가 되었습니다.

적당히 예수님을 따르며, 철저히 헌신하려고 하지 않는 자는 예수님을 따라 갈 수 없다는 것을 기억합시다. 적당주의 정신은 세상을 사랑하는 정신입니다. 이것은 너무나 전염성이 강하기 때문에 예수님은 이것을 누룩이라고 하셨습니다. 적은 누룩이 온 덩이에 퍼지듯이 이런 정신은 삽시간에 온 교회에 퍼집니다.

저는 신자라고 하면서도 이런 정신을 너무나 좋아하고, 이런 것을 자기 생활에 이용해 먹고 합리화하는 사람을 많이 보아왔습니다. 예를 들면, 주일의 안식을 자기 본위로 사용하는 것입니다. 말씀을 읽고, 기도하고, 가족과 성도들과 교제를 나누면서 구별되게 살 생각을 아예 하지 않습니다. 개인의 편안만을 추구하는 것 같습니다. 주일이 특별히 거룩한 시간이라서 그런 것이 아니라, 신자가 거룩하게 구별된 시간을 누릴 날이 주일밖에 없는데 이런 생각이 전혀 없습니다.

예수님께서는 지금도 우리들에게 바리새인들과 사두개인들의 교훈을 조심하라고 말씀하고 계십니다. 그들의 잘못된 신앙은 바로 종교형식주의입니다. 내용보다는 겉치레를 중히 여기는 외식주의입니다. 그들은 신앙을 명분으로 내세워 자기들의 이익만 챙기는 이기주의자들입니다. 그들은 올바른 진리를 믿고 헌신하는 분들에 대하여 부정적인 생각을 가지는 반대자(Antist)들입니다. 그리고 현실 안주자들이며 적당주의자들입니다. 현대 교회에도 여전히 이러한 외식주의와 세속화된 적당주의 그리고 갈수록 앤티스트들이 넘쳐나고 있습니다. 외식주의자들은 하나님보다 사람의 칭찬을 더 소중하게 여깁니다. 이러한 것에 익숙한 사람은 열매는 없고 잎만 무성한 무화과 나무처럼 될 가능성이 높습니다. 또 적당주의는 하나님께 헌신하고 충성하는 것보다 세상의 영광과 부를 더 추구하게 됩니다. 그러므로 그들의 교훈을 따르는 사람들은 권력과 부를 신으로 섬기고, 이익을 위해서는 불법과 타협하는 일도 마다하지 않는 사람들이 될 가능성이 높습니다.

2) 헤롯의 누룩

헤롯의 누룩은 앞에서 말한 두 종파와는 다른 개념의 누룩입니다. 작은 것이 점점 퍼져가는 것은 동일하지만 그 성격이 사뭇 다릅니다. 헤롯 왕은 로마의 정치적인 목적을 가지고 고도의 정치력을 발휘하며 피지배국인 이스라엘을 통치하고 있었기 때문에 권모와 술수로 일관했습니다. 특히 예수님께서 무명의 청년으로 많은 사람들에게 영향력을 끼치고 계시는 것에 대해서 많은 경계심을 가지고 있었고, 가능하면 그에게 나아가는 사람들을 막으려고 했습니다.

마가복음 6장 14절에 보면 그의 심정이 충분히 드러나고 있습니다. **"이에 예수의 이름이 드러난지라 헤롯 왕이 듣고 가로되 이는 세례요한이 죽은 자 가운데서 살아났도다 그러므로 이런 능력이 그 속에서 운동하느니라"**라고 기록하고 있습니다. 헤롯에게도 당이 결성되어 있어서 예수님을 따르고 추종하는 사람들로부터 민요가 일어날까 봐 정치적으로 경계심을 놓지 않았습니다.

예수님은 헤롯과 같은 이러한 잘못된 정치적 세력을 조심해야 하고, 땅에서 이루어지는 정치적인 나라의 야망을 경계해야 할 것을 말씀하셨습니다. 교회가 정치와 결탁하여 정치적인 힘과 세상적인 권력을 가지는 것은 옳지 않습니다. 정경유착처럼 정종이 결탁하면 결국 둘다 패망하게 됩니다. 그 좋은 예가 바로 옛 로마입니다. 거대한 로마에서 콘스탄틴 대제가 313년 밀라노 칙령을 통해서 기독교를 국교로 인정함으로써 정치와 종교가 일치되어 박해와 핍박이 라는 굴레에서 벗어나 번영을 찾는 듯 했으나 결국 로마정치도 쇠퇴하고 나라도 기독교도 그 힘을 잃고 타락함으로써 나라 자체가 패망하게 되었습니다.

3) 예수님의 누룩

유대인들은 때때로 누룩을 죄의 상징으로 사용하였습니다. 유월절이 되면 사람들은 저희의 마음속에서 죄를 없이 하듯이 자신들의 집에서 모든 누룩을 제거하라는 지시를 받았습니다. 유월절에는 누룩이 들어가지 않는 빵을 먹었습니다. 그래서 무교절이라는 이름이 붙게 되었습니다. 출애굽기 12장 15절에 "너희는 칠일 동안 무교병을 먹을지니 그 첫날에 누룩을 너희 집에서 제하라 무릇 첫날부터 칠일까지 유교병을 먹는 자는 이스라엘에서 끊어지리라"고 분명하게 말씀하고 있습니다.

본문 15절에서 예수님께서는 제자들에게 **"바리새인들과 사두개인들 그리고 헤롯의 누룩을 주의하라"** (마16:6, 눅 12:1)고 경고하고 계십니다. 사도 바울은 누룩에 대하여 **"이러므로 우리가 명절을 지키되 묵은 누룩으로도 말고 악하고 악의 찬 누룩으로도 말고 누룩이 없이 오직 순전함과 진실함의 떡으로 하자"** (고전 5:8)고 말했습니다.

그러나 주님의 비유 가운데서는 누룩이 하늘나라의 상징으로 사용되기도 합니다. 이것은 영혼을 소생시키는 하나님의 은혜의 능력을 예시합니다. 마태복음13장13절에 "또 비유로 말씀하시되 천국은 마치 여자가 가루 서말속에 갖다 넣어 전부 부풀게 한 누룩과 같으니라" 기록하고 있습니다.

가루 속에 들어가 부풀게 하는 누룩처럼 예수님의 능력은 아무리 극악하고 타락하고 저속한 사람이라 할지라도 변화하게 할 수 있습니다. 예수님이 마음 속에 들어가 성령의 역사에 굴복하는 사람 속에는 새로운 생명의 씨앗이 심겨져 잃어버린 하나님의 형상이 다시 회복됩니다. 사람은 자신의 의지로써 자기 자신을 변화시킬 수 없습니다. 사람은 스스로 변화를 일으킬 능력을 가지고 있지 못합니다. 전적으로 밖에 있는 누룩을 가루에 넣어 섞지 아니하면 기대하는 변화가 생길 수 없습니다. 이와 같이 하나님의 은혜를 받지 아니하면 죄인은 영광의 나라에 들어갈 자격을 얻을 수 없습니다. 이 세상이 줄 수 있는 차원 높은 모든 교양과 교육, 그리고 도덕과 윤리를 갖추어도 죄인을 하나님의 자녀로 변화시킬 수 없습니다. 예를 들면, 이어령 박사는 이 시대의 최고의 지성인이라고 자처했지만 결국 따님을 통해서 예수님을 영접하여 새사람이 되었고, 새로운 세계를 경험하고 있습니다.

중생하게 하는 능력은 예수님이 우리 속에 들어오셔야 가능합니다. 우리가 잘 아는 최권능 목사에 대한 이야기가 이 사실을 잘 뒷받침하고 있습니다. 최봉석 목사는 1869년 1월 7일 평양에서 출생했고, 7살 때부터 서당에 들어가서 공부를 했는데 글씨를 잘 썼다고 합니다. 성격은 무척 괄괄하고 급했다고 합니다. 최봉석은 16살 때 평양 감사 민병석의 비서가 되었고 나중에는 평양 감사 아래 감찰의 직을 맡게 되었습니다. 그는 감찰의 자리를 이용해서 국고금 3만양을 횡령했다는 죄로 반년 동안 투옥되었다가 나중에는 평북 삭주로 유배되었습니다. 그는 날마다 울분 속에서 술에 취해 세월을 보내고 있었습니다. 그런데 삭주에는 이미 1896년에 교회가 설립되어 복음이 전파되고 있었습니다. 삭주에 백유계라는 유명한 한의사가 있었는데 예수를 믿게 되었습니다.

어느 날 백유계가 최봉석을 찾아와서 예수를 믿고 죄를 회개하고 새 사람이 되어 참다운 생활을 해 보라는 말을 했습니다. 그리고 복음서를 주고 갔습니다. 최봉석은 복음서를 읽고 마음에 감동을 받아서 예수를 믿고 삭주교회에 나가기 시작했습니다. 33살 때였습니다. 그 다음 해인 1903년 34살 되었을 때 꿈을 꾸었습니다. 하늘에서 떨어진 벼락불에 맞아 죽는 꿈이었습니다. 그때부터 불 같은 열정이 일어나고 전도하고 싶은 마음이 솟아나 그는 만나는 사람마다 붙잡고 전도하기 시작했습니다. '예수 천당', '불신 지옥'이라고 소리를 지른 다음 예수 믿고 천당 가라고 했습니다. 아내와 처가에서는 미친 사람으로 취급되어 이혼을 요구하게 되었는데 '여보 어찌 천륜을 이렇게 매정하게 끊을 수 있겠소. 다시 한번 생각합시다' 하는 최봉석의 애원에도 불구하고 결국 두 아들을 하나씩 맡기로 하고 헤어지면서도 그 어려움에 굴하지 않고 더욱 예수에 미쳐 능력 있는 전도자가 되었습니다. 1905년에는 삭주교회의 집사가 되었고 후에는 영수가 되었습니다. 그는 삭주교회에서 전도와 목회 사역을 매우 열심히 해서 교회가 크게 부흥되었습니다. 그는 또한 압록강 지역과 만주 지역을 다니며 '예수 천당'의 복음을 전하며 많은 사람들을 예수 믿게 했고 여러 교회를 세웠습니다. 1907년에는 평양 장로회 신학교에 입학하여 신학공부를 하며 벽동교회에서 전도사의 일을 했습니다. 최봉석 전도사는 신학교에 다니면서도 공부보다는 기도와 전도에 열중했습니다. 공부는 겨우 하고 시간이 있는 대로 평양 거리를 돌아다니며 '예수 천당'을 외치며 전도를 했고 밤에는 밤을 새워가며 기도를 했습니다. 아침에 시험을 볼 때는 백지를 내는 때가 한 두 번이 아니었습니다. 시험을 잘 보게 해 달라고 성령님께 간절히 기도를 드렸지만 여전히 답을 쓸 수가 없었습니다. 그래서 그는 이렇게 중얼거렸습니다. '시험에는 성령님도 쩔쩔 매는구먼!' 그는 다음 날 시험도 아랑곳하지 않고 또 평양 거리를 돌아다니며 '예수천당'을 우뢰같은 소리로 외치며 전도를 했습니다.

새사람 되는 변화는 누룩과 같은 오직 성령의 역사로만 가능합니다. 빈부귀천을 막론하고 구원을 얻고자 하는 모든 사람은 이러한 성령의 역사에 복종하지 않으면 안 됩니다. 가루 속에 넣은 누룩이 속에서부터 부풀게 하는 작용을 일으켜 밖으로 나오게 하는 것처럼 하나님의 은혜가 우리의 생애를 변화시키는 역사도 먼저 마음속이 새로워짐으로 이루어집니다. 외적인 개선만으로는 하나님과 화목하게 되기에는 충분치 못합니다. 이런 악습, 저런 악습을 교정함으로 품성을 개선하려고 노력하는 사람들이 많이 있습니다. 그러나 이러한 방법으로 그리스도인이 되기를 바라는 사람들은 출발부터가 잘못된 것입니다. 우리는 먼저 마음에서부터 시작해야 합니다.

신앙을 고백하는 것과 마음속에 진리를 간직하고 있는 것은 전혀 다른 것일 수 있습니다. 진리를 아는 것만으로는 넉넉지 않습니다. 우리가 진리를 안다고 하면서도 우리의 생각의 방향을 바꾸지 않을 수 있습니다. 마음이 먼저 변화되고 성화되어야 합니다. 근본이 변해야 외형도 변할 수 있습니다. 고기를 겉만 구웠다고 해서 먹을 수 있는 것이 아닙니다. 안이 골고루 익어야 맛있는 바베큐가 됩니다.

하나님께서 지키기를 요구하셨기 때문에 그의 계명을 단지 의무감에서 지키는 자들은 결코 순종의 기쁨을 맛보지 못합니다. 엄격하게 말하면 이러한 사람들은 계명을 순종하는 것이 아닙니다. 하나님의 계명이 사람의 성향과 충돌되기 때문에 그것을 무거운 짐으로 생각하는 사람들의 생애는 진정한 의미에서 그리스도인의 생애가 아니라고 할 수 있습니다. 참된 순종은 마음속에 간직한 원칙을 따라 행하는 것을 말합니다. 그러한 순종은 의를 사랑하고 하나님의 율법을 사랑하는 데서 생깁니다. 모든 의의 진수는 우리 구주에 대한 충성입니다. 이것이 우리로 의로운 일을 행하게 합니다.

성령의 역사로 일어나는 거듭남의 진리가 그리스도께서 니고데모에게 하신 말씀 가운데 나타나고 있습니다. **"진실로 진실로 네게 이르노니 사람이 거듭나지 아니하면 하나님 나라를 볼 수 없느니라 육으로 난 것은 육이요 성령으로 난 것은 영이니 내가 네게 거듭나야 하겠다 하는 말을 기이히 여기지 말라 바람이 임의로 불매 네가 그 소리를 들어도 어디서 오며 어디로 가는지 알지 못하나니 성령으로 난 사람은 다 이**

러하니라"(요 3:3-8).

사도 바울도 성령의 감동을 받아 이렇게 기록하였습니다. **"긍휼에 풍성하신 하나님이 우리를 사랑하신 그 큰 사랑을 인하여 허물로 죽은 우리를 그리스도와 함께 살리셨고(너희가 은혜로 구원을 얻은 것이라) 또 함께 일으키사 그리스도 예수 안에서 함께 하늘에 앉히시니 이는 그리스도 예수 안에서 우리에게 자비하심으로써 그 은혜의 지극히 풍성함을 오는 여러 세대에 나타내려 하심이니라 너희가 그 은혜를 인하여 믿음으로 말미암아 구원을 얻었나니 이것이 너희에게서 난 것이 아니요 하나님의 선물이라"**

가루 속에 들어간 누룩은 사람이 모르는 사이에 그 전체를 부풀게 만드는 것처럼 예수님의 누룩도 사람이 모르게 조용하면서 서서히 마음을 변화시킵니다. 타고난 본성이 의와 진리로 가득 채워지고 새로운 가치관과 삶의 목적이 분명하게 되면서 믿음의 사람으로 성숙하게 됩니다. 그리하여 주님의 신실한 제자로 사회와 교회에서 귀하게 쓰임 받는 일꾼이 됩니다.

제자들의 오해

예수님께서 누룩을 말씀하시자 제자들은 떡을 말씀하신다고 생각하고 당황했습니다. 사천명을 먹이실 때에 떡을 좀 가져왔어야 했는데 자기들이 그것을 잊고 가지고 오지 못했다는 생각 때문이었습니다. 예수님은 '내가 하는 말이 어찌 떡에 대한 말이냐?' 고 하시면서 "바리새인과 사두개인들의 가르침을 주의하라고 한 말이 아니냐?"라고 하셨습니다. 3년 동안 그림자처럼 따라다니면서 배웠다는 제자들이었지만 주님의 말씀을 알아듣는데 이렇게 더디었습니다. 이것은 어쩌면 현재도 비슷하다는 생각입니다. 저도 제가 가르치고 설교한 것을 제대로 이해하는 데도 오랜 시간이 든다는 것을 느낍니다. 그리고 내가 가진 것을 다른 사람에게 이해시키는 것도 오랜 시간이 걸리겠다는 생각을 합니다. 그래서 나는 시간이 주어지는 대로 하나님의 말씀과 나의 신앙과 삶을 자녀들과 후대들에게 부지런히 전수해야 하겠다는 생각을 합니다.

예수님께서 이런 제자들에게 하신 말씀을 우리는 주목할 필요가 있습니다. 예수님은 제자들에게 "믿음이 적은 자들아"(오리고피스토이–ὀλιγοπιστοι)라고 책망하셨습니다(마16:8). 예수님께서 어떤 면에서 제자들에게 믿음이 적은 자라고 하시는 지를 생각해 볼 필요가 있습니다. 여기서는 5천명 또는 4천명을 먹이신 사건이 주는 교훈을 잊고 떡을 가지고 염려하는 제자들을 '믿음이 적은 자들' 이라고 부르셨습니다. 주님이 얼마든지 공급할 수 있는 하나님의 아들이심을 잊고 먹을 것을 가지고 염려하는 것을 보고 믿음이 적다고 말씀하셨습니다. 예수님께서 하시는 말씀(누룩에 대한 것)을 제자들이 깨닫지 못하고 이해하지 못한 근저에는 믿음이 부족했기 때문임을 마태는 지적하고 있습니다(마16:8 **"믿음이 적은 자들아"**). 영적인 일은 영적으로만 이해할 수 있는데 그 이해력은 바로 그리스도를 믿는 믿음에서 출발합니다. 고린도전서2장13절에 "우리가 이것을 말하거니와 사람의 지혜의 가르친 말로 아니하고 오직 성령의 가르치신 것으로 하니 신령한 일은 신령한 것으로 분별하느니라"라고 했습니다.

마가복음 4장 40절에는 바람을 보고 무서워하는 베드로를 **"어찌하여 무서워하느냐 너희가 어찌 믿음이 없느냐"**라고 했고, 마태복음에서는 **"믿음이 적은 자여, 왜 의심하였느냐"**라고 했습니다. 주님이 바람을 주장하는 하나님으로서 옆에 계시는 것을 잊고 보이는 바람을 두려워하는 것이 믿음이 적은 것입니다. 하나님의 아들을 모시고도 바람과 바다 물결을 두려워하는 제자들을 '믿음이 적은 자들' 이라고 하셨습니다. 그리고 마가복음6장30절에는 들풀도 입히시는 하나님을 믿지 못하고 의식주를 가지고 염려하고 매달리는 사람들을 **'믿음이 적은 자들'** 이라고 하셨습니다.

정리하면 하나님을 망각하고 이 세상의 의식주 문제로 염려하고 걱정하는 사람을 주님은 믿음이 적은 자들이라고 합니다. 모든 삶의 주인은 주님입니다. 주님께서 주인으로서 이 세상 삶의 현장 속에 계십니다. 이것을 잊고 두려워하는 것을 믿음이 적다고 할 수 있습니다. 그래도 주님을 믿는다고 하니 믿음이 전혀 없다고는 하지 않으시는 것 같습니다. 하지만 믿지 않을 때는 우리 모두 믿음이 없는 자리에 처하여 있던 사람들이었는데, 주 하나님을 알고 난 후에는 이런 것에서 담대해야 믿음이 있다고 할 수가 있습니다. 우리가 믿음이 있는 사람들인지 반성하고 회개해야 합니다.

우리가 낙심하지 말 것은 이런 주님의 제자들도 성령을 받은 후에 믿음이 있는 삶을 살았다는 사실입니다. 이것은 우리에게도 시사하는 바가 크다고 할 수 있습니다. 우리가 성령으로 믿음을 가지게 되었다고 하지만, 우리의 나태와 믿지 못함과 옆에 계시는 주님을 망각하는 것 때문에 우리는 오순절 전의 제자들과 같은 상태에 있다는 생각을 해 봅니다. 그리고 동시에 오순절 후의 제자들처럼 명확하게 진리를 보고 깨달아 주님께 헌신할 수 있음도 믿습니다. 세우는 분도 주님이시오, 넘어지게 하시는 분도 주님이시기 때문에 우리는 낙심할 필요는 없습니다. 그렇지만 우리는 주님께서 넘어져 있는 우리를 세워주시도록 기도해야 합니다. 그렇게 할 때에 주님께서 우리를 일으키십니다.

우리는 예수님의 말씀을 오해할 수도 있습니다. 이러한 일은 우리가 성령님의 인도를 받지 못하기 때문에 일어납니다. 그러므로 우리는 말씀을 대할 때에 성령님의 인도를 구해야 합니다. 우리는 시편 기자처럼 "우리의 눈을 열어서 주의 법의 기이함을 보게해 달라"(시119:18)고 기도해야 합니다. 우리는 성경을 읽을 때에 그 말씀을 깨달을 수 있는 지혜와 순종할 수 있는 힘을 달라고 구해야 합니다. 그러면 성령님께서 우리의 눈을 열어서 그 말씀을 이해할 수 있게 해 주시고, 또 그 말씀에 순종할 수 있는 힘을 주십니다.

예수님께서는 지금도 영적인 시각, 청각장애자들을 보시고 탄식하고 계십니다. 우리도 제자들처럼 하나님의 말씀을 깨닫지 못하고 실수할 때가 많지만, 예수님은 우리를 포기하지 않습니다. 믿음을 키워가야 하겠습니다. 믿음에는 작은 믿음이 있고 큰 믿음이 있습니다. 갓 예수님을 믿는 사람은 믿음 자체가 어린아이와 같습니다, 어린 아이들은 단단한 음식을 먹을 수 없고 부드러운 음식을 먹는 것처럼 영적인 이해력이 부족하여 큰 기적들은 잘 받아 들이지 못합니다. 우리는 주님으로부터 '작은 믿음을 가진 자'로 책망을 받을 것이 아니라 단단한 식물까지도 먹고 그리스도의 장성한 분량에까지 이르러 어떤 어려움도 이겨내고 승리하는 믿음의 대장부가 되어야 하겠습니다.

우리는 신앙에 편리주의와 현실적 안일함과 만족으로 교회에 대해서 무관심 내지는 잘못된 생각을 가지고 반응한 것이 있으면 회개해야 합니다. 현실에 안주하며 자신의 기득권을 주장하며 형식적인 신앙생활을 하는 것은 바로 바리새인들과 사두개인들의 누룩과 같아서 교회 공동체와 사회 공동체를 부패시키는 해악이 됩니다. 그리고 헤롯의 누룩은 우리의 직분에 대한 명예심과 정치적 야심을 꿈구는 또 다른 해악이 됩니다. 그리스도의 누룩을 가지고 삶을 변화시키고 영향력과 지도력을 확대해 가는 믿음의 대장부들이 되어야 하겠습니다. 아직도 진리를 깨닫지 못하는 분들이 있다면 이 말씀을 통해 새로운 변화를 통한 영적 세계를 바라볼 수 있는 성숙한 신앙인들이 되었으면 합니다.

Chapter 4

예수님과 시각장애인

(Jesus healed a blind man)

막 8:22-26

벳새다에 이르매 사람들이 맹인 한 사람을 데리고 예수께 나아와 손 대시기를 구하거늘 예수께서 맹인의 손을 붙잡으시고 마을 밖으로 데리고 나가사 눈에 침을 뱉으시며 그에게 안수하시고 무엇이 보이느냐 물으시니 쳐다보며 이르되 사람들이 보이나이다 나무 같은 것들이 걸어 가는 것을 보나이다 하거늘 이에 그 눈에 다시 안수하시매 그가 주목하여 보더니 나아서 모든 것을 밝히 보는지라 예수께서 그 사람을 집으로 보내시며 이르시되 마을에는 들어가지 말라 하시니라

우리가 잘 아는 헬렌 켈러(H.A. Keller. 1880-1968)는 처음부터 시각, 청각 장애인으로 태어나지 않았지만 생후 19개월 후에 의사로부터 성홍열과 뇌막염에 걸려 위와 뇌에 급성 출혈이 있다는 진단을 받았습니다. 이 병은 오래가지 않았지만 그녀는 평생 시각 장애와 청각 장애를 안고 살아가게 되었습니다. 그녀가 쓴 『3일동안만 볼 수 있다면: *Three days to see*』이라는 책을 보면,' 만약 내가 이세상을 사는 동안에 유일한 소망이 하나 있다고 하면 그것은 죽

기 직전에 꼭 3일동안만 눈을 뜨고 보는 것이다.' 만약 내가 눈을 뜨고 볼 수 있다면 나는 나의 눈을 뜨는 그 첫 순간 나를 이만큼 가르쳐주고 교육을 시켜준 나의 선생 설리반(Anne Sullivan)을 찾아가겠다. 지금까지 그의 특징과 얼굴 모습을 내 손 끝으로 만져서 알던 그의 인자한 얼굴 그리고 아리따운 몸매 등을 몇 시간이고 물끄러미 보면서 그의 모습을 나의 마음속 깊이 간직해 두겠다. 다음엔 친구들을 찾아가고 그 다음엔 들로 산으로 산보를 가겠다. 바람에 나풀거리는 아름다운 나뭇잎사귀들, 들에 피어 있는 예쁜 꽃들과 풀들 그리고 저녁이 되면 석양에 빛나는 아름다운 노을을 보고 싶다.

다음날 이른 새벽에는 먼동이 트는 웅장한 장면, 아침에는 메트로폴리탄에 있는 박물관, 오후에는 미술관 그리고 저녁에는 보석 같은 밤하늘의 별들을 보면서 하루를 지내고, 마지막 날에는 일찍 큰 길가에 나가 출근하는 사람들의 얼굴 표정들, 아침에는 오페라 하우스, 오후엔 영화관에서 영화를 감상하고 싶다. 그러다 어느덧 저녁이 되면 나는 건물의 숲을 이루고 있는 도시 한복판으로 나와서 네온사인이 반짝거리는 거리, 쇼 윈도에 진열되어 있는 아름다운 상품들을 보면서 집에 돌아와 내가 눈을 감아야 할 마지막 순간에 나는 이 3일 동안만이라도 볼 수 있게 하여준 나의 하나님께 감사한다고 기도를 드리고 영원히 암흑의 세계로 돌아가겠다.

그녀의 글을 가만히 들여다보면 성한 눈을 가진 우리는 상상도 못하는 너무나 기본적인 것을 보고 싶어하는 그녀의 마음의 소원을 읽을 수 있습니다. 시각장애인들이 겪는 어려움이 어떤 것인가를 이 글을 통해서 조금이나마 이해하게 됩니다. 우리 나라의 현재 시각장애인은 1-6등급까지 있는데 2010년 보건복지부 가족부 자료를 보면 국내 장애인 숫자는 약 2백4십2만 9천명 정도 됩니다. 우리가 생각하는 것 보다 훨씬 많은 장애인들이 어려운 가운데 희망을 잃지 않고 살아가고 있습니다.

오늘 본문에 등장하는 한 시각장애인은 현대에 생활하는 시각장애인 보다 훨씬 비참한 삶을 살았을 것입니다. 왜냐하면 그 당시에는 시각장애인들을 위한 복지가 미약했기 때문입니다. 지금은 시공간을 초월하여 많은 점자 책이 출판되어 읽을 수도 있고, 보지 못하는 사람의 음성도 녹음기를 통해서 들을 수 있습니다.

오늘 본문은 당시의 열악한 환경 속에 살던 맹인이 예수님을 만남으로 헬렌 켈레의 표현을 빌리면 '암흑의 세계' 에서 새로운 희망의 빛을 보게 되었다고 소개하고 있습니다.

시각장애인

오늘 본문 22절에는 벳새다에 주님께서 도착하시자, 여러 사람들이 맹인 한 사람을데리고 예수님께 나아왔다고 기록하고 있습니다. 맹인 스스로 올 수 없는 형편을 사람들이 도와서 예수님께 온 것입니다. 여러 사람들은 정확하게 누구인지는 잘 알지 못하지만 가까이에 있었던 가족이거나 지인들이었음에 분명합니다. 자기 스스로 어떻게 할 수 없는 사람을 예수님께 데리고 오는 행위는 분명 칭찬 받아야 할 일입니다. 대부분의 사람들은 스스로 교회로, 주님께로 나아올 수 없고 설령 나오고 싶어도 용기가 없어 나오지를 못합니다. 마음의 병, 영혼의 병, 육적인 질병으로 인하여 나올 수 없을 때 다른 사람의 도움이 절대적으로 필요합니다. 도움을 받을 수 있는 것도 특권이지만 그러한 사람을 데리고 주님께로 나아오는 것은 너무나 귀한 일입니다. 앞을 보지 못하는 사람은 반드시 다른 사람의 도움이 필요합니다.

벳새다에 거주하던 시각장애인은 예수님에 대해서 평소에도 듣고 있었을 것입니다. 가버나움과 벳새다는 그리 멀지 않는 거리에 위치하고 있었고, 가버나움에서 주님이 맹인을 고쳤다는 이야기를 들었을 것입니다. 자기가 관심을 가지고 필요로 하는 일은 아무리 멀리 있어도 가까이에 있는 사람보다 훨씬 빨리 듣습니다. 아무리 가까이 있어도 나에게 별 관심이 없거나 불필요한 일은 누가 이야기해도 귀담아 듣지 않고 예사롭게 여깁니다.

맹인은 예수님께서 가까이 오셨다는 소문을 들어도 스스로 갈 수 없었지만 옆에 있는 사람에게 부탁을 했을지도 모릅니다. 옆에 있던 사람들이 그를 데리고 갔습니다. 오늘 예수님에 대한 소문, 교회에 대한 소문을 들어도 영적으로 어두운 사람들은 스스로 교회에 나올 수 있는 형편이 못됩니다. 옆에 있는 우리가 그들을 주님께로 데리고 와야 합니다. 가족 중에도, 친구 중에도, 직장 동료들 중에도 이웃 가운데도 그러한 사람들이 많이 있습니다. 맹인과 같이 영적으로 흑암 가운데 있는 사람들을 빛되신 주님께로 인도해야 할 사람들은 바로 우리입니다. 우리가 가만히 있으면 영적으로 맹인된 사람들은 스스로 찾아 오는 것이 너무 어렵습니다. 하지만 우리가 도우미가 되어 인도만 한다면 그들은 주님을 만남으로 구원과 치유의 은혜를 경험하게 됩니다.

예수님의 힐링

복음서에 나타난 예수님의 지상사역 가운데 맹인을 고쳐 주신 치유 사건은 모두 네 번입니다(가버나움에서 첫 번째, 두 번째는 오늘 벳새다에서, 세 번째는 초막절 날 예루살렘 실로암에서, 네 번째는 여리고 외곽에서 소경 바디매오와 함께 있는 맹인을 고치심). 그러니까 오늘 본문의 사건은 시간상으로 두 번째입니다. 예수님께서는 시각장애인들의 불편을 아시고 그를 만나서 치료받기를 원하는 맹인은 모두 고쳐주셨습니다.

본문에서는 사람들이 맹인에게 손을 대어 주시기를 간구했을 때 예수님은 맹인의 손을 붙잡고 마을 밖으로 데리고 나가셔서 눈에 침을 뱉으시고 그에게 안수하시므로 치료해 주셨습니다. 다른 복음서에 나오는 치료방법과는 상이한 방법을 사용하여 고쳐 주셨습니다. 핵심은 예수님과 맹인이 깊이 연결되고 터치가 되었다는 것입니다. 손을 잡으시는 행위와 침을 뱉으시며 안수하시는 모든 행동이 맹인과의 깊은 교감을 말씀해 주고 있습니다. 예수님의 한 사람에 대한 사랑과 배려 그리고 불쌍히 여기는 마음이 행동으로 표출되고 있음을 알 수 있습니다. 네 번의 치유 사건에서 각기 다른 방법을 통해서 고쳐 주신 것을 보면 예수님의 치유의 방법이 다양함을 보여 줍니다. 중요한 것은 어떤 방편을 사용하시든지 그들을 고쳐 주시고 시력을 회복시켜 준 것입니다.

예수님은 이 세상에서 자신을 소개 하실 때 빛이라고 하신 것을 보면 어두움을 몰아내고 밝은 빛에 거하게 하시는 자신의 본질적인 사역을 비유적으로 표현하신 것입니다. 메시아 예언 가운데 주님께서 하실 중요한 사역의 하나가 바로 눈먼 자를 보게 하는 것입니다. 이사야 61장 1, 2절에 **"주 여호와의 영이 내게 임하셨으니 이는 여호와께서 내게 기름을 부으사 가난한 자에게 아름다운 소식을 전하게 하려하심이라 나를 보내사 마음이 상한 자를 고치며 포로 된 자에게 자유를, 갇힌 자에게 놓임을 선포하며 여호와의 은혜의 해와 우리 하나님의 보복의 날을 선포하여 모든 슬픈 자를 위로하되 무릇 시온에서 슬퍼하는 자에게 화관을 주어 그 재를 대신하며 기쁨의 기름으로 그 슬픔을 대신하며 찬송의 옷으로 그 근심을 대신하시고 그들이 의의 나무 곧 여호와께서 심으신 그 영광을 나타낼 자라 일컬음을 받게 하려 하심이라"**고 예언하고 있습니다. 이 예언의 말씀을 누가는 그의 복음서에서 예수님께 적용하여 **"주의 성령이 내게 임하셨으니 이는 가난한 자에게 복음을 전하게 하시려고 내게 기름을 부으시고 나를 보내사 포로 된 자에게 자유를, 눈먼 자에게 다시 보게 함을 전파하며 눌린 자를 자유롭게 하고 주의 은혜의**

해를 전파하게 하려 하심이라" (눅4:18,19)고 기록하고 있습니다. 직접 주님을 목격하고 현장에 있었던 누가는 예수님께서 소경을 고치시는 장면을 여러 번 보고 난 후에 이사야의 예언을 확대하여 메시아 사역의 중요한 한 면을 언급하고 있습니다.

그렇다면 여기에 언급된 **"눈먼 자에게 다시 보게 함을 전파한다"**는 메시지가 육적인 시각장애만을 의미하는 것이라고만 해석할 수 없습니다. 죄로 인하여 하나님과 신령한 세계, 즉 영적 세계를 보지 못하는 영적 시각장애도 포함되는 말씀입니다. 하나님께서 이사야를 선지자로 부르시고 백성들에게 보내시면서 이사야 6장 9절에서 **"여호와께서 가라사대 가서 이 백성에게 이르기를 너희가 듣기는 들어도 깨닫지 못할 것이요 보기는 보아도 알지 못하리라 하여"**라고 하시면서 부패와 타락으로 인하여 백성들의 귀가 막히고 눈이 어두워져 있음을 깨우치도록 하신 것을 볼 수 있습니다. 이 말씀에 대해서 누가는 동일하게 사도행전에서 바울이 하나님의 말씀을 강론했을 때 많은 사람들이 듣고 보고 깨달아 믿는 사람들도 있었지만 그렇지 아니하는 사람들이 있을 때 이사야의 예언을 다시 인용하여 이렇게 적고 있습니다. 사도행전 28장 25절에서 27절에 **"성령이 선지자 이사야를 통하여 너희 조상들에게 말씀하신 것이 옳도다. 일렀으되 이 백성에게 가서 말하기를 너희가 듣기는 들어도 도무지 깨닫지 못하며 보기는 보아도 도무지 알지 못하는도다. 이 백성들의 마음이 우둔하여 져서 그 귀로는 둔하게 듣고 그 눈은 감았으니 이는 눈으로 보고 귀로 듣고 마음으로 깨달아 돌아오면 내가 고쳐줄까 함이라 하였으니 그런즉 하나님의 이 구원이**

이방인에게로 보내어진 줄 알라 그들은 그것을 들으리라 하더라"라고 기록하고 있습니다.

주님의 앞 못보는 사람에 대한 사역은 근본적으로 죄로 인하여 어두워진 우리의 시야를 열어서 하나님의 창조하신 세계와 영적인 세계를 바라보게 하는 것입니다. 어쩌면 육신의 눈을 뜨게 하는 것보다 마음의 문, 영혼의 창을 열게 하는 것이 훨씬 어려울 수 있지만 살아 계실 때는 육신의 눈을 뜨게 하셨고, 그의 희생적 십자가를 통해서는 믿는 자마다 영안을 뜨게 하여 하나님의 큰 구원을 보게 하셨습니다. 그렇습니다. 예수 그리스도는 어둠을 밝히는 세상의 빛입니다. 사도요한은 요한복음1장4절에서 예수님을 다음과 같이 소개하며 선언하고 있습니다. **"그 안에 생명이 있었으니 이 생명은 사람들의 빛이라"**

완벽한 치유

"무엇이 보이느냐?"라고 물으신 주님의 질문에 맹인은 **"나무 같은 것들이 걸어가는 것을 보나이다"**(24절) 라고 하면서 나아서 모든 것을 밝히 보게 되었습니다. 맹인이 주님의 안수하심과 치료를 통해서 완전히 회복되었다는 것을 알 수 있습니다. 주님의 치유는 누구에게든지 다 유용합니다. 누가 어떤 병을 가지고 있든지 주님께서 만져 주시기만 하면 깨끗하게 회복되는 줄 믿습니다. 특히 시각장애인으로 살았던 사람이 볼 수 있게 된 것은 단순한 신체적인 시력만의 회복이 아니라 영적 시각도 새로워지는 것을 우리에게 깨닫게 하고 있습니다.

성경에서 시각장애인을 치유한 사역은, 첫째는 예수님의 메시아 되심을 증거하는 표적이지만, 둘째는 모두 우리의 영적인 눈을 치료하시는 가시적 예증이라 할 수 있습니다. 먼저, 영적인 시력이 주어지고, 그 다음에 그 시력으로 눈을 뜨게 되는 역사가 이뤄집니다. 중요한 것이 무엇입니까? 나는 시력이 있기 때문에, 눈을 뜰 수 있다는 믿음입니다. 볼 수 있는 능력이 이미 주어졌는데, 그 능력으로 보는 것만 남았는데, 이전에 보지 못하던 사람들은 그 습관에 의해서 눈을 떠서 보지 않으려고 하는 것입니다. 보는 것이 한편으로는 두렵기도 합니다. 보고 싶으면서도 말입니다. 그래서, 핑계를 대면서 눈을 뜨는 것을 미적거립니다. 그리스도의 빛을 받는 사람은 모든 것을 정확하게 볼 수 있는 능력이 생깁니다. 하지만 어두움 속에 있으면 무엇이 있는지를 분간할 수 없습니다.

클라라 헨리 스콧트(C.H. Scott, 1841–1897)여사가 지은 찬송 366장에 보면 우리의 영적 감각 기관을 열어 달라는 소원이 담겨 있는데 그것을 가능하게 하는 것은 성령 하나님이라고 고백하고 있습니다. 다음은 찬송가 366장의 가사입니다.

1) 어두운 내 눈 밝히사 진리를 보게 하소서 진리의 열쇠 내게 주사 참 빛을 찾게 하소서 깊으신 뜻을 알고자 엎드려 기다리오니 내 눈을 뜨게 하소서 성령이여

2) 막혀진 내 귀 여시사 주님의 귀한 음성을 이 귀로 밝히 들을 때에 내 기쁨 한량 없겠네 깊으신 뜻을 알고자 엎드려 기다리오니 내 귀를 열어 주소서 성령이여

3) 봉해진 내 입 여시사 복음을 널리 전하고 차가운 내 맘 녹여 주사 사랑을 하게 하소서 깊으신 뜻을 알고자 엎드려 기다리오니 내 입을 열어 주소서 성령이여

주님을 영접하고 성령님이 내 마음 속에 역사하실 때, 우리의 어두워진 눈과 귀와 입이 열려 영적인 세계를 경험하고 하나님의 말씀을 올바르게 듣고 깨닫게 되며 나아가 복음을 담대하게 증거하는 성숙한 제자가 됩니다. 완전하게 되는 것은 한꺼번에 이루어지는 것이 아니라 점진적인 성숙을 통해서 가능하게 됩니다. 마치 어린 아이들이 엄마 태중에서 출생하면 두 눈을 가지고 나오지만 모든 것을 한꺼번에 볼 수 없는 것과 같은 이치입니다. 시간이 지날수록 어린아이들은 엄마의 얼굴, 아빠의 모습 그리고 집안에 있는 물건들을 보면서 뇌 속에 그 영상들을 저장하게 됩니다. 그래서 어느 정도 세월이 지나면 모든 현상을 볼 수 있는 것과 같은 원리입니다. 그렇기 때문에 성도들은 그리스도의 장성한 분량에까지 끊임없이 자라가야 합니다.

이미 우리는 그리스도의 밝은 빛으로 부르심을 받았습니다. 이러한 감격을 사도바울은 다음과 같이 표현하고 있습니다. **"너희가 전에는 어두움이더니 이제는 주 안에서 빛이라 빛의 자녀들처럼 행하라"**(엡 5:8)이 말을 다시 번역하면, '너희가 예수님 만나기 전에는 맹인이

더니 이제는 주님을 믿음으로 밝게 보게되었다. 이제는 밝은 두 눈으로 투명하게 살아라' 는 뜻입니다. 이렇게 주님을 만나 영안이 뜨인 성도들은 모든 영역을 하나님의 관점에서 볼 수 있는 성숙함에 이르게 됩니다.

시각장애인을 치유하신 우리 주님이 이 시간 성령의 역사를 통해서 우리의 어두워진 눈을 열어서 하늘의 세계를 보게 하실 것입니다. 다른 분들의 인도를 받아 오신 분일지라도 우리 주님은 깊은 사랑과 애정을 가지시고 영적인 눈을 뜨게 하실 것입니다. 그것이 구원이고 하나님의 크신 은혜입니다. 오랜 신앙생활을 해도 세상적인 안목은 남보다 뛰어난데 영적인 면에는 맹인과 같은 형편에 있는 안타까운 분들도 없지를 않습니다. 어두움에 거하면 빛 된 생활을 할 수 없습니다. 세상은 우리에게 빛을 보여 달라고 하지만 우리 자신이 아직 눈을 뜨지 못하고 암흑세계에 있기에 빛을 발하지 못하고 있습니다. 이 시간 눈에 비늘이 벗겨지도록 말씀의 안약을 바르고 성령의 능력으로 온 세상을 바르게 볼 수 있고, 특히 빛을 받아 영적인 깊은 세계를 보면서 기뻐할 수 있는 성도들이 되시기를 소망합니다.

Chapter 5

예수님은 누구신가?

(Jesus is Christ)

막 8:27-33(마 16:13-20)

예수와 제자들이 빌립보 가이사랴 여러 마을로 나가실새 길에서 제자들에게 물어 이르시되 사람들이 나를 누구라고 하느냐 제자들이 여짜와 이르되 세례 요한이라 하고 더러는 엘리야, 더러는 선지자 중의 하나라 하나이다 또 물으시되 너희는 나를 누구라 하느냐 베드로가 대답하여 이르되 주는 그리스도시니이다 하매 이에 자기의 일을 아무에게도 말하지 말라 경고하시고 인자가 많은 고난을 받고 장로들과 대제사장들과 서기관들에게 버린 바 되어 죽임을 당하고 사흘 만에 살아나야 할 것을 비로소 그들에게 가르치시되 드러내 놓고 이 말씀을 하시니 베드로가 예수를 붙들고 항변하매 예수께서 돌이키사 제자들을 보시며 베드로를 꾸짖어 이르시되 사탄아 내 뒤로 물러가라 네가 하나님의 일을 생각하지 아니하고 도리어 사람의 일을 생각하는도다 하시고

어느 선교사가 태국 항공기를 타고 여행을 하게 되었습니다. 그는 스튜어디스에게 전도를 할 생각으로"당신은 예수 그리스도를 아십니까?"라고 물었습니다. 그러자 스튜어디스는 "잠시만 기다려 주십시오"라고 하고는 어디론가 사라졌습니다. 선교사가 한참 동안 의아하게 생각하고 있는데 그 스튜어디스가 돌아와 하는 말이 "아

무리 승객 명단을 뒤져봐도 그런 분은 이 비행기에 탑승하지 않았습니다." 라고 했다고 합니다. 우리 주변에는 예수님이 누구신지 알지 못하는 분들이 너무 많습니다. 그리스도인들 중에도 그녀와 같은 분이 없다고 장담할 수 없습니다. 우리가 믿는 신앙의 중심에 그 대상 주체가 누구인가 하는 것은 너무나 중요한 사안입니다. 그리고 그 주체에 대한 정확한 신앙고백은 믿음의 질을 결정하는 시금석이 됩니다.

잘못된 신앙관을 가지고 있는 신천지 교인들은 그 신앙의 대상이 이만희 교주입니다. 그들이 가르치는 성경공부(비유풀이)를 다 마치고 나면 마지막 시험을 치르는데 그 때 메시아가 누구인가 하는 질문에 이만희라고 고백해야 패스를 하게 됩니다. 그들은 하나님과 예수님을 믿는 것이 아니라 이만희를 구세주로 믿습니다. 그렇기 때문에 신천지는 이단이고 사교집단입니다.

30년 전에 애천교회도 동일하게 정명석을 메시아로 고백하게 했고, 그를 믿어야 구원 얻고 거룩한 백성이 되어 영원한 천국에 들어갈 수 있다고 했습니다. 처음에는 그 이름을 애천교회라고 했고, 발전하여 그 이후에는 JMS라고 했습니다.

최근 2012년 12월 8일 방송된 SBS의 '이것이 알고 싶다는 프로그램' 의 "창기십자가의 비밀"의 주인공인 한농복구회(엘리야의 복음선교회의 다른 이름)의 교주 박명호씨(70세)도 어린양의 신랑이라고 주장하여 수많은 젊은이들(어린양의 신부)의 성(性)을 유린했습니다. 이들의 공통된 교리의 원조는 통일교 교주였던 고 문선명

씨입니다. 그는 피가름 교리를 통해서 자신이 메시아임을 줄기차게 주장하다가 얼마 전에 죽었습니다.

우리가 믿는 바 신앙에 있어서 그 핵심은 바로 예수 그리스도입니다. 그 분에 대한 올바른 고백이 개인과 교회, 신앙과 삶을 결정짓는 중요한 요소가 됩니다. 그래서 역사적으로 수많은 교회들이 정확한 신앙고백서를 만들어 신앙의 칼라를 분명하게 했고 후대에 유산으로 물려 주었습니다. 예를 들면 스코틀랜드 신앙고백서나 독일의 하이델베르그 신조나 영국에서 제정된 웨스트민스트 신앙고백서와 같은 것입니다.

오늘 본문은 베드로의 유명한 신앙고백이 나오는 본문이고, 십자가의 중요성을 다시 한번 상기하게 하는 본문입니다. 그리스도의 탄생을 축하하는 크리스마스를 앞두고 우리가 믿는바 예수님이 누구신지를 다시 한번 점검해 보고 올바르게 고백하는 것은 의미가 있는 일이라고 생각합니다.

예수님의 질문

본문 27절 말씀에 **"예수와 제자들이 가이사랴 빌립보 여러 마을로 나가실 새"**라고 기록하고 있습니다. 여기에서 나오는 가이사랴 빌립보는 지중해 연안의 해변도시인 가이사랴 (팔레스타인에 위치한 로마의 행정수도, 로마 주둔군이 있었음)와 다른 곳이고, 또한 유럽에 있는 빌립보(사도행전 16장에서 마게도냐 사람이 건너와서 우리를 도우라고 해서 사울이 전도방향을 돌려 유럽으로 갔을 때 최초로 갔던 곳, 유럽 최초의 신자인 루디아를 중심으로 세워진 빌립보 교회가 있는 도시)와도 다른 도시로 갈릴리 호수 동북쪽에 있는 지역입니다. 고대 왕들은 자기 이름을 따서 계획도시를 건설했습니다. 알렉산드리아라는 도시는 알렉산더 대왕의 이름을 따서 붙인 도시이고, 빌립보는 필립 왕의 이름을 따서 붙인 도시이고, 가이사랴는 로마 황제인 가이사(Caesar−시저)의 이름을 따서 붙인 도시입니다. 그래서 그런 이름을 붙인 도시가 곳곳에 있었습니다. 실제로 알렉산더는 자기의 점령지에 알렉산드리아라는 도시를 70여개 만들었는데, 그 중에서 대표적인 곳이 현재 이집트 지역에 있는알렉산드리아입니다. 그러면 가이사랴 빌립보란 명칭은 두 개의 명칭이 혼합된 것임을 알 수 있습니다. 헤롯 대왕이 죽은 후 갈릴리 지역은 그 아들 중의 한 명인 헤롯 빌립이 다스리게 되었는데, 그 빌립이 자기 이름을 붙이고, 로마 황제인 가이사의 이름도 붙인 곳이 바로 가이사랴 빌립보이고, 특별히 우상숭배가 심한 지역이었습니다.

어느 날 예수님이 이 가이사랴 빌립보 지역까지 오게 되었는데 우상숭배가 만연한 그 땅의 분위기를 살피시고 제자들에게 중요한 질문을 두 가지 하셨습니다. 첫 번째 질문은 **"사람들이 나를 누구라고 하느냐?"**라는 질문입니다(27절). 그리고 두 번째 질문은 **"너희는 나를 누구라고 하느냐?"**는 질문입니다(29절). 첫번째 질문은 일반적으로 예수님 관(觀)에 대한 질문입니다. 다른 사람들이 어떤 견해를 가지고 있는가를 아는 것입니다. 다른 사람이 가지고 있는 견해에 영향을 받을 수는 있지만 자신의 신앙에 결정적인 역할은 하지 않습니다. 그러나 두 번째 질문은 자신에게 결정적인 역할을 하기 때문에 정말 중요한 질문입니다. 두 번째 질문에 어떤 대답을 가지고 있느냐에 따라서 믿음생활의 형태와 교회생활의 형태가 현저하게 달라집니다.

예를 들면 부부생활을 할 때에도 남편과 아내가 서로를 누구로 아느냐에 따라서 그 가정의 행복이 좌우됩니다. 만약 아내가 남편을 돈 벌어오는 기계로 안다면 문제입니다. 반대로 남편도 아내는 그저 밥 해주는 사람으로 안다면 역시 문제입니다. 내 배우자와 내 자녀를 하나님께서 나의 행복을 위해 내 옆에 붙여주신 존재로 알 때 그 가정에 행복이 주어지게 됩니다. 마찬가지로 우리가 예수님을 누구로 알고 있느냐는 것은 매우 중요한 문제입니다. 오늘 예수님께서는 '너는 나를 누구라고 생각하느냐?' 라고 똑같이 질문하십니다. 4대 성인 가운데 한 분, 사회개혁의 선구자, 민중의 해방자, 소외된 자와 가난한 이의 친구, 정의와 회개를 촉구하는 예언자, 모두 맞는 답입니다.

예수님께서는 진실로 그렇게 사셨습니다. 그러나 그리스도인들에게 있어서 이 답은 무엇인가 부족한 부분이 있습니다. 왜냐하면 예수님을 한 인간의 단면만 보고 평가한 것이기 때문입니다. 신앙인은 예수님 안에서 하나님을 보는 사람입니다. 세상을 구원하시려고 당신의 아들을 보내신 하나님의 섭리와 은총을 보는 사람입니다. 예수님을 통해서 자신의 죄와 허물을 보고, 그 죄와 허물을 용서하시는 하나님의 사랑과 자비를 느끼는 사람입니다. 때문에 신앙인은 예수님을 인간이요 하나님이시라고 고백하고, 사람이 되시어 우리의 모든 죄를 용서하시는 주님께 자신을 맡기고 의지합니다. 그리고 이러한 신앙고백을 통해서만 우리에게 천국의 열쇠가 주어지고, 음부의 권세가 감히 누르지 못하는 새로운 하나님의 백성인 교회로 존속됩니다. 그러므로 교회의 든든한 기초는 바로 우리 각자의 올바른 신앙고백입니다. 건물도 아니고 조직도 아닙니다. 성도들이 예수님께 대해서 고백하는 신앙입니다. 신앙은 마음으로 믿어 의에 이르고 입으로 시인하여 구원에 이르게 됩니다(롬 10:10). 올바른 신앙고백은 개인 뿐 아니라 교회가 이 땅에 승리의 공동체로 존재하게 하는 원동력입니다.

제자들의 고백

첫 번째 질문에 대한 대답은 세 가지로 요약됩니다. 세례요한으로, 엘리야로, 선지자 중의 하나라고 했는데, 첫번째는 그 당시 사람들이 목베임을 당하여 순교한 세례요한이 부활해서 나타난 것으로 이해했고, 두번째는 엘리야가 마지막에 나타날 것을 비유적으로 예언했는데 문자적으로 받아들인 것이고, **"보라 여호와의 크고 두려운 날이 이르기 전에 내가 선지자 엘리야를 너희에게 보내리니"**(말 4:5),

세 번째는 하시는 일을 보며 훌륭한 선지자 중의 한사람으로 여긴 것입니다.

두 번째 질문에 대해서 베드로는 아주 정확한 대답을 가지고 있었습니다. "주는 그리스도입니다" 마태복음 16장 16절에서는 **"주는 그리스도시요 살아 계신 하나님의 아들이십니다."**라고 대답했습니다. 그 대답을 듣고 주님께서는 너무 흡족하셨습니다. 그래서 베드로에게 **"바요나 시몬아 네가 복이 있다"**고 하셨습니다. 이 고백은 베드로 개인의 고백이지만 결국 제자 공동체 전체의 고백입니다. 마치 우리 개인의 고백이 교회공동체의 고백이 되는 것과 동일한 것입니다. 여기서 그리스도는 헬라어로 구세주란 뜻을 가지고 있고, 히브리어로는 메시아라고 합니다. 즉 베드로는 예수님에게 "당신은 저희들을 구원하신 메시아입니다"라고 고백한 것입니다. 많은 사람들이 예수님이 메시아가 아니라고 생각하는 것이 대세였을 때 예수님을 메시아로 고백하는 것은 어쩌면 돌에 맞아 죽을 수도 있는 위험한 결정일 수도 있습니다. 메시아가 아닌데 메시아로 고백하는 것은 이단으로 몰릴 수도 있고 정죄 받을 수도 있습니다.

주님께서는 그 고백을 듣고 흡족하게 생각하셨지만 실질적으로 메시아가 되는 길은 화려한 스타가 되는 길이 아니었습니다. 우리는 예수님을 따르는 길을 스타가 되는 길, 축복 받는 길로만 생각해서는 안됩니다. 그것을 가르치시기 위해서 주님께서는 베드로에게 주의를 주십니다. 본문 30절 말씀을 보십시오. **"이제 자기의 일을 아무에게도 말하지 말라 경계하시고"**, (예수님이 메시아다. 이제 우리는 운수대통했다)라고 떠들고 다니며 너무 들뜨지 말라는 것입니다. 왜 그렇습니까? 이스라엘 백성들은 그들을 속박에서 구원할 정치적인 메시아를 원했지만 진짜 메시아는 전체 인류를 구원할 구세주이고, 진짜 그의 사역은 그들이 생각하는 강력한 군사력과 힘을 가진 화려한 정치적인 메시아와는 전혀 달랐기 때문입니다. 누룩처럼 조용히 퍼져가는 하나님의 나라를 꿈꾸고 있었기 때문에 너무 흥분하지 말라고 하신 것입니다.

메시아의 주 사역

제자들이 올바른 신앙의 고백을 한 후에 진짜 메시아의 사역을 주님께서는 31절에서 가르쳐주십니다. 본문 31절 말씀에 **"인자가 많은 고난을 받고 장로들과 대제사장들과 서기관들에게 버린 바 되어 죽임을 당하고 사흘 만에 살아나야 할 것을 비로소 저희에게 가르치시되."** 라고 기록하고 있습니다. 메시아의 주된 사역은 고난의 사역이라는 말입니다. 그 가르침을 듣고 제자들, 특히 베드로는 충격을 받았습니다. 그는 아마 이런 말이 들리길 기대했을 것입니다. (이제 곧 인자가 곧 영광을 얻어 이 민족과 로마 위에 올라서서 만국을 철장 권세로 다스리실 것이라.) 그러나 그런 화려한 말씀은 안 하시고 비참하게 죽어야 한다고 말씀하십니다. 예수님이 죽어야 한다고 하니까 베드로가 화들짝 놀라면서 32절에서 예수님을 붙들고 그렇게 하시지 말아 달라고 간청했습니다. 그것은 예수님을 위하는 말같지만 사실상 제자들의 세상적인 야망과 기대가 여실히 드러나고 있는 장면입니다. 그 의도를 보시고 예수님은 베드로를 꾸짖습니다. 33절 말씀을 보십시오. **"사단아 내 뒤로 물러가라 네가 하나님의 일을 생각지 아니하고 도리어 사람의 일을 생각하는도다."** 사람의 일을 생각하지 말고 하나님의 일을 생각하라는 것입니다.

우리는 주기도문을 자주 외웁니다. '뜻이 하늘에서 이룬 것 같이 땅에서도 이루어지이다.' 우리는 신앙생활을 하면서 정말 하나님의 뜻이 이 땅에 이루어지기를 소원하는 마음으로 신앙생활을 해야 합니다. 신앙이란 무엇입니까? 믿고 축복받는 것이 신앙이 아닙니다 사람의 일을 생각하지 않고 하나님의 일을 생각하는 것이 신앙입니다. 우리는 주님을 믿는다고 하면서 이런 베드로와 같이 입술로는 메시아입니다 라고 고백하고 알고 있지만 현실적으로 어려움과 고통이 따르면 십자가를 회피하는 연약한 믿음 수준은 아닌지, 기복주의적인 요소와 의도가 있지는 않은지 반성해야 합니다. 우리는 육신의 복과 욕구를 충족하기 위해서 주님을 이용해서는 안됩니다. 주님은 우리가 사람의 일보다는 하나님의 일을 생각하고 따르기를 원합니다. 간혹 교회생활을 하면서 자신의 유익을 추구하면서 교회가 자신에게 무엇인가를 채워주지 않으면 교회에서 멀어지는 분들을 보게 되는데 참 안타까운 일입니다. 십자가 없이는 영광스러운 부활이 없습니다. 그렇기 때문에 예수님께서는 늘 고난의 십자가를 말씀하실 때에는 영광스럽고 새로운 부활도 함께 말씀하셨습니다.

우리 신앙의 고백 속에 늘 담겨 있어야 할 진리는 바로 그리스도의 십자가의 죽음입니다. 그 분의 죽으심과 함께 나도 십자가에 못 박히게 되었기 때문입니다. 사도 바울은 십자가에 대해서 이렇게 고백하고 강조하고 있습니다.

로마서 6장 6절에 **"우리가 알거니와 우리 옛 사람이 예수와 함께 십자가에 못박힌 것은 죄의 몸이 멸하여 다시는 우리가 죄에게 종노릇 하지 아니하려 함이니."**

갈라디아서 2장 20절에 **"내가 그리스도와 함께 십자가에 못박혔나니 그런즉 이제는 내가 산 것이 아니요 오직 내 안에 그리스도께서 사신 것이라 이제 내가 육체 가운데 사는 것은 나를 사랑하사 나를 위하여 자기 몸을 버리신 하나님의 아들을 믿는 믿음 안에서 사는 것이라"**

갈라디아서 5장 24절에 **"그리스도 예수의 사람들은 육체와 함께 그 정과 욕심을 십자가에 못박았느니라"**

로마서 6장 5절에 **"만일 우리가 그의 죽으심을 본받아 연합한 자가 되었으면 또한 그의 부활을 본받아 연합한 자가 되리라"** 라고 기록하고 있습니다.

고린도후서 13장 4절에 **"그리스도께서 약하심으로 십자가에 못박히셨으나 오직 하나님의 능력으로 살아계시니 우리도 저의 안에서 약하나 너희를 향하여 하나님의 능력으로 저와 함께 살리라"**

십자가의 고난과 영광스러운 부활은 올바른 신앙 위에 주어져서 열매 맺게 됩니다. 오늘 그리스도를 위한 우리의 고난과 어려움 그리고 핍박도 바로 부활로 나아가게 하는 축복의 통로가 됩니다. 현재의 고난은 장차 나타날 영광과 족히 비교할 수 없다(롬8:18)라는 고백이 우리 모두의 고백이 되기를 소망합니다.

올바른 신앙고백은 나의 신앙과 삶 그리고 교회를 건강하게 붙잡아 주는 원심력이 됩니다. 예수님께서는 오랫동안 예언된 그리스도 즉 메시아이십니다. 성경에 약속하신 하나님의 아들로 이 땅을 구원하시기 위해 오신 구세주이십니다. 우리 각자는 그분을 개인적인 구세주로 고백하고 따라야 합니다. 그 분을 따르는 길은 그분의 주된 사역인 죽음과 부활에 동참하는 것입니다. 주님의 초림은 바로 하나님의 구원 계획을 이루기 위함이었기에 희생제사를 통해서 우리에게 영광스러운 부활에 동참하게 하셨습니다. 그러므로 성도는 영광이 이미 주어졌기 때문에 세상의 영광을 버리고 죽음까지도 불사하는 고난을 통해 하나님 나라에 헌신하는 한 알의 썩는 밀알이 되어야 합니다. 기복적인 신앙에서 벗어나 믿음때문에 고난도 기쁘게 감당할 수 있는 성숙한 그리스도인들이 되어야 하겠습니다.

Chapter 6

자기희생의 최고가치

(The best cost of my death)

막 8:34-38(마 16:24-27; 눅 9:23-26)

무리와 제자들을 불러 이르시되 누구든지 나를 따라오려거든 자기를 부인하고 자기 십자가를 지고 나를 따를 것이니라 누구든지 자기 목숨을 구원하고자 하면 잃을 것이요 누구든지 나와 복음을 위하여 자기 목숨을 잃으면 구원하리라 사람이 만일 온 천하를 얻고도 자기 목숨을 잃으면 무엇이 유익하리요 사람이 무엇을 주고 자기 목숨과 바꾸겠느냐 누구든지 이 음란하고 죄 많은 세대에서 나와 내 말을 부끄러워하면 인자도 아버지의 영광으로 거룩한 천사들과 함께 올 때에 그 사람을 부끄러워하리라

사람들이 신앙을 추구하는 방법이 다양합니다. 교회에 오시는 분들 중에 구원의 은혜를 받고 천국의 소망을 가지고 거룩하게 살려고 하는 참 성도들이 있는가 하면 어떤 부류는 인격수양이나 인간관계를 맺기 위해 오시는 분들도 있고, 세상적인 복을 구하기 위해 오시는 분들도 있습니다. 예를 들면, 사업상의 성공과 자녀들의 출세를 기원하기 위해, 연약한 몸과 마음의 건강함을 위한 목적으로

나오시는 분들도 있습니다. 젊은이들은 결혼 상대를 찾기 위해 혹은 교제를 목적으로 출석하기도 합니다. 이러한 인간적 야망을 우리 주님은 너무나 잘 아시고 하나 밖에 없는 목숨, 한 번 사용하면 다시 리필할 수 없는 인생을 어떻게 살아야 할 것을 제시하고 있습니다. 사뭇 우리가 추구하는 것과 주님이 요구하시는 것이 다르다는 것 때문에 실망하는 분들도 있습니다. 주님의 요구와 바램이 세상적인 복을 추구하는 사람들에게는 거북스럽고 부담스럽게 들릴 수 있습니다. 맹목적인 신앙생활이 아닌 목적이 있는 삶을 위해서는 주님께서 제시하신 원리와 방법을 따라 사는 것이 가장 행복한 길입니다. 겉으로는 어려운 것 같지만 실제 살아보면 그렇게 어렵지 않고 살아 볼만한 삶이요, 가치 있고 보람된 삶임을 알 수 있습니다.

어느 교회에 '십자가를 지는 체험을 하라'는 목사님의 말씀을 따라 수난 주간에 많은 성도들이 무거운 십자가를 만들어 지고 땀을 뻘뻘 흘리며 교회 마당으로 오는데 그 중에 한 분은 십자가를 지고 오는데 너무 편안하게, 땀도 흘리지 않고 왔습니다. 자세히 그분이 어떤 방법으로 쉽게 십자가를 지고 오는가를 보니 십자가 밑 부분에 잘 굴러 갈 수 있는 바퀴를 달고 어깨에 메고 왔습니다. 주님이 십자가를 지라고 했을 때 주님은 어렵고 힘든 십자가가 아니라 자기에게 적당한 십자가를 지고 오라고 하시는 말씀임을 확신합니다. 그 근거는 마태복음 11장 30절에 "이는 내 멍에는 쉽고 내 짐은 가벼움이라 하시니라"라는 말씀입니다.

제자의 길

제자들은 처음에는 경제적인 부요와 정치적인 야망을 가지고 예수님의 부르심에 응답하고 3년을 따라 다녔습니다. 야고보와 요한의 어머니가 예수님께 찾아 와서 청탁한 사건이 그사례입니다. 정치적으로 로마로부터 해방이 되어 독립국가가 되면 예수님이 왕으로 등극할 것인데 그때 두 아들을 하나는 내무부 장관, 다른 아들은 외무부 장관이 되게 해 달라는 부탁이었습니다. 모든 것을 포기하고 예수님을 따른 아들들을 향한 어머니의 당연한 요구요, 청탁입니다. 직업과 가정까지 포기하고 나선 두 아들이 부모의 기대에 부응하도록 하는 것은 바로 가문의 영광입니다. 그러나 그녀의 요구는 극히 인간적인 것이었고, 세상적인 것이었습니다. 이 청탁 사건을 통해서 알 수 있는 교훈은 제자들조차도 예수님을 따르는 일에 야심이 있었다는 사실입니다. 제자들은 아무런 야심이나 기대가 없었는데 단순히 어머니의 욕구 때문에 그러한 부탁을 하였다고 생각되지 않습니다. 그들의 요구와 어머니의 기대는 공동작품이었습니다. 주님은 이러한 가족들의 요구와 제자들의 기대감을 모를 리 없었습니다. 그래서 자신에 대한 신앙고백을 분명히 듣고 난 다음에는 무리들과 제자들을 다 싸잡아서 주님을 어떻게 따를 것인가를 분명하고 확실하게 이야기 한 것입니다. 34절에 "무리와 제자들을 불러 이르시되 누구든지 나를 따라 오려거든 자기를 부인하고 자기 십자가를 지고 나를 따를 것이니라"고 하셨습니다. 제자들뿐 아니라 주님의 말씀을 청종하는 모든 무리를 향하여 하신 말씀입니다.

성경의 진리는 어떤 특정한 사람들을 위해서 주어진 것이 아닙니다. 간혹 여자나 남자, 부자나 가난한 자, 고관과 종과 지도자와 평신도들에게 집중적으로 말씀하시는 부분이 있지만 그것조차도 모든 사람들에게 동일하게 적용되는 진리입니다. 특별한 고난과 책임이 지도자에게 있는 것처럼 요구하는 것은 아직 유아적인 신앙 수준에 있는 사람들의 태도입니다. 하나님의 나라와 복음을 위해서 진지하게 생각하면서 고난과 희생을 해야할 사람은 사역자뿐 아니라 모든 평신도들도 포함됩니다. '무리와 제자' 이들은 함께 주님의 뒤를 따르며 하나님의 나라를 세워가야 할 동역자들입니다.

주님을 따르는 제자도는 먼저 자기를 부인하는 것이 우선되어야 합니다. 자기의 주장이 너무 강하거나 반대로 자기 학대나 포기를 통한 열등의식, 자기 비하는 부인이 아닙니다. '버러지 보다 더 못한 내가 무엇을 할 수 있느냐' 의 자기 비하는 부인이 아닙니다. 무엇인가 최선을 다해서 선한 열매를 얻을 수 있는 기회가 있고, 좋은 결과가 주어질 것이 확실한데 중도에 포기해 버리는 것은 자기의 능력과 은사 그리고 하나님께서 주신 재능을 포기하는 것이지 자기를 부인하는 행동이 아닙니다. 자기 부인은 하나님을 믿고 순종하는 일과 주님을 따르는 일에 방해가 되는 것을 가감 없이 버리는 것입니다. 물질이나 명예에 너무 집착하는 나머지 신앙의 성숙의 자리에 나아가지 못하는 것은 자포자기이지 부인이 아닙니다. 그런 것을 초월하여 주님과의 깊은 교제를 위해 적극적으로 나아가는 것이 바로 자기를 부인하는 것입니다.

본훼퍼(Bonhoeffer)는 자기 부인을 이렇게 정의하고 있습니다. '자기를 부인하는 것은 그리스도에 대해서만 의식하고 자신에 대해서는 더 이상 의식하지 않는 것이며, 앞서 가시는 그분만을 보는 것이며, 너무나 힘들어서 가지 못하는 길이란 없다. 한번 더, 자기 부인이란 오직 그분께서 길을 인도하시고, 그분을 가까이 따르는 것이다.'

예수님은 하나님과 동등 됨을 취할 수 있는 충분한 분임에도 불구하고 하나님의 구원 계획 성취를 위해서 종의 형체를 가져 사람의 모양을 입으시고 십자가에서 죽기까지 낮아지셨습니다 이것이 바로 자기 부인입니다. 사도 바울도 자기의 신분(바리새인), 자기의 학벌(가말리엘 문하생), 자신의 종교적, 정치적 특권(로마시민권과 할례 받음)을 그리스도를 위해서 포기하고 자기를 부르신 목적을 향해 달려 갔습니다(빌2:7,8). 구약의 자기 부인의 실례는 모세입니다. 그는 왕권을 포기했고, 물질을 포기했고, 화려한 향락의 삶을 포기했습니다. 히브리서 기자는 모세의 자기부인을 이렇게 일맥묘연(一脈渺然)하게 기술하고 있습니다.

"믿음으로 모세는 장성하여 바로의 공주의 아들이라 칭함을 거절하고, 도리어 하나님의 백성과 함께 고난 받기를 잠시 죄악의 낙을 누리는 것보다 더 좋아하고, 그리스도를 위하여 받는 능욕을 애굽의 모든 보화보다 더 큰 재물로 여겼으니 이는 상주심을 바라봄이라" (히 11:24-26)

우리가 주님의 제자가 되고 온전한 성도가 되어 올바른 신앙생활을 하기 위해서는 무엇보다 주님을 따르는 일에 걸림돌이 되는 것이 무엇인지를 찾아서 제거해야 합니다. 한 손에 쟁기를 잡고 자꾸만 뒤를 돌아 보는 농부처럼, 현실적인 것에 너무 집착하거나 욕심을 가지면 하나님 나라에 합당한 자로 살아갈 수 없습니다. 소돔과 고모라 성을 떠나다 뒤를 돌아 본 롯의 아내처럼 불행한 자가 됩니다. 주님의 제자가 되는 일에 방해가 되는 요인이 무엇인지 찾아봅시다. 직업과 자녀에 대해서 너무 얽매이는 것, 아주 편안함, 안일함, 게으름, 물질에 대한 욕심, 자신과 자녀들에 대한 야망, 명예심, 애정집착 그리고 봉사와 헌신에 대한 에너지와 시간 아까움, 과도한 소비경향, 지나친 자기 욕구 충족(쾌락, 오락 게임)등 많은 것이 있을 것입니다. 자포자기나 자기 학대와 열등감에서 나오는 자기비하가 아닌 자기부인 즉 자신의 뜻이 아니라 하나님의 뜻에 절대순종함으로 의를 이루어 가는 성숙한 삶을 통해서 주님을 신실하게 따라가는 제자들이 되어야 하겠습니다.

그리고 두 번째는 자기 십자가를 지는 것입니다. 주님이 지신 죽음의 십자가가 아닌 자기 십자가입니다. 십자가는 분명 고난과 희생의 의미를 담고 있습니다. 키케로(Cicero)는 십자가를 잔인하고 혐오스러운 형벌, 노예들에게 가한 극단적인 고문들 가운데 가장 혹독한 것, 그리고 두려운 것으로 묘사했습니다. 로마인들은 형을 선고 받은 사람으로 하여금 십자모양으로 가로지른 들보를 처형장으로 운반하도록 했고, 그곳에서 그것을 처형 말뚝에 고정시켜 사람을 매달아 처형했습니다. 십자가를 지라는 것은 주님과 복음 때문에 경멸을 받고 죽음을 선고 받은 자의 대열에 기꺼이 합류해야 할 것을 기대하신 말씀입니다.

'십자가' 라는 말속에는 많은 의미들이 함축되어 있지만 크게 두 가지로 압축할 수 있습니다. 그것은 하나님과의 관계를 위한 수직적인 막대기와 인간관계를 원만하게 하기 위한 수평적인 막대기입니다. 하나님과의 관계를 원만하게 가지기 위해서 손해를 보더라도 고난을 감수하는 것을 말합니다. 즉 하나님의 뜻에 순종하기 위해서 따르는 희생과 고난 그리고 헌신입니다. 심지어 죽음까지 감수하기까지 그것을 회피하지 않고 기꺼이 감당해 내는 것이 자기 십자가를 지는 것이고, 인간관계에 있어서는 자기가 힘들고 어려워도 상대방을 배려하고 포용하는 일에 따르는 비난과 고통 그리고 희생을 잘 수용하는 것 등입니다. 그 대표적인 케이스가 바로 우리 주님입니다. 예수님께서는 하나님께서 지워주신 십자가를 그 당시 종교인들의 시기와 질투, 비난, 고통 등 수많은 수모를 겪으면서 끝까지 지셨습니다. 하나님과의 관계를 파기하지 않기 위해서 겪었던 고난과 아픔이었고, 우리와의 평화와 화목을 이루기 위한 십자가였습니다. 요셉도 하나님과의 관계 속에서 이루어야 할 꿈과 가족 구원을 위해서 자기에게 주어진 십자가 즉, 형제들의 오해와 노예로 팔림과 억울한 누명으로 인한 옥살이를 기쁨으로 감당해 내었습니다. 그 결과 하나님의 꿈을 이루어 내었고, 가족들과 민족을 구원할 뿐 아니라 신약의 그리스도께서 십자가를 통해 이루실 구원의 그림자가 되었습니다.

골로새서 1장 20절에 **"그의 십자가의 피로 화평을 이루사 만물 곧 땅에 있는 것들이나 하늘에 있는 것들을 그로 말미암아 자기와 화목케 되기를 기뻐하심이라"**라고 기록하고 있습니다. 자기 욕심을 성취하기 위해 당하는 고난이 아니라 그리스도를 위해 당하는 선한 고난과 희생이 바로 자기 십자가를 지고 주님을 따르는 일입니다. 베드로전서 2장 19절에 **"부당하게 고난을 받아도 하나님을 생각함으로 슬픔을 참으면 이는 아름다우나 죄가 있어 매를 맞고 참으면 무슨 칭찬이 있으리요 그러나 선을 행함으로 고난을 받고 참으면 이는 하나님 앞에 아름다우니라. 이를 위하여 너희가 부르심을 받았으니 그리스도도 너희를 위하여 고난을 받으사 너희에게 본을 끼쳐 그 자취를 따라오게 하려 하셨느니라"**라고 설명하고 있습니다.

우리에게 주님께서는 자기에게 주어진 십자가를 지고 주님을 끝까지 따라가는 성숙한 제자들이 되기를 요구하십니다. 모든 제자들은 주님의 이 말씀을 기억하고 고난과 죽음을 무릅쓰고 끝까지 그리스도를 따랐습니다. 전통에 의하면 베드로는 거꾸로 십자가를 지고 순교했다고 합니다.

손해 보는 삶

요즘 층간 소음으로 이웃집 간에 생명을 해치는 끔직한 일들이 빈번히 일어나고 있습니다. 구정 때는 위에서 시끄럽다는 이유로 시비가 격하되어 이웃을 칼로 찔러 살해한 사건도 있었다는 보도를 들은 적이 있습니다. 엊그제(2013.3.8) 부산에서도 층간 소음으로 인한 살인미수 사건이 일어났습니다. 이틀 전 50대 남성이 위층의 80대 할머니와 그 아들에게 흉기를 휘둘러 중상을 입혔습니다. 두 집은 1년 반 동안 식기세척기 소리, 창문 닫는 소리, 심지어 변기 뚜껑 닫는 소리에 이르기까지 줄곧 층간 소음 다툼을 벌여 왔다고 합니다. 단순히 우발적인 행동이라기보다는 그 동안 쌓여 왔던 스트레스가 비정상적으로 폭발한 것입니다. 최근 서울의 살인 사건을 비롯한 층간 소음 다툼 사건이 모두 그렇습니다.

이제 층간소음 문제에 관한 규정과 해결책을 전 사회적으로 모색해야 할 때라고 이구동성으로 말합니다. 인구의 65%가 공동주택에서 살고 있고 환경부 층간소음 이웃사이센터가 개소한 지난해 10개월 동안 무려 7천여 건의 층간소음 민원이 폭주했습니다.

서로를 조금이라도 배려하는 마음이 있다면 층간소음으로 인한 불행은 막을 수 있을 것입니다. 배려하고 포용하는 마음이 서로의 삶을 행복하게 합니다. 예수님의 마음을 본받으면 이웃 간에 천국이 임할 수 있습니다. 예수님은 본문에서 우리에게 그리스도와 복음을 위해 자기 목숨을 잃으면 구원하리라고 약속하고 있습니다. 이 말은 예수님의 삶을 따라 살면 천국의 삶을 살 수 있다는 약속이기도 합니다. 주님께서는 그렇게 우리로 하여금 천국의 삶을 살도록 자신의 생명을 십자가에서 희생하셨습니다. 구원은 천국의 삶을 살게 합니다. 구원받았다는 것은 내세에 가서 살 삶의 보장일 뿐 아니라 현세에서 누리는 천국의 삶, 화평과 사랑 그리고 기쁨 충만한 삶을 의미합니다. 예수 믿는 사람들은 자기의 죽음을 통해서 이러한 삶을 만들어 갈 수 있는 존재들입니다.

호남 지방에 유명한 특산물인 홍어는 죽어서 삭혀져야 제맛이 난다고 합니다. 옛날 냉장고가 없을 때 짚단에 싸서 거름 더미에 넣어두면 따뜻한 열기에 의해서 홍어가 숙성이 되어 사람들의 입맛을 돋우는 건강 식품이 되었다고 합니다. 이처럼 죽어야 맛이 나는 사람들이 있습니다. 그들은 바로 예수님을 믿는 신자들이요, 자기를 희생할 줄 아는 사람들입니다. 자신의 이기심과 고집, 그리고 잘못된 철학이 죽어야 맛깔 나는 신자가 됩니다. 자신이 죽으면 없어지고 손해 볼 것으로 생각하지만 한 알의 밀알처럼 썩어 없어질 때 또 다른 생명을 통한 풍성함이 있는 것과 같이 나 자신의 삶을 주님과 복음 그리고 하나님의 나라와 교회를 위해 희생할 때 다시 사는 복을 누리게 됩니다.

어떤 분이 '김치와 인생의 공통점'이라는 글을 비교한 것을 보았습니다. 맛있는 김치가 만들어지기 위해서는 배추가 다섯 번이나 죽어야 한답니다. 땅에서 뽑힐 때 한 번 죽고, 배추 통이 갈라지면서 또 죽고, 소금에 절여질 때 다시 죽고, 매운 고추와 짠 젓갈에 범벅 되어서 또 다시 죽고, 마지막으로 장독에 담겨 땅에 묻히면서 죽어야 비로소 제대로 된 김치 맛을 낼 수 있다. 공감이 가는 설명입니다.

다른 사람들과 공존하는 삶 속에서 김치처럼 풍부하고 맛있는 숙성된 삶을 살아가기 위해서는 욱하고 솟구치는 성질이 죽어야 하고, 자기 고집이 죽어야 하고, 남에 대한 편견과 고정관념도 죽어야 합니다. 또한 자기만의 욕심을 챙기기 위해 남을 배려하지 않는 성질도 죽어야 합니다. 우리가 죽을수록 예수님의 성품이 나타나며 삶이 열매를 맺게 되고, 그분의 향기가 퍼지게 됩니다. 나쁜 감정이 죽고 죄성이 죽고 자존심이 죽고 분노가 죽을 때만 예수님의 삶의 열매가 가득하게 되어 그리스도가 존귀하게 되고 믿지 아니하는 남편이나 가족, 친지, 친구들로부터 참 예수쟁이 제자라는 직함을 받게 되고 하나님께 영광 돌리는 삶이 됩니다.

히브리 격언에 하나님은 부서진 것을 사용하신다는 말이 있습니다. 기독교는 죄에 대하여 죽음으로 생명을 얻고, 육의 것을 버림으로 영의 것을 얻고, 부서지고 깨어질 때 하나님께 쓰임 받는 종교입니다. 그래서 바울 사도는 고린도전서 15장 31절에 **"형제들아 내가 그리스도 예수 우리 주 안에서 가진바 너희에게 대한 나의 자랑을 두고 단언하노니 나는 날마다 죽노라"**고 했습니다. 한번만 깨어져도 안 되고 한번만 부서져도 안됩니다. 밀은 고운 가루가 될수록 먹음직스럽고 부드러운 빵의 재료가 됩니다. 날마다 순간마다 부서지고 깨어져야 합니다. 우리의 삶에 천국을 경험하지 못하는 것은 자신이 매일 죽지 않기 때문입니다. 예수님께서는 우리에게 구원과 생명을 주시기 위해 십자가에 죽으셨습니다. 자신의 생명과 몸을 우리에게 주셨습니다. 이제 사순절 절기를 맞아 예수님의 십자가를 묵상하면서 주님과 함께 십자가에 죽는 삶을 경험할 때 신자다운 맛이 나고 빛과 소금이 됩니다. 사순절에 죄악에 물든 내 자신은 죽어지고 예수님이 살아나는 절기로 삼아 더욱 성숙한 제자로 숙성되는 기회가 되기를 주의 이름으로 축복합니다. 사순절이나 고난 절기 때뿐 아니라 날마다 죽는 훈련을 통해서 내 속에 그리스도께서 사심으로 더 풍성하고 의미 있는 삶을 사는 성도들이 되시기를 소망합니다.

최상의 가치

자기를 부인하고 자기 십자가를 지고 주님을 따르며 그리스도와 복음을 위해서 목숨을 잃어버려야 할 그리스도인들의 생명은 너무나 귀하고 가치 있는 것입니다. 함부로 자기 자신의 생명을 헌신짝처럼 버리는 것은 하나님의 주권을 무시하는 것이고 그리스도의 십자가의 죽음을 비웃고 조롱하는 행위입니다. 최근 들어 하루에 40여명(2010년 통계 하루 42.6명)이 생명을 스스로 포기하는 자살자들이 늘어나는 것을 보면서 너무 안타까운 마음을 지울 수 없습니다. 천하를 주고 바꿀 수 없는 신비스러운 생명을 함부로 다루니 말입니다.

2013. 3. 9일 오전 9시쯤 충북 진천군 초평면 초평저수지 낚시터 좌대에서 윤모(27)씨 등 남, 여 3명이 바닥에 쓰러져 있는 것을 낚시꾼이 발견해 경찰에 신고했고 신고를 받고 출동한 경찰이 현장에 도착했을 당시 윤 씨 등 남성 2명은 이미 숨진 상태였고, 함께 있던 A(34) 씨는 인근 병원으로 옮겨져 치료를 받고 있으며 다행히 생명

에는 지장이 없는 것으로 전해졌습니다. 사건 현장에서는 연탄 화덕 2개와 번개탄, 가족들에게 미안하다는 내용의 유서가 함께 발견됐다고 합니다. 이들은 8일 오후 좌대에 함께 들어왔으며 서울과 경기 부천, 전북 전주 등 각기 다른 주소를 둔 것으로 전해졌습니다.

그 뿐 아니라 연탄을 피워서 차 안에서 동반 자살하는 사람들, 아파트 고층에 올라가서 떨어져 죽는 사람들, 차를 타고 바다나 강으로 돌진하여 죽는 사람들, 차 안에서 불을 질러 전소하므로 죽는 사람들, 바위에서 뛰어내려 죽는 사람들, 모두가 안타까운사람들입니다. 나름대로 이유와 변명으로 자해를 시도하지만 그 어떤 이유나 변명도 성경은 자살을 용납하지 않습니다. 그것은 하나님의 생명주권을 업신여기는, 형벌을 면치 못할 성급한 행동입니다.

오늘 본문은 "사람이 온 천하를 얻고도 자기 목숨을 잃으면 무엇이 유익하겠느냐? 사람이 무엇을 주고 자기 목숨을 바꿀 수 있느냐?"고 묻고 있습니다. 자기 자신을 가치 있는 일, 즉 복음과 그리스도 그리고 하나님의 나라를 위해서 희생할 때 그것이 최고의 가치를 창출합니다. 이 땅에 복음을 안고 와서 피어 보지도 못하고 죽어간 수많은 선교사님들과 자녀들의 희생이 오늘 대한민국을 풍요롭고 아름답게 했음을 우리는 너무나 잘 알고 있습니다. 그들의 희생과 죽음이 밑거름이 되어 풍성한 열매를 맺게 되었습니다. 한 알의 썩어진 밀알처럼 희생한 그분들의 숭고한 뜻을 우리도 이어받아 은둔의 세계, 미개한 지역, 소외된 곳에 생명을 드림이 가장 가치 있는 일임을 기억하고 기도하는 가운데 노력함으로 더 풍성함 결과를 만들어 가는 개인과 교회가 되었으면 좋겠습니다.

최고의 영광

오늘 본문 38절에서는 주님의 말씀을 따라 자기를 부인하고 자기에게 주어진 십자가를 지고 희생과 헌신을 드린 사람에게는 최종적으로 주님으로 인해 부끄러움을 당하지 않을 뿐 아니라, 주님과 함께하는 영광스러운 천국잔치에 참여하는 기쁨을 누리게 될 것이라고 말씀하고 있습니다. 희생과 헌신은 주님의 피로 산 바 된 우리가 마땅히 치러야 할 대가요 의무이지만 하나님은 땅 위에서 희생한 자에게 주시는 보상이 있음을 말씀하고 있습니다. 그것은 주님께서 우리의 보상심리를 잘 아시기 때문에 주신 보너스 축복이 아닌가 생각합니다. 자녀들은 부모님의 희생에 마땅히 공경과 효를 다해야 하지만 부모님들이 자녀들에게 온갖 좋은 것으로 보상하는 것과 같은 원리라고 할 수 있습니다. 이 세상에서 주님의 인정을 받는 것은 천국에서 누리게 될 것의 맛보기이지만 실제 그리스도의 통치가 이루어지는 날, 부끄러움을 당하지 않고 영광스러움에 참여하는 복을 누리게 됩니다.

자아가 살아 있고 자기의 주장을 끝까지 굽히지 않으며 다른 사람을 지배하는 사람이 성공한 지도자인 것 같으나 실은 끊임없이 자기를 부인하고 희생적인 삶을 사는 자가 성공한 사람이요, 행복자요, 훌륭한 지도자입니다. 하나님 나라에서 실로 주님의 제자와 참 성도는 가치 있는 일에 생명을 던질 수 있는 사람들입니다. 세상적인 욕망과 야심을 위해서 삶을 불태우는 자가 아니라 복음과 그리스도를 위해서 기꺼이 생명을 던지는 사람들입니다.

레미제라블 영화가 끝나는 부분에서 '서로를 사랑하는 것이 하나님의 얼굴을 보는 것' 이라는 가사가 가장 인상적이었고 아직도 마음에 깊은 여운으로 남아 있습니다. 그 장면을 보면서 더 많은 사랑을 베풀고 싶어졌고, 장발장의 사랑이 여러 사람의 삶을 바꾸고 그들의 마음에 사랑을 심어주었듯, 내가 나눠주는 사랑도 사람들의 마음 어딘가에 따뜻한 사랑의 불을 하나 지펴주었으면 하는 소망이 생겼습니다.

예수님이 우리를 구원하셨고 그것 때문에 감사하고 행복을 느끼면서 사랑을 나누어주어야 마땅한데 그렇게 하지 못하는 나의 삶이 하나님 앞에 부끄러움으로 다가옵니다. 영화 주인공 장발장(Jean Valjean)처럼 하나님 앞에서 죄인인 신분으로 살지만 다른 사람들을 사랑한다면 많은 사람들을 구원하고 새로운 사회를 만들어 하나님의 나라를 든든히 세우고 확장해 갈 수 있을 것입니다. 자기 생명을 과도히 아끼는 것은 자기 자신과 사회에 별 도움이 안됩니다. 극히 개인주의가 팽배하고 세속적인 성공을 추구하는 작금의 시대에 주님께서 가르쳐 주신 원리와 방법인 자기 희생을 통해서 최고의 가치를 연출하는 주의 백성들이 되어야 하겠습니다.

Chapter 7

예수님의 변형

(Jesus' transfiguration)

막 9:1-8(마 17:1-13; 눅 9:28-36)

또 그들에게 이르시되 내가 진실로 너희에게 이르노니 여기 서 있는 사람 중에는 죽기 전에 하나님의 나라가 권능으로 임하는 것을 볼 자들도 있느니라 하시니라 엿새 후에 예수께서 베드로와 야고보와 요한을 데리시고 따로 높은 산에 올라가셨더니 그들 앞에서 변형되사 그 옷이 광채가 나며 세상에서 빨래하는 자가 그렇게 희게 할 수 없을 만큼 매우 희어졌더라 이에 엘리야가 모세와 함께 그들에게 나타나 예수와 더불어 말하거늘 베드로가 예수께 고하되 랍비여 우리가 여기 있는 것이 좋사오니 우리가 초막 셋을 짓되 하나는 주를 위하여, 하나는 모세를 위하여, 하나는 엘리야를 위하여 하사이다 하니 이는 그들이 몹시 무서워하므로 그가 무슨 말을 할지 알지 못함이더라 마침 구름이 와서 그들을 덮으며 구름 속에서 소리가 나되 이는 내 사랑하는 아들이니 너희는 그의 말을 들으라 하는지라 문득 둘러보니 아무도 보이지 아니하고 오직 예수와 자기들뿐이었더라

사람들이 변했다는 말에는 좋은 의미도 있지만, 부정적인 의미도 있습니다. 긍정적이든 부정적이든 변화에는 분명한 계기가 있기 마련입니다. 대부분의 변화는 인생의 중대한 사건을 만났을 때 일어나는 경우입니다. 그 변화를 가늠하는 잣대는 태도나 외형적인 것

을 보고 판단하지만 진정한 변화는 내면적인 것이며 본질적인 것이어야 합니다.

오늘 본문의 시작은 예수님께서 제자들에게 하나님의 나라가 권능으로 임하는 것을 죽기 전에 볼 자들도 있다고 하십니다. 제자들의 신앙고백과 예수님의 말씀이 계신 6일후 7일째에 예수님은 높은 산에 올라가셔서 자신의 모습이 변형되므로 하나님 나라가 어떤 성격을 가지게 될 것인가를 보여 주셨습니다. 주님의 생애 중에 이 사건은 정말 엄청난 힘을 가질 수 있는 에너지와 믿음을 심어주었고, 천국에 대한 영광스러움을 드러내 보여 주었습니다.

주님의 변형 사건은 오늘 우리에게도 깊은 의미를 시사합니다. 여기 '변형' 이라는 단어는 헬라어로 '메테몰포데(μετεμορφωδη) 인데, 영어로는 To transfigure 혹은 To transform으로 번역이 됩니다. 이 단어는 모습과 형태 혹은 모양이 본질적 변화를 가져온다는 것을 의미합니다. 주님의 평소의 외형적인 모습이 완전히 영광스럽게 변화되었습니다. 이러한 변화된 세계가 바로 하나님의 나라의 특징입니다. 옛사람이 변화되고, 옛성질이 변화되고, 마귀의 종의 신분이 하나님의 자녀로 변화되고, 모든 것이 변화되어야 하나님의 나라의 시민이 된다는 것을 시사하고 있습니다. 그래서 바울은 고린도후서 5장 17절에 **"그런즉 누구든지 그리스도 안에 있으면 새로운 피조물이라 이전 것은 지나갔으니 보라 새것이 되었도다"**라고 선언했습니다. 또한 로마서 8장 21절에 **"그 바라는 것은 피조물도 썩어짐의 종노릇 한데서 해방되어 하나님의 자녀들의 영광의 자유에 이르는 것**

이니라"라고 기록하고 있습니다. 죄로 망가진 모든 삶의 모양들이 그리스도로 인하여 통치되는 왕국에서는 회복되고 완전케 됩니다.

오늘은 본문의 말씀, 즉 예수 그리스도의 변형된 사건을 통해서 우리에게 교훈하는 바가 무엇인지를 함께 생각하면서 은혜를 나누고자 합니다.

하나님 나라의 임함

하나님의 나라는 성경 전체에서 흐르고 있는 중요한 개념이며 실제입니다. 하나님께서 세상을 창조하셔서 인류를 살게 하신 것이 바로 하나님의 나라입니다. 그러므로 에덴 동산은 최초의 하나님의 나라의 상징이었습니다. 나라는 세가지가 기본적으로 갖추어져야 하는데 그 요소의 우선이 나라를 다스리는 통치자가 있어야 하고, 국토가 있어야 하며 그리고 백성이 있어야 합니다. 하나님의 왕국 즉 나라는 하나님께서 왕으로 다스리시고, 하나님께서 창조하신 영토와 그의 백성이 있기에 완전한 나라가 됩니다. 죄로 인하여 하나님의 나라가 마귀의 손으로 넘어가게 되고 인류는 불행하게 되었지만 그리스도 즉 메시아가 오심으로 인하여 하나님의 나라가 임하게 되었습니다. 그러나 완전한 나라가 이 세상 가운데 이루어진 것이 아니라 그리스도의 십자가의 사건을 통해서 다시 말하면, 그리스도의 고난과 죽음을 통해서 마귀의 권세가 부서지고 난 후 영광스러운 하나님의 나라가 임하게 됩니다.

아직 그리스도께서 십자가의 죽음을 앞두고 있었기 때문에 제자들에게 너희들이 죽기 전에 하나님의 나라가 권능으로 임하는 것을 볼 자들도 있다(막9:1)라고 말씀하셨습니다. 막 9:1말씀은 그리스도의 통치는 제자들이 생각하는 것처럼 세상 통치자들처럼 힘이나 권력으로 이루어지는 것이 아니라 고난과 죽음을 통해서 임하는 것이기 때문에 권능 즉 하나님의 섭리를 통해 이루어지므로 곧 그리스도의 죽음이 임박했음을 시사한 말씀입니다.

하나님의 나라는 쉽게 생각하면 하나님과 그리스도의 통치가 이루어지는 모든 영역을 의미하는데 지상에서는 교회가 그 대표적인 것입니다. 교회는 바로 하나님이 주인이시고, 하나님께서 직접 그의 백성들을 통치하시고, 보호하시는 기관입니다. 이러한 교회들이 함께 모여 영원한 영광과 다스림과 권능이 완성되는 곳이 바로 천국입니다. 이단들 가운데 이 의미를 곡해하여 오용하는 집단이 몰몬교와 여호와의 증인들인데, 교회를 교회라고 부르지 않고 '말일성도 예수재림교회' 와 '여호와의 왕국' 이라 부릅니다. 아직까지 여호와의 증인들은 그리스도의 통치를 바라며 왕국을 건설하겠다는 집념을 불태우고 있습니다. 그들과 다르게 우리는 사도신경과 주기도문을 통해 하나님의 거룩한 공교회와 성도들의 교제를 믿으며, 하나님의 나라와 권능과 영광이 세세 무궁토록 있음을 바라며 기도합니다.

현실적으로 우리에게 완전한 하나님의 나라가 임하지 않았기 때문에 그 영광도 우리가 충족하게 누리지 못하지만 그리스도가 다시 오시면 온전한 영광에 들어가게 됩니다. 우리의 부활과 새로운 창조 시에는 그리스도의 형상으로 온전히 변화되어 하나님의 영광가운데 그 통치 속으로 들어가게 됩니다. 그러므로 성령에 의한 이 세상의 변화는 실질적이고 완성된 변화가 아니라 미래의 변화에 대한 첫 할부금일 뿐입니다(고후 1:22, 5:5; 엡 1:14).

등반하신 예수님

이 말씀을 하시고 6일이 지난 후에 주님은 베드로, 야고보와 요한을 동행자로 하여 높은 산에 올라가셔서 변형이 되셨습니다.

우리가 종종 높은 산에 등산을 해 보면 등산가들의 심정을 헤아려 볼 수 있습니다. 그렇게 힘들도 어려운 높은 산을 왜 오를까 하는 마음이 들지만 실제 산 정상에 서면, 올라 오면서 생각했던 모든 것, 올라 오면서 힘들었던 것들이 다 잊어지고 참 잘 올라왔다는 자부심과 기쁨을 가지게 됩니다. 얼마든지 우리 주님은 제자들이 있는 산 아래에서도 자신의 몸이 변형될 수 있음에도 불구하고 높은 산을 택하신 이유가 있습니다. 산 꼭대기에서만 맛볼 수 있는 성취의 기쁨과 영광이 있기에 그 과정이 그렇게 힘들어도 등반을 하는 것처럼 하나님의 영광을 얻고 그 영광된 자리에 이르기 위해서는 그 과정이 힘들다는 것을 간접적으로 경험하도록 하기 위해서 낮은 산도 아닌 높은 산에 올라 가셨습니다. 산 밑에서 아무리 설명을 해도 그 기쁨과 성취감 그리고 영광은 산을 오르지 않는 사람에게는 맛 볼 수 없습니다. 높은 산의 등반은 바로 등산객들이 이와 같은 성취감과 영광을 누릴 수 있는 것이기 때문에 등반의 매력에 푹 빠지게 되는 것입니다.

그러한 영광을 맛보기 위해서 우리가 처한 현실을 슬기롭게 극복하고 기도해야 합니다. 동일한 사건을 기록하고 있는 누가복음에서는 산에 올라가신 목적과 그곳에서 있었던 일을 상세하게 기록하고 있습니다. 산에 간 목적이 말씀을 전하기 위해서도 아니고, 휴식하기 위한 것도 아니라 기도하기 위해서입니다.

예수님과 제자들은 지금까지 핍박이 없는 평온한 상태에서 복음을 전하고 말씀을 가르쳤습니다. 그런데 바로 이 변화산 사건 이후부터는 상황이 달라집니다. 이때부터는 기도하지 않으면 견뎌내기 어려운 고난과 역경에 직면하게 됩니다. 우리가 예수 믿을 때도 마찬가지입니다. 처음 믿을 때는 하나님이 좋게 해 줍니다. 그러나 진짜 하나님을 잘 믿어보려고 하면 신앙의 현실 앞에 부딪치게 됩니다. 신앙 생활에 깊이 들어오면 작은 것도 하나님이 다 간섭합니다. 연애할 때도 마찬가지입니다. 처음 연애할 때는 설렁합니다. 그런데 이게 내 사람이다 하면 달라집니다. 작은 것까지도 간섭을 하게 됩니다. 기도하러 산에 올라간 이유는 바로 이 장면부터 십자가가 기다리고 있고, 겟세마네 동산이 기다리고 있고, 고난이 기다리고 있으니 이 고난을 이겨내려고 하면 기도로 준비하지 않으면 안 되기 때문입니다.

누가복음 9장 29절을 보면 **"기도하실 때에 용모가 변화되고 그 옷이 희어져 광채가 나더라"**라고 기록하고 있습니다. 마태나 마가는 기도하는 모습이라는 말을 안 썼지만 누가는 산에 가서 기도하셨다는 것을 놓치지 않고 있습니다. 고난과 핍박 그리고 죽음을 이겨내면서 영광에 들어갈 수 있는 비결이 바로 기도라는 것을 말해주고 있습니다. 기도 없이는 그 어떤 어려움과 시련을 이겨낼 수 없고, 이겨내지 못하면 변화가 없고 영광에 들어갈 수 없습니다. 기도는 본질적인 변화를 가져오고 현실적인 어려움들을 극복하며 결국 영광의 자리에 들어가게 하는 성도들의 비밀스러운 무기입니다.

한 집사님이 중병에 걸려 죽을 날만 기다리고 있었습니다. 어느 날 생각하기를 내가 죽기 전에 예수님 얼굴이라도 한 번 보고 죽어야겠다고 마음먹고 기도원으로 올라갔습니다. 기도 굴에 들어가 간절히 기도했습니다. 죽는 것은 두렵지 않지만, 내가 정말 이대로 죽어야 합니까? 죽기 전에 주님 얼굴이라도 보고 죽고 싶습니다. 며칠을 간절히 기도하는 중에 어느 날 예수님께서 환상중에 나타나셨습니다. 예수님의 손에서 붉은 피가 뚝뚝 떨어지는데, 자기 머리 위로 떨어졌습니다. 그 후 집사님의 병은 자기도 모르게 깨끗하게 고침을 받았다고 했습니다.

기도하는 성도가 놀라운 체험을 했다는 간증은 얼마든지 들을 수 있습니다. 중병에 걸려 사형선고를 받았던 유다 왕 히스기야는 눈물로 기도하여 생명을 15년이나 연장받았습니다. 족장 야곱은 아무도 없는 적막한 땅 벧엘에서 기도하다가 잠들어 꿈에 하늘이 열리는 축복을 받았습니다. 베드로, 야고보, 요한은 예수님과 함께 했던 기도의 장소에서 평생 잊을 수 없는 큰 체험을 하게 되었습니다. 베드로는 말씀을, 야고보는 죽음 후의 영광스러움을 사도요한은 사랑을 깨닫고 그분이 '하나님의 독생자의 영광' 으로 오셨음을 성경에 기록했습니다(요1:14).그들은 각기 받은 체험대로 전하고 살다가 영광의 세계로 입성했습니다.

변형의 광경

주님의 변형되신 모습을 보면 그 얼굴이 빛나며 옷이 빛과 같이 희어졌더라고 했습니다(마 17:2, 막 9:3). 그 옷이 광채가 나며 세상에서 빨래하는 자가 그렇게 희게 할 수 없을 만큼 매우 희어졌더라고 본문 3절은 기록하고 있습니다. 이런 주님의 모습이 그의 영광을 묘사하는 표현입니다. 복음을 위해 밧모 섬에 유배되었던 사도요한에게 나타났던 그 영광의 모습도 예수님의 모습과 비슷한 모습이라고 볼 수 있을 것입니다.

얼굴이 해같이 빛났다는 것은 **"그 얼굴은 해가 힘있게 비취는 것같더라"**고 하신 말씀과 같으며(계 1:16), 옷이 빛과 같이 희어졌다고 하신 모습은 **"내가 보았는데 왕좌가 놓이고 옛적부터 항상 계신 이가 좌정하셨는데 그 옷은 희기가 눈같고 그의 보좌는 불꽃이요 그의 바퀴는 타**

오르는 불이며"고 하신 다니엘서 7장 9절의 말씀과 같습니다. 주님의 이런 모습은 그의 몸에서 그의 신성이 드러난 모습입니다. 타락한 인간의 모습과는 너무나 대조되는 하나님의 형상, 독생자의 영광입니다. 사도 요한은 성육신하신 예수님을 **"우리가 그의 영광을 보니 아버지의 독생자의 영광이요 은혜와 진리가 충만하더라"**(요 1:14)라고 했습니다.

이러한 예수님의 광채는 모세의 얼굴에서 빛났던 광채(출 34:29-35)와 비교해보면 그 정도를 쉽게 짐작할 수 있습니다. 모세의 경우, 그의 얼굴의 광채는 하나님의 영광을 가까이 봄으로 그 얼굴에 투영된 것에 불과한 것이었습니다. 모세가 얼굴을 수건으로 덮었을 때 그 빛은 가리워졌습니다. 그러나 예수님의 광채는 주님의 몸 자체에서 빛났던 영광의 광채였습니다. 이 광채는 두꺼운 옷을 투과할 뿐 아니라 그 빛이 겉옷을 세상의 그 어떤 것보다 새하얗게 보이게 할 정도로 강렬하였습니다.

이것은 예수님께서 장차 이 땅 위에 다시 그 모습을 보이실 때 나타낼 영광의 모습입니다. 다니엘은 그 모습을 보았을 때 혼절하였고, 요한은 죽은 자와 같이 됐다고 했습니다. 세상 종말에 재림하시는 이런 주님의 영광의 모습을 바라보고 사람들은 두려워 애곡하리라고 했습니다. 이 산에서 예수님께서 영광의 모습으로 변형되신 이유는 하나님의 특별한 사명을 띠고 주님을 찾아온 모세와 엘리야와의 상면을 위해서였습니다. 하늘의 영광의 모습으로 내려오는 그들과 상면하시기 위해서는 주님께서도 불가불 영광의 모습으로 변형되셔야 했습니다.

우리는 변화산에서 이루어진 모세와 엘리야와의 만남에서 그 대화의 중심이 주님의 죽으심에 관한 것임을 본문에서 알 수 있습니다. 여기서 모세는 율법의 대표자로, 엘리야는 선지자의 대표자로 보내심을 받았을 것이며 아마 이들은 하나님의 특별한 메시지를 가지고 왔을 것입니다. 우리에게 의를 주시는 그리스도는 일찍 율법과 선지자의 증거를 받은 분입니다(롬 3:21-22). 이 일에 대하여 누가복음에는 **"문득 두 사람이 예수와 함께 말하니 이는 모세와 엘리야라 영광 중에 나타나서 장차 예수께서 별세하실 것을 말할새"**라고 말씀해 주고 있습니다(눅 9:30-31). 아마도 이 자리에서의 대화는 예수님께서 예루살렘에 올라가셔서 받으실 고난에 대하여 하나님의 뜻을 전달하는 내용일 것입니다. 그러므로 그리스도의 죽으심은 어떤 정치적인 죽음이나 다른 의도에 의한 것이 아니라 바로 성부 하나님께서 가지신 인류 구원과 하나님 나라의 회복을 위한 예언의 성취라는 것이 분명합니다. 태초부터 말씀하신 율법에 예언된 내용과 선지자들이 그렇게 외쳤던 이스라엘의 회복을 위한 메시아의 고난과 죽음에 대한 성취를 모세와 엘리야를 대동시켜 확증해 주셨습니다. 그리스도의 변화는 바로 죽음을 통해서 맛보게 될 천국의 모습을 제자들과 우리에게 예시하신 것입니다. 변화되지 않고는 천국에 있는 거룩하고 영광스러운 영체와 대면할 수 없고 만날 수 없다는 진리를 우리에게 깨우쳐 주신 것입니다.

세 명의 제자들은 이런 일이 일어나는 과정에서 깊이 졸았다고 했습니다(눅 9:31). 잠깐 졸다가 깨어난 그들은 이같은 기이한 광경을 보고놀랐습니다. 이때 베드로가 주님을 향하여 이처럼 말했습니다. **"주여 우리가 여기 있는 것이 좋사오니 주께서 만일 원하시면 내가 여기서 초막 셋을 짓되 하나는 주를 위하여, 하나는 모세를 위하여, 하나는 엘리야를 위하여 하사이다"**(막 9:5) 우리는 베드로의 이 같은 말에서 다음 몇 가지 사실을 생각할 수 있습니다. 아마 베드로는 이런 광경이 장시간 계속되리라고 여겼을 것입니다. 베드로는 밤에 쌀쌀한 날씨에 이 분들에게 무엇인가 의지할 곳을 만들어 드리는 것이 자신의 할 일이라고 생각했을 것입니다. 그리고 베드로는 그 영광의 장면에 너무 황홀해서 그대로 그곳에 오래 머물러 있기를 원하는 마음에서 "우리가 여기 있는 것이 좋사오니"라는 말을 하게 되었을 것입니다. 우리는 은혜를 받고 신비한 체험을 하면 그 장소에서 그대로 있기를 원하는 속성이 있습니다. 그러나 우리가 간헐적으로 맛보는 신령한 은혜와 체험은 장차 천국에서 누릴 것의 맛보기이지 이 세상에서 영원히 누릴 수 있는 것이 아님을 알아야 합니다. 마치 백화점이나 큰 쇼핑센터에 가면 음식을 파는데 손님들에게 맛보기를 하도록 홍보하는 것과 흡사합니다. 그러므로 성도들은 현실 도피주의자가 되어서는 안되고 그렇다고 안주해서도 안되며 하늘의 은혜와 신비를 체험하고 세상 속에서 빛과 소금으로 살아내는 균형잡힌 신앙생활을 해야 합니다.

베드로가 이처럼 말할 때 홀연히 빛난 구름이 저희를 덮으며 구름 속에서 소리가 들려 왔습니다. 물론 이 소리는 하나님께서 세 제자들에게 들려주시는 음성이었습니다. **"이는 내 사랑하는 아들이요 내 기뻐하는 자니 너희는 저희 말을 들으라"**(막 9:7)고 하셨습니다. 율법과 선지자의 대표인 모세와 엘리야를 대동시키는 것도 부족하여 성부 하나님께서 직접적인 육성을 통해서 그리스도의 사역을 확증해 주시는 모습을 볼 수 있습니다. 이것은 하나님의 보증수표요 하나님의 확신입니다. 그들은 하나님의 음성을 들었습니다. 모든 시험을 이기고 승리할 수 있는 하나님의 음성입니다. 후일 사도 베드로는 그때의 모습을 이렇게 기록했습니다: **"이 소리는 우리가 저와 함께 거룩한 산에 있을 때에 하늘로부터 나옴을 들은 것이라"**(벧후 1:18). 우리들도 영의 귀를 열고 주님께서 주시는 사랑의 음성을 듣게 되기를 바랍니다. **"너는 내 사랑하는 아들이다. 내가 너를 기뻐하노라."**

떨기나무에서 여호와의 음성을 들었던 모세처럼,
성소에서 하나님의 음성을 들었던 사무엘처럼,
밧모섬에서 주님의 음성을 들었던 사도 요한처럼,
여러분 또한 주님의 음성을 들을 수 있기를 소망합니다.

하나님의 음성을 듣는 자는 주님의 말씀에 청종할 수 있습니다. 베드로는 그때부터 거룩한 변화산에서 들었던 말씀을 기억하고 말씀이 얼마나 중요한지를 다음과 같이 기록하고 있습니다. **"우리에게는 더 확실한 예언이 있어 어두운 데를 비추는 등불과 같으니 날이 새어 샛별이 너희 마음에 떠오르기까지 너희가 이것을 주의하는 것이 옳으니**

라. 먼저 알 것은 성경의 모든 예언은 사사로이 풀것이 아니니 예언은 언제든지 사람의 뜻으로 낸 것이 아니요 오직 성령의 감동하심을 받은 사람들이 하나님께 받아 말한 것임이라"(벧후 1:19-21).

사도 베드로가 생생하게 듣고 증언한 말씀처럼 선포되는 하나님의 보증수표와 같은 설교 말씀을 듣고 청종하여 복된 삶을 사시는 여러분들이 되시기를 소망합니다.

변화산 사건을 통해서 우리는 다른 어떤 것보다 변화의 중심에 그리스도께서 서 계심을 보았습니다. 그 어떤 어려움과 역경도 그리스도의 고난을 통한 영광을 바라보면 승리할 수 있습니다. 예수님의 변형(Transfiguration)은 그저 외모의 변화가 아니라, 내적 변화에서 우러나오는 외모의 변화입니다. 만약에, 내적 변화가 없었다면 결코 외형의 변화도 없었을 것입니다. 이러한 변화는 기도를 통해서 가능함을 우리는 들었고 보았습니다. 우리가 진정으로 기도하며 성령 충만할수록 나타나는 것은 내면적 변화입니다.

모세가 시내 산에서 기도하고 내려올 때 그 얼굴에 광채가 난 것 같은 그런 신령한 변화입니다. 스데반이 돌에 맞아 순교하면서도 하늘의 천사처럼 빛나던 그런 영광스런 변형의 모습입니다. 오늘 우리도 각자 기도의 깊이에 따라 신비한 내면의 변화가 이루어질 수 있습니다.

우리가 기도를 시작할 때는 외부 환경을 바꾸어달라고 부르짖으나, 기도의 절정에 올라갈수록 내면세계가 달라집니다. 우리가 기도를 깊이 할수록 하나님 나라의 찬란한 영광이 보이고, 승리가 내다보이기에 혼란스런 마음에 질서가 잡히고, 영성의 수준이 달라집니다. 오늘 우리도 깊은 기도생활을 하므로 내면세계의 신비한 변화가 일어날 수 있기를 바랍니다.

변화산상에서 보여주셨던 예수님의 모습은 부활, 승천, 재림의 영광스런 모습입니다. 이 모습은 제자들로 하여금 놀라운 용기를 갖게 했습니다. 제자들은 변화 산에 오르기 전에 예수님을 따르려면 많은 고난을 받고 자기를 부인하고 날마다 자기 십자가를 지고 가야한다는 무거운 메시지를 들었습니다. 그런데 변화 산상에서 메시아의 승리의 영광을 봄으로써 큰 용기와 담력을 얻게 되었습니다. 십자가는 죽음과 희생으로 끝나는 것이 아니라, 승리의 찬란한 영광을 가져다 준다는 소망을 갖게 해주신 것입니다. 예수님은 죽음 저 너머의 영광을 바라보게 하십니다(8:38, 9:1) '예수님께서 하나님 아버지의 영광에 둘러싸일 것이며, 하나님 나라가 권능을 떨칠 것이라' 는 찬란한 승리를 바라보게 하신 것입니다. 오늘의 현실이 어렵고 힘들더라도 변화 산의 영광을 바라보며 소망가운데 사시는 모든 성도들이 되시기를 소망합니다.

Chapter 8

예수님의 경고

(His orders)

막 9:9-13(마 17:1-13; 눅 9:28-36)

그들이 산에서 내려올 때에 예수께서 경고하시되 인자가 죽은 자 가운데서 살아날 때까지는 본 것을 아무에게도 이르지 말라 하시니 그들이 이 말씀을 마음에 두며 서로 문의하되 죽은 자 가운데서 살아나는 것이 무엇일까 하고 이에 예수께 묻자와 이르되 어찌하여 서기관들이 엘리야가 먼저 와야 하리라 하나이까 이르시되 엘리야가 과연 먼저 와서 모든 것을 회복하거니와 어찌 인자에 대하여 기록하기를 많은 고난을 받고 멸시를 당하리라 하였느냐 그러나 내가 너희에게 이르노니 엘리야가 왔으되 기록된 바와 같이 사람들이 함부로 대우하였느니라 하시니라

미국을 대표하는 현대철학자로 불리는 예일대 셸리 케이건(Shelly Kagan)교수가 1995년부터 17년간 예일대에서 강의한 교양철학강좌을 정리한 책 『죽음 (Death- 죽음이란 무엇인가?)』에서 그는 인간을 영혼과 육체로 결합된 존재로 믿지않고 육체로만 이루어진 존재로 생각하여 기존의 종교적 신념과 심리적 해석을 일절 배제하고 오직 이성과 논리로써 죽음과 삶에 관한 모든 것을 판단

하고 있는 것을 볼 수 있습니다. 그는 죽음과 삶에 관해서 "삶에서 유일하게 확실한 사실은 '나는 언젠가 반드시 죽는다'는 것이다. 그 누구도 피해갈 수 없다. 더욱이 더 이상 자신이 존재하지 않게 된다는 사실 때문에 죽음은 모두에게 본능적 두려움이다. 인류가 죽음 이후의 삶에 대하여 기대와 믿음을 갖게 된 이유다. 삶은 죽음이 있기 때문에 비로소 완성되는 인간의 가장 위대한 목적이며 죽음의 본질을 이해하면 가치 있는 삶을 살 수 있다"라고 역설했습니다. 죽음 이후에 다시 살아나는 부활이나 사후 세계에 대한 것은 허구이고 현재의 삶을 충실히 살고 최선을 다하면 된다고 했습니다. 과연 우리의 존재는 현실에 충실하게 살다가 죽으면 끝나는 것이겠습니까? 예수님은 제자들에게 자신의 죽음에 대한 것을 수 차례 이야기 했고, 죽음 후에 어떻게 될 것이라는 것을 높은 산에서 변형된 영광스러운 모습으로 친히 보여 주심으로 그들을 확신으로 이끌었습니다. 예수님께서는 자신의 죽음과 부활에 대한 분명한 자기 정체성을 가지고 사셨습니다.

죽음과 부활

본문 9절에서 "인자가 죽은 자 가운데서 살아날 때까지는 본 것을 아무에게도 이르지 말라"고 경고하셨습니다. 주님은 왜 그 영광스러운 광경을 직접 체험한 제자들에게 입 단속을 시켰을까요? 인간적으로 이해가 잘 안 되는 부분이지만 사람들의 마음을 너무나 잘 아는 주님께서는 경고를 주셨습니다.

사람들은 신비스러운 체험을 하면 자기만이 가진 특유한 경험이라고 생각하고 그것을 자랑하거나 우월감을 가질 수 있습니다. 우리는 제자들이 경험한 만큼은 아니더라도 하나님께서 베푸시는 은혜의 체험을 하고 나면 얼마다 다른 사람들에게 자랑하고 싶어 하는지 모릅니다. 자기 혼자만 체험한 것처럼 다른 사람들에게 떠들면서 자랑하는 경우가 많습니다.

하나님께서 예수님을 영광스럽게 하신 것은 다른 사람들에게 자랑하도록 하신 것이 아니라 그리스도가 정말 하나님의 아들이심과 그의 죽으심을 통해서 드러나게 될 영광을 미리 세 제자에게 알려주기 위해서였습니다. 초점은 그리스도가 하나님의 아들, 즉 예수님이 메시아되심을 확정하기 위해서였습니다.

율법의 대표인 모세가 나타났고, 선지자의 대표격인 엘리야가 나타난 것은 그리스도가 독단적인 자기 주장에 의한 자칭 메시아가 아니라 오랜 전부터 율법과 선지자를 통해서 줄기차게 예언된 메시아이심을 드러내신 것입니다. 또한 제자들이 각기 체험한 것을 통해서 하나님의 나라에 다양한 도구로 쓰임받도록 하기 위함이었습니다. 그러므로 제자들이 미리 샴페인을 터뜨리면 예수님의 십자가 사역이 방해를 받을 수 있기 때문에 아무에게도 십자가의 죽음과 부활 이전에는 말을 하지 못하도록 경고하신 것입니다. 만일 그 영광스러운 예수님의 변화의 광경을 세 제자가 산 아래 내려와서 떠들게 되면 얼마 있지 않아서 지게 될 십자가의 죽음이 방해를 받을 수 있기 때문에 주님은 입 단속을 시키셨습니다.

만일 제자들이 변화산의 영광에 대한 소문을 퍼뜨리면, 군중들은 체험한 것에 대하여 민감하게 반응하기 때문에 예수님을 열광적으로 환영하게 될 것이고 그에 대한 부정적인 말을 하는 사람들과 대치하게 되어 예수님이 십자가를 지시는 일에 걸림돌이 될 가능성이 있습니다. 누가 감히 하나님의 아들 메시아를 처형하라고 하겠습니까? 예수님의 말씀과 능력을 잘 믿지 않는 사람들조차 영광스런 체험에 대한 이야기를 하면 믿게 될 가능성이 높습니다. 말씀은 잘 믿지 아니해도 기적적인 체험에 대한 이야기나 간증은 잘 받아 들이는 것이 사람입니다. 그렇게 되면 이 영광의 체험이 예수님의 십자가에는 걸림돌이 될 수 있습니다. 예수님께서는 그 어느 것도 하나님께서 계획하신 십자가를 지시는 일에 걸림돌이 되는 것을 원치 않으셨습니다. 제자들이 내려와서 소문을 내어 군중들을 선동하고 예수님을 옹립하게 되면 결국 유대인들에 의해서 처형될 십자가를 지시는 일에 어려움이 생기게 될 것이기 때문에 주님께서는 그 일을 미리 방지하기 위해서 입을 열지 못하도록 경고하셨습니다. 예수님은 그 어떤 것도 그의 죽음에 걸림이 되는 것을 원치 않으셨습니다. 아무리 영광이 찬란하고 개인이 가지는 신비스러운 경험이 특출하다고 해도 주님의 십자가의 죽음을 통한 인간 구원을 대신할 수 없었습니다.

십자가 없는 부활의 영광은 없다는 대 원칙을 주님께서는 누구보다 더 잘 알고 계셨습니다. 십자가의 죽음이 있기에 다시 살아나는 것도 있고, 영광스러운 변화도 있습니다. 사람들의 일반적인 성숙과 변화도 죽음과 같은 고난의 터널을 통과할 때 주어지는 결과이지 그러한 과정이 없이는 명예와 완숙함이 있을 수 없습니다. 작열하는 태양의 강렬한 빛을 받아야 식물이 자라고 과일들이 탐스럽게 익는 것과 같은 원리입니다. 영국은 아름답고 토질이 좋은 땅을 가지고 있지만 여름에 일조량이 적어서 충실한 과일을 생산하지 못합니다. 감자나 단시일 안에 생산하는 채소와 잔디 같은 것은 많이 생산하지만 일조량을 많이 요구하는 과일은 수입하는 실정입니다. 고난 없는 성숙과 변화 그리고 영광은 없다는 것을 기억하고 자진해서 고난을 겪을 필요는 없지만 나에게 다가오는 고난과 죽음까지도 기쁨으로 감내할 수 있는 성숙한 믿음의 성도들이 되시기를 주의 이름으로 간절히 소망합니다.

주님께서 이 말씀을 하셨을 때 제자들은 죽은 자 가운데서 살아나는 것이 무엇 인지를 의논했습니다. 그들은 주님의 죽으심과 다시 살아나심을 이해하지 못했고, 그의 죽으심에 대해서는 아예 믿지 않았습니다. 일반적인 죽음과 다시 살아남에 대해서는 이해했을지 모르지만 실제로 주님이 십자가에 처형되시고 부활하실 것은 믿지 않았습니다. 우리의 생각과 비슷하게 그들도 그렇게 생각했습니다.

오늘 그리스도인들이 예수님의 죽으심과 부활에 대해서 관념적이고 정신적인 의미로 받아들이는 사람들이 많습니다. 진실로 2000년전에 나를 위해 죽으시고 살아나신 것을 실제적인 사건으로 받아들이지 않습니다.

사도 바울은 예수님을 만나고 난 후에 예수님의 죽으심과 부활에 대해서 실제적인 것으로 받아들이면서 이렇게 이야기 했습니다.

"내가 그리스도와 함께 십자가에 못박혔나니 그런즉 이제는 내가 산 것이 아니요 오직 내 안에 그리스도께서 사신 것이라 이제 내가 육체 가운데 사는 것은 나를 사랑하사 나를 위하여 자기 몸을 버리신 하나님의 아들을 믿는 믿음 안에서 사는 것이라" (갈라디아서 2장20절)자기 속에 경험된 죽으심과 부활에 대한 분명한 고백입니다. 이것이 저와 여러분의 고백이 되었으면 좋겠습니다. 이 경험이 없으면 우리의 신앙은 관념적인 것으로 삶에 능력이 나타나지 않습니다. 그리스도의 주 되심도 그의 죽으심과 살아나심이 실제적인 경험으로 다가올 때 나의 것이 됨을 믿습니다. 신앙은 어떤 체험적인 것에 의한 흥분이나 환상이 아니라 실제적인 것임을 주님은 제자들에게 인식시키고 자신도 그 흥분 속에 도취되어 있는 것이 아니라 묵묵히 모든 것을 접어 두고 십자가를 향하여 나아가셨습니다.

우리의 신앙은 체험이 필요하지만 신비스러운 경험으로 머물러 있는 것이 아니라 바울 사도처럼 실제적인 삶 속으로 나아가야 합니다. 성숙되지 않는 신비스러움은 자기의 환상이나 도취로 남고 결국 자기의 신앙적 우월감으로 아무 열매를 맺지 못하게 합니다. 현실로 돌아와 인내와 감사로 승화될 신비로운 기적과 영광스러운 체험이 삶의 원동력이 됩니다. 죽음을 통과하지 않고는 결코 영광스러움과 성공 그리고 의미있는 삶을 살아낼 수 없습니다.

대구에 살고 있는 자매(김희아–강연 100도 C)는 안면 장애로 인하여 부모로부터 버림을 받고 보육원에서 자라면서 많은 사람들로부터 따돌림을 당하고 멸시를 받는 가운데 자랐습니다. 그러나 부모와 이웃을 원망하거나 불평하지 않고 자신을 이기고 성숙한 삶으로 자녀들을 잘 양육하는 두 아이의 어머니로 우뚝 서게 되었습니다. 고난과 역경 그리고 아픔은 결국 우리를 더 성숙하고 변화된 자로 세워주는 포장된 축복의 통로가 됩니다. 우리도 하나님의 나라와 복음 그리고 영광스러운 교회를 위해 고난과 죽음을 무릅쓰고 현장으로 나아가야 합니다. 그렇게 할 때 부활과 회복의 영광을 누리게 됩니다.

엘리야의 회복

제자들은 죽음과 부활에 대해서 궁금증을 가지고 서로 이야기를 나누는 가운데 예수님께 **"왜 서기관들이 엘리야가 먼저 와야 한다고 하느냐"**하는 것을 질문합니다. 이것은 말라기 선지자의 예언을 두고 한 말입니다. **"보라 여호와의 크고 두려운 날이 이르기 전에 내가 선지자 엘리야를 너희에게 보내리니"**(말 4:5)

하나님께서는 마지막 두려운 날이 이르기 전에 엘리야를 다시 보낸다고 말씀하셨습니다. 그 당시 서기관들은 엘리야가 와야 한다는 것을 이야기 했습니다. 그들이 생각하는 엘리야는 하늘로 올라간 엘리야를 말합니다. 그 엘리야가 다시 오면 서기관들은 큰일 날 것입니다. 왜냐하면 예수님을 믿지 아니하는 자들을 불로 심판할 것이기 때문입니다. 말라기 4장 6절에서는 **"돌이키지 아니하면 두렵건대 내가 와서 저주로 그 땅을 칠 것이다"**라고 기록하고 있습니다. 제자들이 이것을 묻게 된것은 자기들이 높은 산에서 예수님이 변화될 때 엘리야가 나타났기 때문에 서기관들이 말하는 다시 오게 될 엘리야가 바로 그 예언의 성취냐는 뜻에서 물어 본 것입니다. 예수님은 제자들의 질문에 그것이 아니라고 대답하셨습니다.

예수님께서는 엘리야에 대해서 다른 말씀을 하십니다. 12절에 **"엘리야가 과연 먼저 와서 모든 것을 회복하거니와 어찌 인자에 대해서 기록하기를 많은 고난을 받고 멸시를 당하리라 하였느냐?"**고 하셨습니다. 말라기 선지자가 말하는 엘리야는 변화산에 나타난 엘리야를 말하는 것이 아니고 바알을 믿는 이스라엘 백성들을 하나님께로 돌아오게 하려고 3년 반동안 비가 오지 않게 기도하고 불이 떨어지도록 기도했던 엘리야의 심정으로 백성을 주께로 돌아오게 하는 선지자 세례요한을 지칭하는 것이었습니다. 그러나 유대인들은 세례요한을 제대로 받아들이지 않았고, 나중에 헤롯이 자기를 책망하는 말을 한다고 하여 처형했습니다.

유대인들은 이스라엘을 회복하기 위해서 메시아 앞에 세례요한을 보내었는데도 불구하고 그를 함부로 대했습니다(막 9:13). 헤롯왕은 정의를 실현하기 위해 외치고 회복을 위해 노력한 그를 감옥에 가두고 결국 그의 생일날 목을 잘라 순교의 잔을 마시게 했습니다. 그의 참수는 구원을 위해서는 많은 사람들이 고난과 죽음의 잔을 마셔야 할 것을 보여 준 사건이었습니다. 광야의 외치는 자의 소리로, 주님의 오심을 예비하는 소리로써의 사명을 감당했던 세례요한이지만 그의 죽음을 통해서 오히려 그리스도의 죽음을 예비한 것처럼 오늘도 세례요한과 같은 용기 있고 사명감당을 위해 생명을 던지는 믿음의 사람들을 요구하는 시대가 되었습니다. 세례요한은 세상사람들과 타협하지 않았고 광야에서 자기의 자리를 잘 지켰습니다. 끝까지 사람들이 예수님께 돌아오도록 하는 견인차 역할을 감당했습니다.

분명한 것은 자기의 주어진 자리에서 사명을 감당하기 위해 고난과 죽음을 불사한 하나님의 사람들은 천국에서 해같이 빛나게 됩니다. 마태복음 13장 43절에 **"그 때에 의인들은 자기 아버지 나라에서 해와 같이 빛나리라 귀 있는 자는 들으라"**라고 그리스도께서 말씀하셨습니다. 오늘 사명자에게 요구되는 것은 바로 세례요한과 같은 믿음과 용기입니다. 세상의 권력이나 물질적 부에 타협하지 않고 끝까지 자기의 자리를 지킬 수 있는 사람이 필요한 시대입니다.

인자의 고난과 멸시

엘리야가 와서 회복할 것이라는 말라기 선지자의 말씀 **"그가 아비의 마음을 자녀에게로 돌이키게 하고 자녀들의 마음을 그들의 아비에게로**

돌이키게 하리라" (말 4:6)을 하신 다음에 "인자에 대하여 기록하기를 많은 고난을 받고 멸시를 당하리라"라는 예언을 언급하셨습니다. 그 이유는 세례요한의 회복이 완성된 회복이 아니고 주님의 고난과 멸시와 죽음을 통해서 완전한 하나님 나라가 회복된다는 말씀을 하시기 위해서였습니다. 세례요한이 이 땅에 와서 외쳤던 말씀과 사역이 아무리 훌륭해도 세례요한의 사역을 통해서는완전한 하나님의 나라의 회복이 이루어질 수 없음을 주님께서는 아셨습니다. 그렇기에 자신의 고난과 죽음을 언급하셨습니다. 주님의 십자가의 사건을 통해서만 이 완전한 하나님의 나라의 회복을 이룰 수 있기 때문입니다. 세례요한의 고난과 사역은 예수님을 위한 예고편이면서 하나의 불씨가 되었습니다. 일생 동안에 주어진 사명을 감당하기 위해서는 주어질 영광보다 현실적인 고난과 멸시가 더 선행되어야 하고, 그것을 통해서 영광의 자리에 이르게 된다는 것을 주님은 친히 제자들에게 가르쳐 주셨습니다.

인자는 단순히 영광과 능력의 인물이 아니라, 죄를 사하는 권세를 가지고 계시며(2:10), 안식일의 주인이시며(2:28), 능력의 오른편에 즉위하실 것이며(14:62), 큰 능력과 영광을 가지고 구름 가운데 오실 것입니다(13:26). 그러나 인자는 또한 배반과 치욕을 당하고, 굴욕을 당하며 죽을 것인데(8:31,38; 9:9,12; 10:33; 14:21,41), 그 이유는 그가 자기 생명을 많은 사람들을 위한 대속물로 주려고 오셨기 때문입니다(10:45). 그의 모든 영광 가운데서 예수님을 보려면 어떻게 그의 능력이 고난과 융합되어 있는지를 알아야 합니다. 이사야는 메시아를 고난의 종으로 묘사하면서 다음과 같이 예언하고 있습니다.

> "그는 멸시를 받아 사람들에게 버림받았으며 간고를 많이 겪었으며 질고를 아는 자라 마치 사람들이 그에게서 얼굴을 가리는 것 같이 멸시를 당하였고 우리도 그를 귀히 여기지 아니하였도다. 그는 실로 우리의 질고를 지고 우리의 슬픔을 당하였거늘 우리는 생각하기를 그는 징벌을 받아 하나님에게 맞으며 고난을 당한다 하였노라. 그가 찔림은 우리의 허물 때문이요 그가 상함은 우리의 죄악 때문이라 그가 징계를 받음으로 우리가 평화를 누리고 그가 채찍에 맞음으로 우리가 나음을 받았도다. 우리는 다 양 같아서 그릇행하여 각기 제 길로 갔거늘 여호와께서는 우리 모두의 죄악을 그에게 담당시키셨도다"(사 53:3-6)

우리를 위한 고난의 종으로 멸시와 천대를 받아서 죽게 될 것을 미리 기록해 두심으로 현실적인 환상과 영광스러운 경험보다 기록된 말씀의 성취로 그 영광을 쟁취한다고 말씀하십니다. 고난과 죽음이 결국 기록된 말씀 속에 약속된 영광으로 이어질 것을 분명하게 인식시켜 주고 있습니다. 현실의 달콤함을 추구하는 성도가 아니라 힘들고 어려워도 현실을 바르게 직시하고 고난 후에 있을 영광을 바라볼 수 있는 성도들이 되었으면 합니다. 사도바울은 **"생각**

하건대 현재의 고난은 장차 우리에게 나타날 영광과 비교할 수 없도다"라고 약속을 하고 있습니다.

변화산 사건을 통해 우리 주님께서 보여주신 교훈의 핵심은 바로 죽음을 통해 영광의 세계를 보며 누릴 수 있다는 것입니다. 반드시 고난과 죽음 이후에는 영광의 세계가 펼쳐집니다. 그분께서 실제 삶을 통해 모범적으로 그렇게 하셨습니다. 그의 십자가의 힘겨운 고통과 죽음을 통해 인류 구원과 영광스러운 하나님의 나라를 우리에게 보여 주셨습니다. 그 영광을 맛보며 이 땅을 살아가는 사람들이 바로 그리스도인들입니다. 현실적인 영광에 안주하지 마시고 고난을 통해 더 큰 하늘의 영광을 소망가운데 바라보면서 믿음으로 인내하여 승리하는 삶이 되시기를 바랍니다.

Chapter 9

귀신들린 한 소년

(A boy with an Evil Spirit)

막 9:14-20(마 17:14-20; 눅 9:37-43)

이에 그들이 제자들에게 와서 보니 큰 무리가 그들을 둘러싸고 서기관들이 그들과 더불어 변론하고 있더라 온 무리가 곧 예수를 보고 매우 놀라며 달려와 문안하거늘 예수께서 물으시되 너희가 무엇을 그들과 변론하느냐 무리 중의 하나가 대답하되 선생님 말 못하게 귀신 들린 내 아들을 선생님께 데려왔나이다 귀신이 어디서든지 그를 잡으면 거꾸러져 거품을 흘리며 이를 갈며 그리고 파리해지는지라 내가 선생님의 제자들에게 내쫓아 달라 하였으나 그들이 능히 하지 못하더이다 대답하여 이르시되 믿음이 없는 세대여 내가 얼마나 너희와 함께 있으며 얼마나 너희에게 참으리요 그를 내게로 데려오라 하시매 이에 데리고 오니 귀신이 예수를 보고 곧 그 아이로 심히 경련을 일으키게 하는지라 그가 땅에 엎드러져 구르며 거품을 흘리더라

우리가 경험하는 경이로운 환상과 감동 그리고 신령한 은혜의 세계와 현실세계는 냉혹하리만큼 다를 수 있습니다. 간혹 가상 세계가 세월이 지나면 현실세계에 이루어지는 것을 보지만 다 그렇게 되는 것이 아닌 것과 같이 영적 경험과 현실의 삶이 다를 수 있다는 것을 우리는 인정해야 합니다.

예수님과 세 제자는 변화산에서 황홀한 경험을 하고 산 아래로 내려와 조금도 쉴 틈이 없이 현실의 문제에 직면하게 됩니다. 현실은 아름답지도 않고 시적이지도 않습니다. 또한 즐겁고 재미있는 일들만 일어나는 곳도 아닙니다. 높은 정상에서 느끼던 희열은 이제 계곡의 지긋지긋한 일들로 메워집니다. 그러나 바로 이 계곡에서 우리는 하나님의 영광을 위해 살아야 합니다. 우리는 정상에서 하나님의 영광을 봅니다. 그러나 그곳에서 하나님의 영광만을 보며 사는 것이 아닙니다. 오히려 낮은 이 세상에서 우리는 하나님을 향한 우리의 가치를 진정으로 드러낼 수 있고 우리의 충성을 증거할 수 있습니다.

그러나 어떤 사람은 산 위에서 경험한 신비로움으로만 가지고 살려고 하니 현실의 어려움을 극복하지 못하고 한탄하면서 사는 모습을 볼 수 있습니다. 오늘 본문은 예수님과 세 제자가 산 아래 내려오자마자 제자 공동체가 만난 어려움을 함께 해결하는 장면을 기록하고 있습니다.

변론이 일어남

본문 14절 말씀에 **"이에 그들이 제자들에게 와서 보니 큰 무리가 그들을 둘러싸고 서기관들이 그들과 더불어 변론하고 있더라"**고 기록하고 있습니다. 여기 단어 '변론'(쉬젠테이테: συζητειτε)은 '어떤 일에 대해서 묻고 따지고 논쟁(dispute)하는 것'을 의미합니다. 예수님께서 변화산에서 내려오셨을 때, 산 밑에 남아 있었던 9명의 제자 공동체와 많은 군중과 서기관들이 한 사안에 대해 논쟁하고 있었습니다. 아마도 귀신들린 아들을 데리고 온 아버지의 간절한 애원을 들어주지 못하고 있는 제자들의 상황에 대한 논쟁이었던 것 같습니다. 평소에 주님으로부터 귀신을 내어 쫓는 능력과 권세를 가지고 축귀(逐鬼)를 행했던 제자들인데 한 귀신들린 아이 앞에 당황하며 무기력하게 있던 그들에게 서기관들이 '왜 이렇게 가만히 있느냐? 너희들이 정말 그리스도의 제자냐? 전에는 잘하지 않았느냐 왜 지금은 무기력하게 방치하고 있느냐?' 는 등의 비난과 논쟁이었습니다. '왜 못고치느냐? 그동안 여러 병자들과 귀신들린 사람들을 고쳐준 것이 속임수였구나' 등등의 논쟁을 하다가 급기야는 예수님에 대한 검증으로 논란이 일어나지 않았을까 라는 상상을 해봤습니다. '이번에는 왜 이렇게 못하고 있느냐? 너희 스승 예수는 가짜였지' 등의 비난과 조소 그리고 비하와 같은 논쟁이 있었습니다. 사소한 일에서 시작하여 이제는 예수님에게 까지 불똥이 떨어지는 일이 발생했습니다.

예수님께서 이 상황을 모르시기 때문에 "무엇을 변론하느냐?" 물으신 것이 아닌 듯합니다. 왜냐하면, 19절 말씀이 보여주고 있습니다. **"믿음이 없는 세대여 내가 얼마나 너희와 함께 있으며 얼마나 너희에게 참으리요 그를 내게로 데려오라", "너희는 그렇게 나와 함께 있으면서도 늘 문제에 집중하느냐? 내가 너희와 함께 있을 때 문제를 해결하는 것을 보지 못했느냐? 문제는 상황이 아니라 믿음이니라." "얼마나 너희에게**

참으리요."

변론은 본질을 놓치고 엉뚱한 것에 사로 잡혀있을 때 일어날 수 있는 말장난입니다. 우리가 짐작하건대 제자들은 예수님이 변화산에 올라가서 1박 2일을 머무는 동안 기도하거나 영성을 키우는 일에 시간을 소비한 것이 아니라 스승이 없음으로 안일한 생각에 사로잡혀 깨어 있지 못한 상태에 머물러 있었던 것으로 여겨 집니다. 믿음은 하나님과 그리스도에게 집중하는 것인데 기도하지 않음으로 인하여 본질에서 떠나 현실적인 곤경에 처하게 된 것입니다. 주님이 계시지 않는 산 아래에서 문제 앞에 놓인 제자들이 스스로 무엇인가를 하려고 노력했던 것 같습니다.

이 말씀은 꼭 현실적으로 우리 개인과 교회가 안고 있는 문제를 고발하는 듯합니다. 한국교회는 종교인들과 여러 지성인들 그리고 안티-그리스도인(Anti-Christian)들에게 질타의 대상이 되어 있고, 여러가지 이슈로 인하여 논쟁과 변론 속에 휩싸여 있습니다. 부흥의 때에 일어난 기적은 어떤 의미를 가지는지, 성경공부와 제자 훈련을 통해 이루어 놓은 결과는 무슨 의미가 있는지, 그리고 열심으로 전도하면서 교회가 대형화 된 것은 사회에 어떤 영향을 끼쳤는지에 대한 격려한 토론이 일어나고 있습니다.

변화산 사건과 귀신들린 아들을 데리고 온 아버지의 이야기가 연속되어 나오는 것은 아주 큰 교훈적인 의미가 있습니다. 결국, 예수님께 집중해야 하는 순간들은 예배 때에 일어나는 일이 아니라 예배를 마치고 삶의 현장으로 가면 더욱 절실한 것인데, 우리는 반대로 살고 있습니다. 예배 때는 집중하고 무엇이든지 믿음으로 할 것 같은데, 삶으로 돌아가면 그 믿음이 어디로 갔는지 실종되어 버립니다. 세상의 논리와 흐름에 편성함으로 예수님께서 주신 믿음마저도 연약해져서 세상 사람들로부터 손가락질을 당하고 논쟁의 한복판에 서서 그리스도인의 정체성을 훼손하는 일들이 얼마나 많은지를 깊이 반성하고 믿음에 부유한 자들이 되어야겠습니다.

우리는 믿음으로 모든 현실적인 문제를 해결해야지 변론이나 논쟁거리가 되어서는 안됩니다. 믿음이 있는 것 같아도 결국 믿음이 없는 세대로 책망 받을 수 밖에 없는 현실이 되어서는 안됩니다. 믿음을 통해서 분명하고 확실한 삶의 간증을 통해서 논쟁거리를 잠재울 수 있어야 합니다.

우리는 예배를 마치고 가정으로, 사회로 나아가게 되면 변화산 아래에 일어난 것과 같은 동일한 사건을 만나게 됩니다. 불에도 넘어지고 물에도 넘어지는 것과 같은 산적한 문제 앞에 직면하게 됩니다. 무엇으로 이러한 문제를 해결하시겠습니까?

귀신들린 아들

영광이 가득하였던 산에서 내려오신 예수님이 처음 만나게 된 것은 절규하며 간청하는 한 아버지였습니다. 누가복음 기자는 **"내 아들을 돌보아 주옵소서 이는 내 외아들이니이다"**(9:38)라는 아버지의 간청을 덧붙이고 있습니다. 본서 저자 누가는 '외아들' 이라는 말을 첨가하여 그 아버지의 고통이 얼마나 극심하였는가를 더욱 강조하여 소개해 주고 있습니다.

귀신은 그 아이를 갑자기 부르짖게 하고 경련을 일으켜 거품을 흘리게 하며 몹시 상하게 하였습니다. 귀신의 권세 아래 놓여 있는 이 아이는 그의 모든 감정과 의지를 귀신이 요구하는 대로 움직일 수밖에 없는 형편이었습니다. 그러자 아버지는 그 아이를 위해 예수님께 내 아들을 돌보아 달라고 하였습니다.

'돌보다' (에피블렙사이: ἐπιβλεψαι)라는 말은 본래 '의사가 환자 상태를 진단한다' 는 의미의 의학적인 용어입니다. 이것은 의사였던 누가의 독특한 표현이라 할 수 있습니다. 다른 복음서에는 이러한 의학적인 용어가 생략되어 있지만 직업이 의사였던 누가는 귀신들린 아버지의 간청을 의학적인 의미를 담고 기록하고 있습니다.

오늘도 여전히 많은 부모님들이 자식들 때문에 걱정하고 애타는 가슴을 달랩니다. 자식들이 비정상적이고 비상식적인 정신을 가지고 살기를 바라는 부모가 어디에 있겠습니까? 그러나 많은 아이들이 부모의 바램대로 살지 않습니다. 많은 경륜을 가지신 어르신들의 한결 같은 고백은 '자식은 마음대로 안되더라' 는 것입니다.

많은 자식들이 친구와 여러 사회의 요인으로 정상적인 삶을 살지 못합니다. 악한 영들의 영향으로 인하여 문화가 타락하고 사회 전반적인 병리 현상에 의해서 어릴 때부터 정신적인 고통에 시달리며 살고 있습니다.

신앙이 없는 사람이나 어린 사람들은 자녀들의 행동이나 태도 그리고 삶을 팔자로 치부하는 경우가 많습니다. 사람은 영적인 존재이기 때문에 반드시 그 배후에는 영의 영향력이 있습니다. 사도 바울은 **"우리의 씨름은 혈과 육에 대한 것이 아니요 정사와 권세와 이 어두움의 세상 주관자들과 하늘에 있는 악의 영들에게 대함이라"**고 에베소서 6장 12절에 분명하게 말씀하고 있습니다.

일단 사람 속에 귀신의 영향을 받게 되면 여러 가지 증상이 나타나기 시작합니다. 물론 정도에 따라 다르기는 하지만 반드시 반응이 나타납니다. 약이 우리 몸 속에 들어가면 반응이 일어나는 것처럼 영적인 그릇에도 무엇이 담기느냐에 따라서 반응이 나타납니다. 악한 귀신이 우리 속에 들어오면 불 속에도 들어가려고 하고 물에도 뛰어 들어가려고 합니다. 자동차나 오토바이를 타고 초고속으로 달리는 일도 합니다. 자신의 몸을 상하게도 합니다. 심지어는 자살도 합니다. 귀신의 강한 영향력 아래 있으면 중독현상이 나타납니다. 마약 중독, 게임 중독, 도박 중독, 그리고 레져 중독(야구, 낚시, 여러 운동, 바둑 등)이 되어 정상적인 삶을 살지 못합니다. 또한 음란, 동성애, 이혼, 다툼, 음주, 폭행, 살인 등의 행동을 합니다. 결국 귀신들이 하는 일은 나를 죽이고 나의 가정을 파괴하고 멸망시키는 일을 합니다.

산 아래서 예수님을 기다리고 있던 귀신들린 소년의 아버지는 어떻게 해서든 아들의 고통을 들어주기 위해 백방으로 노력했지만 헛수고였습니다. 예수님에 대한 소문을 듣고 왔지만 예수님께서는 산에 올라가시고 안 계셨습니다. 제자들에게 아들을 고쳐 달라고 애원을 했습니다. 그러나 그것 또한 소용이 없었습니다.

아이 때문에 벌어진 변론에도 아버지는 별 관심이 없었습니다. 예수님이 고칠 수 있느냐 없느냐? 하며 토론하는 것에는 그에게 별 문제가 되지 않았습니다. 예수님이 전에 귀신을 내어 쫓아 낸 소식을 듣고 있었기에 예수님을 만나고 싶었습니다. 아직 경험 된 것은 아니지만 다른 사람들이 겪은 경험과 소문에 한 가닥 기대를 걸고 있었습니다. 그는 서기관들과 종교지도자들의 모욕을 들어도 개의치 않았습니다 자신의 아이가 나을 수만 있다면 어떤 비난과 조소도 참아냈습니다. 집념을 갖고 믿음을포기하지 않았습니다. 어려움을 겪고 있는 사람들이 배워야 할 본보기입니다. 아픔이나 문제가 있거나 목표를 가진 사람들은 타인의 시선을 의식하지 말고 오직 해결과 해답을 찾을 때까지 문을 계속 두드려야 됩니다. **"두드리라 열릴 것이요 구하라 주실 것이요 찾으라 열릴 것이니라"**(마 7:7)

주님께서는 강한 믿음과 인내를 가지고 끝까지 천국 방식을 찾는 자들에게 최상의 응답을 주실 것을 주의 이름으로 선포하고 계십니다. 주님의 은총은 머뭇거리거나 포기하는 자에게는 오지 않습니다. 주님의 은혜는 자비와 사랑을 품고 달려오는 자에게 열려 있습니다. **"하나님이 가라사대 저가 나를 사랑한즉 내가 저를 건지리라 저가 내 이름을 안즉 내가 저를 높이리라. 네가 내게 간구하리니 내가 응답하리라 저희 환난 때에 내가 저와 함께 하여 저를 건지고 영화롭게 하리라"**(시 91:14-15) 라고 말씀하십니다.

믿음 없는 세대

아들의 아버지는 아들이 귀신이 들리면 어떤 행동을 하는가에 대해서 설명을 합니다. 본문 18절입니다. **"귀신이 어디서든지 그를 잡으면 거꾸러져 거품을 흘리며 이를 갈며 그리고 파리해지는지라"**라고 한 다음 **"내가 선생님의 제자들에게 내어 쫓아 달라 하였으나 그들이 능히 하지 못하더이다"**라고 탄식했습니다. 예수님께 나오면 아들의 문제가 해결될 것이라고 데리고 왔는데 막상 예수님이 없는 곳에서 제자들에게 고쳐 달라고했지만 허사였을때 그의 심정이 어떠했겠습니까?

그들의 현실 문제를 가지고 주님께 왔을 때 주님께서는 가타부타 하시지 않으시고, '믿음이 없는 세대여!' 하시면서 시대적인 안타까움을 드러내셨습니다. 무엇이든지 자기의 힘으로, 과거의 경험으로만, 그리고 재능으로만 해결하려고 하는 시대를 꼬집으셨습니다.

어떤 분이 예수님의 말씀을 빌어서 이렇게 표현했습니다.

> '믿음이 없는 세대, 기도를 잃어버린 세대가 처량하고 불쌍하다.
> 자신의 힘과 능력으로 무엇이든지 할 수 있을 것이라
> 생각하고 덤비는 이 세대가 섬뜩하고 무섭다.
>
> IT(정보전자기술), BT(생명공학기술), NT(나노기술),
> ST(항공우주기술), ET(환경공학기술), CT(문화관광기술) 등의
> 최첨단 기술의 세계에 하나님, 예수, 믿음, 기도, 양심, 도덕 따위가
> 끼어들 자리는 없다.

오직 기술력에 대한 자신감과
돈이 된다면 물불을 가리지 않고 덤비는
무모함만 있을 뿐이다.

첨단 기술 시대의 악령은
인류와 세계를 불 속에 집어넣을 수 있고 파멸시킬 수 있다.'

오늘의 시대를 너무나 잘 묘사한 글이라 생각됩니다. 세상적인 기술과 문명에만 모든 것을 걸고 살아가는 현대인들, 주님이 보시면 분명 '믿음이 없는 세대여!' 라고 탄식하실 것입니다. 오늘 저와 여러분들은 어떻습니까? 자신이 가진 물질, 기술, 그리고 건강 혹은 과거에 경험한 신앙적인 체험을 가지고 오늘의 문제를 해결하려고 하지 않습니까? 신앙은 과거와 미래뿐 아니라 현재성입니다. 미래만 바라 보는 신앙도, 과거에 집착하는 신앙도 건강한 믿음이 아닙니다. 과거의 신앙으로 현실을 직시하고, 현실의 신앙으로 현재를 타개하고 미래를 바라볼 수 있는 신앙이 참된 신앙입니다. 오늘 우리가 경건의 능력을 잃어버린 결과 영육간에 무능한 삶을 살 수 밖에 없습니다. 주님은 현재의 삶의 문제를 풀어내지 못하고 있는 우리의 세대를 믿음이 없는 세대라고 말씀하고 있습니다. 덩치도 크고 화려해 보이지만 내용면에서는 능력이 전혀 없습니다.

사도 요한은 **"나를 믿는 사람은 내가 하는 일을 그도 할 것이요, 그보다 더 큰 일도 할 것이라"**(요14:12)고 말합니다. 얼마든지 위대한 일을 능력있게 할 수 있음에도 불구하고 믿음이 없음으로 인하여 무기력한 그리스도인이 되고, 교회의 덩치는 크지만 모양만 화려하고 능력은 상실하고 말았습니다.

여기서 우리가 유의해야 하는 것은 책망의 대상이 되고 있는 것은 제자들만이 아니라, 그 시대 전체라는 사실입니다. 나를 향한 예수님의 애타는 마음의 표현입니다. 믿음이 없는 무기력한 세대가 아니라 믿음으로 역사하는 살아 있는 그리스도인과 교회가 되어야 하겠습니다.

변화산 사건을 통해 우리 주님께서 보여주신 교훈의 핵심은 영광의 세계를 보며 은혜를 누릴 수 있는 기회도 있지만 산 밑에서는 늘 현실적인 문제가 일어난다는 것입니다. 그 문제는 우리가함께 풀어가야 할 숙제입니다. 오늘 우리의 가정과 사회는 분명 병적인 사회입니다. 모든 영역에서 몸살을 앓고 있습니다. 더 큰 문제는 문제를 문제로 인식하지 못하고 그냥 운명에 맡기고 살아가는 현대인의 모습입니다. 눈에 보이는 것은 인간에 의해서 모든 것이 일어나고 해결되는 것처럼 보이지만 내면에는 악한 영의 지배와 영향을 받고 있다는 사실을 인식해야 합니다. 사탄은 말세가 되면 될수록 더 많은 포장을 하고 나타납니다. 교묘하게 활동하는 사탄의 정체를 믿음의 눈으로 분별하고, 온전한 믿음을 통해 그리스도에게 집중하므로 승리하는 삶을 살아갑시다.

Chapter 10

힐링, 귀신들린 한 소년

(Healing, A boy with an Evil Spirit)

막 9:21-29(마 17:14-20; 눅 9:37-43)

예수께서 그 아버지에게 물으시되 언제부터 이렇게 되었느냐 하시니 이르되 어릴 때부터니이다 귀신이 그를 죽이려고 불과 물에 자주 던졌나이다 그러나 무엇을 하실 수 있거든 우리를 불쌍히 여기사 도와 주옵소서 예수께서 이르시되 할 수 있거든이 무슨 말이냐 믿는 자에게는 능히 하지 못할 일이 없느니라 하시니 곧 그 아이의 아버지가 소리를 질러 이르되 내가 믿나이다 나의 믿음 없는 것을 도와 주소서 하더라 예수께서 무리가 달려와 모이는 것을 보시고 그 더러운 귀신을 꾸짖어 이르시되 말 못하고 못 듣는 귀신아 내가 네게 명하노니 그 아이에게서 나오고 다시 들어가지 말라 하시매 귀신이 소리 지르며 아이로 심히 경련을 일으키게 하고 나가니 그 아이가 죽은 것 같이 되어 많은 사람이 말하기를 죽었다 하나 예수께서 그 손을 잡아 일으키시니 이에 일어서니라 집에 들어가시매 제자들이 조용히 묻자오되 우리는 어찌하여 능히 그 귀신을 쫓아내지 못하였나이까 이르시되 기도 외에 다른 것으로는 이런 종류가 나갈 수 없느니라 하시니라

가정에서 자녀의 문제는 우리가 풀어가야 할 가장 큰 숙제 중의 하나입니다. 자녀를 훌륭하게 키워 출세시키고 새 가정을 이루어 분가시키는 것은 부모로서 가장 큰 사역의 열매라고 할 수 있습니다. 하지만 부모로서 해야 하는 그러한 일들이 마음대로 안 되는 것

에 우리의 고민이 있습니다. 그래서 부모들은 자녀들 때문에 애타하고 안타까워하며 마음 아파하는 가운데 세월의 무게에 짓눌러 연세가 들어가면서 후회합니다. 자녀들이 아무런 문제 없이 잘 커 준다면 그 보다 더 큰 기쁨과 보람이 없을 것입니다.

문제를 문제로 보지 않고 그 문제 너머에 있는 의미와 유익을 생각하면 해결할 수 있는 방법은 얼마든지 있습니다. 불신자들은 큰 문제를 만나면 극단적인 행동을 통해 그 문제를 해결하려고 합니다. 그것은 비극적인 행동이요, 전혀 도움이 되지 못합니다. 오늘 본문에 등장하는 한 귀신들린 소년의 아버지는 예수님께 그 문제를 가져와서 해결하려고 합니다. 주님만이 문제의 키를 가지고 있다는 막연한 믿음이 있었습니다. 소년의 아버지가 아이의 문제를 어떻게 풀어가는지 오늘 우리가 그의 지혜를 배웠으면 좋겠습니다.

아버지의 간청

아이의 이상한 행동에 대해서 예수님은 그 아이의 아버지에게 언제부터 그렇게 되었느냐고 물으셨습니다(막9:21). 그때 아버지는 스스럼 없이 어릴 때부터 라고 했습니다. 태어나서는 정상이었는데, 크면서 그렇게 되었다는 이야기입니다. 아이들이 정상적으로 자라도 다른 아이들보다 지능이 떨어진다든지 약간 부족한 부분만 보여도 애타하는데 이 아이는 귀신이 들려 꺼꾸러져 거품을 흘리며 경련을 일으키고 파리해지는 현상을 보였습니다.

어떤 가정에는 아이가 자라면서 언어가 좀 늦어서 걱정을 하게 되고, 자폐 증상을 보이면 어떻게 할 줄 몰라 안절부절하는 모습을 보게 됩니다. 그런데 성경에 나오는 귀신에 의해서 이상한 행동을 하는 아들의 모습을 본 부모의 마음은' 얼마나 아팠을까' 를 우리는 넉넉하게 짐작할 수 있습니다.

아버지가 예수님의 질문에 바로 **"어릴 때부터니이다"** 라고 대답한 것을 보면 그 마음에 큰 응어리를 가지고 있었음을 알 수 있습니다. 아이가 성장한 후에 그렇게 되어도 마음이 아플 텐데 어릴 적부터 그렇게 되었으니 가정이 참 어려움을 많이 겪게 되었던 것입니다. 불과 물에도 자주 던져지는 아이를 아버지로서 어떻게 할 수 없다는 한계를 느끼고 예수님에 대한 소문을 듣고 와서 지금 '우리를 불쌍히 여기사 도와 주소서!' 라고 애원했습니다. 아버지인 자신과 아들을 함께 불쌍히 여겨 도와 달라는 것입니다. 여기서의 도움의 손길은 다른 것이 아니라 아들을 고쳐 달라는 것입니다. 얼마나 절박한 애청이겠습니까? 지푸라기라도 잡고 싶은 심정에 주님이 관심을 가지시니 자기의 마음을 털어 놓고 고쳐 달라고 했습니다.

문제가 일어날 때 부모가 자녀를 위해, 상사가 직원을 위해, 목자가 목원(牧 員)과 성도를 위해, 스승이 제자를 위해, 장교가 병사를 위해, 지도자가 다른 사람을 위해 간구하면 하나님께서 그 소청을 반드시 들어 주십니다. 예수님께서 제자들에게 기도에 관해서 가르치실 때 악한 아버지라도 자식이 무엇을 달라고 할 때 좋은 것을 주지 나쁜 것을 주지 않는다는 표현을 이렇게 하고 있습니다.

> 눅11:11-13 "너희 중에 아비된 자 누가 아들이 생선을 달라 하면 생선 대신에 뱀을 주며, 알을 달라 하면 전갈을 주겠느냐너희가 악할지라도 좋은것을 자식에게 줄 줄 알거든 하물며 너희 천부께서 구하는 자에게 성령을 주시지 않겠느냐 하시니라"

지상의 모든 아버지의 마음을 비교하면서 하늘의 아버지의 넉넉하고 풍성한 마음을 우리에게 전하고 있습니다. 무엇이든지 구하는 것을 주실 때 자주가서 청원하고 부탁하고 싶은 마음이 드는 것과 같이 간절히 구할 때마다 즉각적으로 응답하시는 하나님의 약속을 우리 주님께서 보여주심으로 모든 성도들이 주저 없이 기도할 수 있는 용기를 가지도록 하셨습니다.

고치시는 예수님

예수님은 **"할 수 있거든이 무슨 말이냐 믿는 자에게는 능치 못할 일이 없느니라"** 라고 하셨습니다. 먼저 그 아버지의 믿음이 약함을 지적하시고 자신의 믿음 없음을 도와 달라고 했을 때 그 아버지의 믿음을 세워 주시고 난 후에 아들 속에 있는 **"말 못하고 못 듣도록 하는 귀신아 그 아이에게서 나오고 다시 들어가지 말라"**고 하시면서 그 아이를 힐링(Healing)해 주셨습니다. 죽은 것 같이 된 아이의 손을 잡아 일으키심으로 온전하게 회복시켜 주셨습니다. 할렐루야! 그 어떤 사람도 귀신을 쫓아낼 수 없어 많은 시간과 물질을 낭비했는데, 예수님께 나와서 믿음으로 반응할 때 예수님께서는 그 아버지의 고통과 귀신들린 아이의 병을 한꺼번에 고쳐 주셨습니다.

아무리 귀신의 능력이 강해도 예수님 앞에는 고양이 앞에 쥐와 같다고 할 수 있습니다. 예수님께서는 마귀의 일을 멸하시기 위해서 이 땅에 오셨습니다. 요일 3:8에 **"죄를 짓는 자는 마귀에게 속하나니 마귀는 처음부터 범죄함이니라 하나님의 아들이 나타나신 것은 마귀의 일을 멸하려 하심이니라"** 라고 했습니다. 예수님께서는 이런 능력을 제자들(성도)에게도 동일하게 주셨습니다.

누가복음 9장 1절에는 **"예수께서 열 두 제자를 불러 모으사 모든 귀신을 제어하며 병을 고치는 능력과 권세를 주시고"**, 마가복음 6장 7절은 **"열 두 제자를 부르사 둘씩 둘씩 보내시며 더러운 귀신을 제어하는 권세를 주시고"**라고 기록한 것을 보면 제자들이 권능을 받아서 능력을 행했습니다.

모든 악하고 더러운 것 배후에는 사탄의 계략이 숨어 있습니다. 그것을 끊어 버리고 정상적인 삶을 살기 위해서는 주님의 만져 주심과 치유가 있어야 합니다. 내가 내 스스로 끊어 버릴 수 없는 나쁜 습관과 행동이 있으면 주님께 간구해야 합니다. 가지고 나아와야 합니다. 주님만이 고칠 수 있습니다. **"할 수 있거든이 무슨 말이냐 믿는 자에게는 능히 하지 못할 일이 없느니라"** 라는 말씀은 우리 주님만이 할 수 있는 말씀입니다. 꾸짖는 말씀처럼 보이지만 할 수 있는 전능성을 주님께서 가지고 계심을 천명하신 말씀입니다. 우리 앞에 놓여있는 불가능한 일도 주님께 가지고 나와서 간청하면 우리 주님은 얼마든지 해결하실 수 있는 창조주 하나님, 전능하신 주님이심을 믿습니다. 믿는 자에게는 능치 못함이 없음을 믿고 행동하시기를 바랍니다.

기도 외에는

귀신들린 아이를 치유하시고 회복 시키신 이 사건을 통해 예수님께서 우리에게 주시기를 원하시는 중요한 교훈이 있습니다. 집에서 제자들이 조용한 시간에 예수님께 **"왜 우리는 어찌하여 그 귀신을 쫓아내지 못하였나이까?"**라고 여쭈어 보았을 때 예수님은 **"기도 외에 다른 것으로는 이런 종류가 나갈 수 없느니라"**(막 9:29)고 대답하셨습니다.

'기도'의 정의가 무엇입니까? '기도'는 최고이신 그분을 따라가겠다는 결단이며, 모든 방법을 그분에게 위임하겠다는 신앙적 위탁입니다. 주님께서는 다른 말씀을 부연하시지 않고 오직 기도만이 모든 문제의 마스터 키(master key) 임을 강조하셨습니다.

보통 기독교인들은 어떤 문제를 만나게 되면 네가지 방법을 통해 문제를 풀어갑니다. 첫째 방법은 그것을 있는 그대로 방치하는 것입니다. 둘째 방법은 문제를 직접 처리하고 기도하지 않는 것입니다. 셋째 방법은 기도로만 문제를 처리하는 것입니다 넷째 방법은 기도하면서 문제를 처리해 가는 것입니다. 우리가 직접 문제를 처리하는 것이 아니라 기도를 통해 지혜와 감동을 가지고 문제를 처리해야 합니다. '문제'에다 어떻게 터널을 뚫고 지나갈 것인가, 문제를 어떻게 돌아갈 것인가, 문제를 어떻게 풀 묘안을 짜낼 것인가를 고려하는 대신에 우리는 기도하면서 주님의 도우심을 바라고 행동해야 합니다. 왜냐하면 기도는 하나님을 움직이는 손이며, 가장 효과적인 방법이기 때문입니다.

제자들은 처음에 한 아버지가 귀신들린 아이를 데리고 왔을 때 예수님이 없는 것 때문에 당황했을 것입니다. 평소에 어려움이 있을 때마다 예수님께 모든 것을 맡기는것이 그들의 행동양식이었기 때문입니다. 주님이 부재 중이었던 그 시점에는 어떤 뚜렷한 방법을 찾지 못하고 당황하면서 과거에 사용한 여러 방법을 시도해 보았을 것입니다. 그러나 그 모든 것이 소용이 없고 귀신들린 아이는 더 날뛰었습니다. 제자들의 시도는 백해무익(百害無益)했습니다. 주님은 산 위에 계셨지만 제자들이 어떻게 문제 앞에 반응했을 것인가를 다 알고 계셨기 때문에 처음에는 제자들과 모든 사람들을 싸잡아 믿음이 없는 세대라고 하셨고, 제자들이 어찌하여 우리는 그 귀신을 쫓아 내지 못하였나이까? 라고 물었을 때 기도 외에는 이러한 유가 나갈 수 없다고 했습니다.

우리는 여기서 믿음과 기도의 연관성을 발견할 수 있습니다. 믿음이 없는 사람은 기도하지 않고, 기도하지 않는 것은 믿음이 없는 연고입니다. 오직 믿음에서 나온 기도만이 하나님을 감동시킵니다. 왜냐하면 믿음에 관해서 히브리서 기자가 이렇게 설명하고 있기 때문입니다. 히브리서 11장 6절, **"믿음이 없이는 기쁘시게 못하나니 하나님께 나아가는 자는 반드시 그가 계신 것과 또한 그가 자기를 찾는 자들에게 상 주시는 이심을 믿어야 할지니라"** 믿음이 없는 기도는 효력이 없습니다. 믿음은 우리가 구한 것을 이미 받았음을 믿는 것입니다(막 11:24). 바라는 것은 장래에 있을 무언가를 기대하는 것이고, 믿는 것은 무언가가 이미 성취되었다고 여기는 것입니다.

우리의 기도가 이미 성취되었다는 것을 믿음 안에서 믿는 것이 기도의 기쁨이요, 기도의 사역이요 기도의 권위입니다. 이러한 기도가 묶고 푸는 기도로써 보좌에 계신 하나님과 하나 된 기도입니다. 우리의 일상생활의 많은 것들, 곧 직업, 가족, 매일의 장애물들, 기질, 교회와 수많은 문제들이 믿음의 기도를 통해서 해결됩니다.

E.M 바운즈(E.MBounds)는 그의 책, 『기도는 강하다』에서

'기도는 행동하는 믿음이다. 기도는 믿음의 제사다.
기도는 거룩한 삶의 첫 단계이자 마지막 단계다.
기도는 믿음과 거룩함과 영적 성품의 열매다.
기도는 영혼을 가장 자연스럽게 쏟아내는 것이다.
기도는 하늘과 땅을 잇는 황금 띠를 짠다.
기도는 모든 힘 가운데 가장 강한 힘이다' 라고 표현했습니다.

주님께서 여기서 말씀하시는 기도는 기분이 나면 한번씩하는 기도나, 어려움이 닥치면 즉흥적으로 기도하는 것이나 또한 특별 기도회 때에 하는 기도가 아니라 매일매일 생활 속에서 정해 놓고 기도하는 습관적인 기도, 하나님 아버지의 신실하심과 그의 존재하심을 믿고 지속적으로 교제하는 가운데 이루어지는 기도를 의미합니다.

기도는 씨를 뿌리는 것과 같고, 나중에 열매를 바라는 농부의 마음과 같은 신뢰입니다. 씨를 뿌렸는데 그것이 열매나 채소로 자라나지 않을 것을 바라고 파종하는 사람은 아무도 없습니다. 주님께서 제자들에게 '기도 외에는' 이라고 했을 때 그것은 분명한 결과를 바라보며 꾸준히 기도의 씨앗을 뿌리는 기도를 해야 할 것을 말씀하신 것입니다.

믿음 있는 행동은 바로 치유의 기적을 가져옵니다. 기도는 믿음을 가진 자가 반응함으로 하나님의 마음을 움직이는 지렛대입니다. 나는 할 수 없지만 주님으로 하여금 하게 하는 것이 바로 믿음의 기도입니다. 야고보서 5장 15절에서 **"믿음의 기도는 병든 자를 구원하리니 주께서 저를 일으키시리라 혹시 죄를 범하였을지라도 사하심을 얻으리라"**라고 선언하고 있습니다. 우리가 어떤 문제 앞에 놓여 있더라도 낙심하지 말고 하나님을 믿고 기도하면 그분께서 문제를 해결해 주실 것입니다. 그 결과 우리 마음에는 기쁨이 넘치고 감사하게 되며 다른 사람들에게 하나님께서 하신 위대한 일들을 간증하게 됩니다.

Chapter 11

최고의 리더, 섬김이

(The excellent leader, servant)

막 9:30-37(마 17:22-18:5; 눅 9:43-48)

그 곳을 떠나 갈릴리 가운데로 지날새 예수께서 아무에게도 알리고자 아니하시니 이는 제자들을 가르치시며 또 인자가 사람들의 손에 넘겨져 죽임을 당하고 죽은 지 삼 일만에 살아나리라는 것을 말씀하셨기 때문이더라 그러나 제자들은 이 말씀을 깨닫지 못하고 묻기도 두려워하더라 가버나움에 이르러 집에 계실새 제자들에게 물으시되 너희가 길에서 서로 토론한 것이 무엇이냐 하시되 그들이 잠잠하니 이는 길에서 서로 누가 크냐 하고 쟁론하였음이라 예수께서 앉으사 열두 제자를 불러서 이르시되 누구든지 첫째가 되고자 하면 뭇 사람의 끝이 되며 뭇 사람을 섬기는 자가 되어야 하리라 하시고 어린 아이 하나를 데려다가 그들 가운데 세우시고 안으시며 제자들에게 이르시되 누구든지 내 이름으로 이런 어린 아이 하나를 영접하면 곧 나를 영접함이요 누구든지 나를 영접하면 나를 영접함이 아니요 나를 보내신 이를 영접함이니라

하늘의 법칙과 땅의 법칙은 동일하고 비슷한 것도 있지만 어떤 경우에는 완전히 다른 경우가 있습니다. 세상의 관점과 기준 그리고 행하는 방법이 영적인 것과 너무나 큰 차이를 보이는 것이 많은데, 오늘 본문의 내용이 그 중에 하나입니다.

세상 사람들은 낮은 사람이 높은 사람을 섬기는 것을 기정 사실로 받아 들이고 있고, 하층 사람들은 상관을 섬기는 것을 자연스럽게 생각하고, 높은 지위에 있는 사람들은 그렇게 하는 것을 너무 당연한 것으로 여깁니다. 하지만 주님께서 가르치신 교훈은 그러한 방법과 태도와는 너무나 다릅니다.

산에서 영광스럽게 변화되신 주님이 제자들과 함께 하산했을 때, 귀신에 사로잡혀 고생하는 한 아이를 데리고 왔던 아버지와 그 아이를 말씀으로 회복시켜 주시고 기도에 관한 중요한 진리를 가르쳐 주셨습니다. 다음에는 자신이 십자가에서 죽고 삼일만에 다시 부활하실 것을 말씀하셨으나 제자들이 잘 깨닫지 못했습니다. 그런 다음에는 제자들이 모여서 누가 더 크고 높으냐 하며 도토리 키 재듯 하고 있을 때 주님은 섬김과 높음에 대한 지고한 교훈을 하셨습니다.

제자들의 우둔함

예수님께서는 귀신들린 아이를 고치신 후에 제자들에게 자신이 사람들의 손에 넘겨져 죽임을 당하고 죽은 지 삼일 만에 살아나야 할 것을 두 번째로 말씀하셨습니다. 하지만 제자들은 예수님께서 말씀하시는 그 말씀의 의미가 무엇인지를 깨닫지 못했습니다. 갑작스럽게 주님은 사람들에게 잡혀서 죽게 된다면 제자들이 무척 당황하리라는 것을 아시고 계심에도 불구하고 실제적으로 말씀하셨습니다. 그래도 제자들은 깨닫지 못했고 진의가 무엇인지 묻기도 두려워했습니다.그 이유가 무엇이겠습니까?

여러 가지 이유를 추측해 볼 수 있지만 무엇보다 제자들은 예수님이 처형될 것이라고는 안중에도 없었기 때문이었을 것입니다. 그들은 어떻게 해서든지 예수님이 출세하면 자신들도 예수님과 함께 권좌에 앉아 권력을 행사할 수 있을 것이라는 기대에 부풀어 있었기 때문에 아예 죽음에 대해서는 생각하고 있지 않았을 것입니다. 그렇기 때문에 죽음과 부활에 대해서는 무지했다고 할 수 있고, 그러한 말씀을 하셨어도 건성으로 듣고 그냥 지나쳤을 수도 있습니다. 그러한 일을 한번도 경험하지 못한 부분도 있지만 그러한 일이 일어나서도 안 된다는 생각이 지배적이었기 때문에 예수님께서 말씀하신 것을 이해하지 못했습니다.

사람들은 자기가 경험해 보지 못한 일이나, 앞으로 당할 일이 자기들에게 유익이 되지 않는 것을 들으면 관심 밖으로 듣는 것이 일반적인 반응입니다. 예를 들면, 자기는 지금 사업이 잘 되고 있는데 그 사업이 이제 얼마 있지 않아서 사양길에 접어든다고 하면 사업주는 누가 무엇이라 해도 곧이 알아 듣지 않을 것이고 이해하지도 못할 것입니다. 실제 영적인 일에 대해서 사람들이 가지는 반응이 바로 그러한 것입니다. 죽음에 대한 이야기나, 천국에 대한 소망에 관한 이야기를 하면 그것은 다른 사람들에게 적용되는 것이지 자기에게는 해당이 되지 않는다고 치부해 버립니다. 우리는 내가 경험하지 않은 일이나 혹은 나에게 좋은 것으로 기대되는 이야기가 아니더라도 진지하게 생각하고 받아들이는 태도가 필요합니다.

실제 예수님의 죽음과 부활은 예수님께서 이 땅에 오신 목적을 이루기 위한 필연 적인 과정이요, 너무나 중요한 사건입니다. 이것이 이해가 안되고 받아들여지지 않는다면 그 사람은 그리스도인이 될 수 없고, 진실된 성도가 될 수 없습니다.

우리는 예수님의 십자가 죽음을 통해서 죄의 문제가 해결되었고, 사죄의 은총을 누리게 되었습니다. 십자가 없는 구원은 상상조차도 할 수 없습니다. 그래서 신약 성경은 전체적으로 그리스도의 십자가를 선포하고 있고, 그것을 이해하도록 돕고 있습니다. 그분의 부활도 마찬가지입니다. 십자가의 죽음이 사실로 받아들여지고 죄로부터의 승리에 대한 선언이 바로 부활사건입니다. 그러므로 성도들은 예수님의 죽음과 부활이 이해되고 그것이 개인적으로 체득되어야 합니다. 그것이 나의 삶을 지배할 때 구원의 감격 속에 살게 되고 하늘나라에 대한 소망으로 가득하게 되면서 죽음을 두려워하지 않고 힘있게 살 수 있습니다.

누가 크냐?

오늘 성경 본문은 제자들의 무지와 깨닫지 못하는 어리석음을 폭로하는 것이 아니라 그들의 마음속에 있는 욕심에 대해서도 드러내고 있습니다. 가버나움에서 예수님은 제자들에게 길에서 무슨 격론이 있었느냐고 물었습니다. 몰라서 물은 것이 아니라 그들이 생각하고 마음에 품고 있는 욕심들이 얼마나 잘못된 것인가를 폭로하기 위해서 질문하셨습니다. 예수님의 질문에 그들은 침묵하고 있었습니다. 그러나 마가는 자신의 말로 **"길에서 누가 크냐?"**라고 쟁론하였다고 말씀하고 있습니다.

예수님께서는 제자들이 생각하는 잘못된 욕심인 주님께서 이스라엘을 회복하여 왕좌에 오르게 될 때 좌정승, 우정승의 자리를 차지하려는 마음을 환히 꿰뚫어 보셨습니다. 제자들이 예수님을 따라다니는 진짜 의도가 무엇인지 들통나게 되었습니다. 정말 그들의 의도는 주님의 죽으심을 이해하고 부활의 영광에 참여하게 될 것이라는 영적인 기대감이나 소망이 아니라 이 세상에서 왕국이 건설되면 그 권력의 자리에서 한 자리씩 차지하겠다는 야망이었습니다.

그것을 예수님께서는 잘 알고 계셨습니다. 그래서 주님은 제자들이 어떤 생각을 가지고 자신을 따르고 있는지를 공개적으로 폭로하고 이제 바른 생각을 가지도록 하기 위한 교정 작업에 들어가게 된 것입니다. 그러한 마음을 가지고 있는 한 그들은 좋은 예수님의 제자로 훈련될 수 없고, 앞으로 다가오게 될 고난을 이겨낼 수 없기 때문에 주님은 그들의 속내를 바로 교정해 주고 싶었습니다.

인간에게는 누구나 이런 야망과 욕심이 있습니다. 주님을 따르고 믿고 행동하는 이면에는 하나님의 나라에 대한 관심보다 세상적인 욕망이 더 요동치고 있습니다. 그러므로 인간은 끊임없이 자신을 쳐서 복종시키지 않으면 쉽게 세상적인 것에 동화되고, 욕심에 사로잡히게 됩니다. 욕심에 사로 잡히게 되면 여러 가지 조건을 내세워 자신이 우세함을 자랑하게 되고 그것을 근거하여 높아지려고 하고 대접 받고 좋은 자리를 차지하려고 하는 것이 보통 사람들이 가지고 있는 태도며 행동입니다. 사회에서나 교회 공동체 안에서 물 흐르듯 겸손하게 섬기면 하나님께서 높여 주십니다.

첫째와 끝, 섬김이

예수님은 조용하게 제자들에게 누구든지 첫째가 되고자 하는 자는 뭇 사람의 끝이 되어야 할 것을 주문하셨습니다. 예수님의 당연한 가르침입니다. 사람들이 높아지려고 하는 욕망은 한도 없고 끝도 없습니다. 위에서만 군림하려고 하면 사람을 짓밟아야 합니다. 그러나 끝이 되고 말단이 되는 것에는 아무런 제약이 없습니다. 끝에 있으면 참 편하고 좋습니다. 민심을 알 수 있고, 낮은 자리에서만 알 수 있는 지혜와 사람들을 얻게 됩니다. 낮아진자 만이 밑 바닥에 있는 사람의 형편과 사정을 헤아릴 수 있습니다. 위에만 있었던 사람들은 아랫 사람들의 형편을 알 수 없습니다. 섬김의 리더쉽이 있어야 참으로 높은 자라에 올라도 모든 사람들을 이해하게 되고 잘 섬길 수 있습니다. 자기가 경험하고 다스리는 것과 그렇지 못하고 리더가 되어 다스리는 것은 하늘과 땅만큼 차이가 납니다. 먼저 마음을 알아주고 행동하는 것과 그냥 행동하는 것과의 차이가 너무나 큽니다.

대부분의 사람들은 첫째나 으뜸이 되고 싶어합니다. 그것을 이루기 위해서 물불을 가리지 않습니다. 사람들을 억압하고 짓밟아 버립니다. 투쟁과 암투와 싸움이 있습니다. 하지만 최고의 말단에서 섬기는 것은 아무도 알아주는 자도 없고 별 볼일 없는 일일 수 있습니다. 그러나 섬김으로 나아가는 자는 계속적으로 보이지 않는 재산을 쌓아가는 것입니다. 천국의 원리는 가장 밑바닥에서 윗사람들을 겸허한 자세로 섬기게 될 때 큰 자가 되고 으뜸이 됩니다. 좋은 지도자가 됩니다. 예수님은 이 말씀을 하시면서 제자들에게만 가르치신 것으로 끝나지 않고 자신이 친히 모범을 보이시면서 너희도 섬기는 자가 되라고 주문하셨습니다. **"앉아서 먹는 자가 크냐 섬기는 자가 크냐 앉아서 먹는 자가 아니냐 그러나 나는 섬기는 자로 너희 중에 있노라"**(눅 22:27)

고당 조만식 선생은 41세(1923)에 산정현교회 장로가 되었습니다. 당시 그는 오산학교 교장, 평양 YMCA총무 등을 거치면서 이미 평양 사회에서 존경받는 유력한 인사로 자리 잡고 있었습니다. 그런데도 불구하고 그는 교회 봉사를 가장 소중하게 생각했고, 직분에 충성하면서 섬김의 본을 보여주었습니다. 사회적 명망 때문에 눈코 뜰 새 없이 바쁜 와중에서도 모든 공 예배 시간을 철저하게 구별하여 지켰고, 주일 아침이면 일찍부터 나와 교인들을 영접하였습니다. 예배가 끝나면 예배당을 정리하고, 화장실까지 돌아다니면서 청소를 담당하곤 했습니다. 사비를 털어 경제적인 어려움에 처한 교인들과 이웃을 찾아 구제하는 일에도 힘썼습니다. 고아와 과부들을 돌보았고, 형편이 어려워 공부하지 못하는 가정에는 장학금을 전달하기도 했습니다. 어려운 이웃을 보면 그냥 지나치지 못했습니다. 심지어 부인이 어렵게 만들어 준 명주 이불을 거지에게 갖다 주기도 했고, 어떤 때는 두루마기를 벗어주기도 했습니다.

조만식 선생이 장로로서 봉사하는 모습을 목격한 황성수씨는 이렇게 증언하고 있습니다. "조만식 장로는 언제나 맨 앞자리에 앉아 계신 것을 볼 수 있었습니다. 선친 황보익 목사께서는 어린 나에게 그분이 민족의 영도자요, 위대한 기독교지도자요, 백성의 모범이라고 일러 주셨습니다. 당회에서는 별로 말씀하신 일이 없으십니다. 그가 앉아계신 것만으로도 그리고 간혹 무게 있는 발언을 하심으로 그의 인격에서 나오는 감화와 위력에 의하여 당회는 일치단결하여 바른 결정을 하며 교인들을 감독, 선도하였습니다."

우리가 교회에서나 사회생활 가운데 다른 사람들을 섬길 때 성경이 주는 교훈을 따라 섬기면 좋겠습니다. 내가 주 예수 그리스도 안에서 섬기는 위치에 있다면 나는 섬김을 받는 그에게 주 예수 그리스도께 하듯이 해야 합니다. 그것은 **"종들아 두려워하고 떨며 성실한 마음으로 육체의 상전에게 순종하기를 그리스도께 하듯하여 눈가림만 하여 사람을 기쁘게 하는 자처럼 하지 말고 그리스도의 종들처럼 마음으로 하나님의 뜻을 행하여 단 마음으로 섬기기를 주께 하듯 하고 사람들에게 하듯 하지 말라."**(엡 6:5~7)고 말씀하셨기 때문입니다.

역할 모델, 어린아이

주님은 섬기는 자가 되어야 큰 자가 될 수 있다는 말씀을 하시고 나신 후, 어린아이 하나를 데려다가 그들 가운데 세우시고 안으시며 말씀하시기를 **"어린아이를 영접하는 것"**을 말씀하십니다(막 9:37). 마태복음 18장 4절에서는 **"어린아이와 같이 자기를 낮추는 자가 천국에서 크다"**라고 말씀하심으로 오늘 본문에 나타나는 것 보다 더 많은 이해를 할 수 있도록 청중들을 이끌고 있습니다. 어린아이를 영접하라는 말씀 이전에 누구든지 어린아이 같이 되어야 한다고 말씀하십니다. 그렇게 하는 자가 진정으로 큰 자이며 으뜸이 됩니다. 그렇다면 어린아이같이 된다는 의미가 무엇이겠습니까?

1) 자기를 낮추는 자(디아코노스: 섬기는 자, 섬김이)
2) 기득권을 포기하는 자(권리를 하나님께 양도하는 자)
3) 늘 배우는 자(배움이 없는 겸손은 꾸며낸 겸손이다)

이렇게 아이들처럼 되어야 진정으로 큰 리더가 되고 진정한 지도자가 되는 것이지 제자들처럼 서로 높다고 주장하는 사람들은 아직도 지도자가 될 수준이 멀었습니다. 여러 말씀을 하지 않으시고 어린아이를 제자들 가운데 세우시고 말씀하신 것은 바로 '천국은 어린아이들과 같이 아니하면 들어가지 못한다' (눅18:17)고 하신 말씀과 일맥상통(一脈相通)한 것입니다.

그 당시에 어린이들은 아무런 권한이 없었습니다. 숫자에도 들어

가지 않는 하찮은 존재들이었습니다. 부모나 그 당시 사회가 시키는 대로 할 수 밖에 없는 약자 중에 약자였습니다. 전적으로 순종하는 자리에 있었고, 시키는 대로 하지 않으면 아무 것도 기대할 수 없었습니다. 그러므로 하나님의 자녀들은 어린이들과 같이 어떤 권한이나 힘을 주장하는 자들이 아니라 겸손히 섬기게 될 때 나이가 들면서 점차 사회적 자리를 얻게 된다는 진리가 그 속에 함축되어 있습니다.

예수님의 가르침은 늘 깊은 의미, 즉 심오한 진리를 담고 있습니다. 그의 십자가의 죽음과 부활에 대한 가르침도 엄청난 의미가 있는데 제자들은 두번째로 말씀을 들었어도 깨닫지 못했고, 그 의미가 무엇인지를 두려워서 묻지도 못했습니다. 우매함과 무지는 결국 주님의 마음을 헤아려 행동하는 일에 걸림돌이 됩니다. 들었으면 그 의미가 무엇인지를 깊이 있게 깨닫고 그 말씀에 의지해서 행동해야 합니다. 그것이 가르침 받는 성도들의 올바른 태도입니다.

주님께서는 제자들이 누가 크냐 라는 아귀다툼에 대해서 명확한 답변을 주셨습니다. 세상 사람들처럼 스스로 높은 자리에 올라가려고 하지 말고, 낮은 자리에서 사람들을 섬겨야 진정한 리더가 될 수 있다고 하셨습니다. 이 진리는 만고불변(萬古不變)의 진리입니다. 스스로 낮아지는 자를 하나님께서는 높여 주십니다. 자기 스스로 높아지려는 교만한 자는 꺾으시고 자신의 처지를 깨달아 알게 하십니다. 진정으로 존경받는 지도자가 되기를 원하십니까? 남을 나보다 낫게 여기고 제일 낮은 자리에게 그들을 섬길 수 있기를 소망합니다. 섬기는 자가 최후의 승리자요 영광의 관을 쓰게 됩니다.

Chapter 12

우리를 위하는 사람

(Men who are for us)

막 9:38-50(마 18:6-9; 눅 9:49-50; 17:1-2)

요한이 예수께 여짜오되 선생님 우리를 따르지 않는 어떤 자가 주의 이름으로 귀신을 내쫓는 것을 우리가 보고 우리를 따르지 아니하므로 금하였나이다 예수께서 이르시되 금하지 말라 내 이름을 의탁하여 능한 일을 행하고 즉시로 나를 비방할 자가 없느니라 우리를 반대하지 않는 자는 우리를 위하는 자니라 누구든지 너희가 그리스도에게 속한 자라 하여 물 한 그릇이라도 주면 내가 진실로 너희에게 이르노니 그가 결코 상을 잃지 않으리라 또 누구든지 나를 믿는 이 작은 자들 중 하나라도 실족하게 하면 차라리 연자맷돌이 그 목에 매여 바다에 던져지는 것이 나으리라 만일 네 손이 너를 범죄하게 하거든 찍어버리라 장애인으로 영생에 들어가는 것이 두 손을 가지고 지옥 곧 꺼지지 않는 불에 들어가는 것보다 나으니라 (없음) 만일 네 발이 너를 범죄하게 하거든 찍어버리라 다리 저는 자로 영생에 들어가는 것이 두 발을 가지고 지옥에 던져지는 것보다 나으니라 (없음) 만일 네 눈이 너를 범죄하게 하거든 빼버리라 한 눈으로 하나님의 나라에 들어가는 것이 두 눈을 가지고 지옥에 던져지는 것보다 나으니라 거기에서는 구더기도 죽지 않고 불도 꺼지지 아니하느니라 사람마다 불로써 소금 치듯 함을 받으리라 소금은 좋은 것이로되 만일 소금이 그 맛을 잃으면 무엇으로 이를 짜게 하리요 너희 속에 소금을 두고 서로 화목하라 하시니라

우리는 종종 어떤 사안에 협조하지 않는 사람에 대해서 싸늘한 반응과 심지어는 적대적 반응을 보일 때가 있습니다. 극렬하게 반

대하면 원수로 여기고 적대시 하게 됩니다. 하지만 영적 세계에서는 적극적으로 우리에게 협조하지 않는 사람도 우리 편이 될 수 있다는 것을 예수님께서 오늘 본문의 말씀을 통해서 말씀하고 계십니다. 이것은 하나님 나라 성격의 다양성과 포용성을 말씀하신 것입니다. 그렇다면 주님께서 말씀하시고자 하시는 본문의 내용은 무엇입니까? 정말 우리를 반대하지 않는 사람은 모두가 우리를 위하는 우리 편이겠습니까? 침묵하는 사람도 반대하는 사람일 수 있고, 반대하는 사람도 나중에는 우군이 될 수 있는 것을 우리는 현실에서 종종 경험하는 바입니다.

포용과 관용

사도 요한은 제자 그룹에 들어오지 않는 어떤 사람이 예수님의 이름을 의탁하여 귀신을 내어쫓는 것을 목격하고 그의 축귀사역(逐鬼使役)을 금했다는 보고를 합니다. 그 사람이 왜 예수님을 직접 따르지 않았는지, 혹은 어떻게해서 예수님의 이름으로 귀신을 내어쫓을 수 있었는지에 대해서 확실히 알 수는 없지만 분명한 것은 귀신이 나가고 치유함이 일어났습니다. 그리고 나은 사람과 그의 가족, 그리고 그것을 목격한 사람이 그 사람을 추종하였습니다. 이것이 제자들의 눈에는 못마땅했고, 자기들이 직접 주님의 제자들인데 허락도 없이 예수님의 이름을 사용하는 것에 대해서 불쾌했습니다.

그러나 주님께서는 제자들에게 이러한 자들일지라도 '금하지 말라' 고 말씀하셨습니다. 그러면 왜 주님께서는 이들을 금하지 말라고 하셨을까요?

첫째, 복음의 문을 활짝 열어놓으라는 포용과 관용을 말씀하신 것입니다.

하나님의 구원을 선별하여 허락하지 말고 원하는 사람이면 누구라도 참예할 수 있게 하라는 것입니다. 그리스도께서는 선별된 몇몇 사람이나 선택된 특정한 민족을 위해 이 세상에 오신 분이 아닙니다. 세례요한은 증거하기를 **"보라 죄를 지고 가는 하나님의 어린 양이로다"**라고 하지 않았습니다. **"보라 세상 죄를 지고 가는 하나님의 어린 양이로다"**(요1:29)고 하였습니다. 주님께서도 **"하나님이 세상을 이처럼 사랑하사 독생자를 주셨다"**고 말씀하셨으며, 또 누구든지 **"저를 믿는 자마다 멸망치 않고 영생을 얻게 하겠다"**고(요 3:16)하셨습니다.

세상은 이 땅에 죄를 지어 타락한 모든 민족을 일컫는 말입니다. 치유와 구원의 문은 얼마든지 넓게 열려 있고, 예수님의 이름을 사용하는 것은 누구에게나 허용이 된다는 것입니다. 예수님의 이름을 의탁하여 능한 일, 능력 있게 사역하는 사람들의 사역의 폭을 열어주라는 말씀입니다. 포용의 마음, 그러면서 서로 조화 있게 하나님의 나라를 확장해 갈 것을 주문하고 계십니다. 편협된 생각을 가지고 편가르기 하지 말고 넓은 마음을 가지고 크게 생각하고 사역해야 할 것을 교훈하십니다.

본문과 비슷한 사건이 민수기에도 나타납니다. 하나님의 명령으로 칠십 장로들이 회막에 모였을 때 성령이 강림하심으로 예언을 하였습니다. 그런데 그 자리에 참석하지 않은 '엘닷' 과 '메닷' 이 성령을 힘입어 진중에서 예언을 하였습니다. 한 소년이 모세에게 이것을 고하였고 옆에 있던 눈의 아들 여호수아가 그것을 '금하소서' 라고 간하였습니다. 그러나 오히려 모세는 여호수아를 책망했습니다. **"네가 나를 위하여 시기하느냐 여호와께서 그 영을 그의 모든 백성에게 주사 다 선지자 되게 하시기를 원하노라"**(민 11:29) 모세의 이 말 속에는 하나님의 영광이 드러나고 모든 백성들에게 유익한 일을 왜 금지하는가 라는 강한 반문이 들어 있습니다. 그는 자신에게 해가 돌아오든지 불이익이 돌아오든지 혹은 자리에 위협을 받든지 간에 하나님의 영광이 만천하에 드러나는 것으로 만족하겠다는 것입니다.

사도바울도 옥에 갇혀 있을 때 **"그의 매임에 괴로움을 더할 줄로 생각하여 순전치 못하게 다툼으로 그리스도를 전파하는"**(빌 1:17)자들에게 대하여 **"외모로 하나 참으로 하나 무슨 방도로 하든지 전파되는 것은 그리스도니 이로서 내가 기뻐하고 또한 기뻐하리라"**(빌 1:18)고 하였습니다. 그리스도의 이름을 의지하여 하나님의 사역을 하는 사람들에 대한 관용성을 우리에게 요구하는 말씀입니다. 예수님과 모세 그리고 바울까지 그 분들 가슴속에는 하나님 나라의 확장과 그 속에 사역하는 사람들의 다양성과 조화를 말씀하신 것입니다. '금하지 마라, 다 선지자 되기를 원한다. 전파되는 것은 그리스도니 기뻐하고 기뻐한다' 는 등의 말씀은 그 초점이 하나님의 나라와 교회의 유익에 있다는 것을 보여줍니다.

둘째, 열정과 과도한 열심으로 반대파를 만들지 말라는 말씀입니다.

주님을 위하여, 주님의 사업을 위하여 열정을 품는다는 것은 매우 아름다운 것 입니다. 그것은 매우 권장할 만합니다. 성경은 **"부지런하여 게으르지 말고 열심을 품고 주를 섬기라"**(롬 12:11)고 하였습니다. 그러나 모든 일에 그렇듯이 그 열심도 지나치면 좋지 않습니다. 열심이 지나치면 사람이 분별력을 잃게 되고 협조하지 않는 분들을 반대자로 매도할 수 있습니다. 그러면 실수가 잦아지고 실수가 잦으면 좌절하게 되고 좌절은 곧 영적인 침체로 이어집니다. 여호와를 위한 열심이 특심하였던 엘리야가 갈멜산에서 호렙산까지 도망하여 영적 침체로 빠져든 것은 그 좋은 예입니다(왕상 19:9-14).

제자들이 주님의 이름으로 귀신을 쫓아내는 자들을 금하는 실수를 범하게 된 요소 중의 하나도 바로 이 열심이 지나쳤기 때문입니다. 그 열심이 또한 시기를 불러오기도 합니다. 나는 열심히 하고 그룹 속에 들어와 있는데 왜 저 사람은 열심히 하지 않는가에 대한 불만이 터져 나올 수 있습니다. 그러므로 우리는 지나친 열정으로 인하여 다른 사람의 사역에 대해서 시시비비를 해서는 안됩니다. 좀더 정확히 말하자면 잘못된 열정을 품지 말아야 하며 자신의 성취욕을 만족시키기 위한 열정도 품지 말아야 합니다. 그리스도만을 위한 열정, 그리고 말씀 위에 근거한 열정이 우리가 품어야 할 열정입니다.

셋째, 시기심과 질투의 발로일 수 있기 때문입니다.

자기들이 잘하지 못하는 것에 대한 시기심에서 나온 것이기에 금하지 말라는 주님의 충고일 수 있습니다. 제자들이 축귀사역(逐鬼使役)을 하는 사람을 금한 것은 정말 제자 그룹에 들어오지 않아서 주님을 따르지 않기 때문에 그렇게 한 것으로 주님은 보지 않았습니다. 제자들의 마음 속에 있는 잘못된 동기가 있었습니다. 자신들은 못하는데 어떤 사람은 하는 것에 대한 시기심으로 인한 것이었기에 주님은 그 동기를 꾸짖었습니다. 제자들이 어떤 사람을 질투하고 자신들의 기득권과 영역을 지키려고 하는 염려 때문에 금할 수 있었다는 것입니다. 진정으로 축귀사역(逐鬼使役)이 하나님의 나라에 해가 되고 주님의 이름을 욕 돌리기 때문이라면 당연히 금해야 하지만 그런 동기가 아니었습니다.

넷째, 진정한 원수는 다른데 있음을 말씀하신 것입니다.

주님께서 **"우리를 반대하지 않는 사람은 우리를 위하는 자라"**는 말씀 속에는 진정한 원수가 누구인지를 인식해야 한다는 당부의 말씀이 함축되어 있습니다. 우리의 공동적인 적은 인간의 삶을 사악하게 파괴하는 악한 영입니다. 사람들의 마음 속에 들어와 불에도 넘어지게 하고, 물에도 자빠지게 하는 악한 영들을 좇아내는 사람들은 원수이거나 대적이 아니고 동역자요, 함께 협력하는 사람들입니다.

그렇기 때문에 그 사람들이 악한 영을 몰아내고 대적하는 일을 하는 것을 금해서는 안 됩니다. 축귀(逐鬼)는 바로 사람 구실을 하지 못하도록 하는 악한 영을 명하여 축출하는 사역인데 그것을 금하는 것은 그 속에 악한 영과 공중 권세잡은 자를 머물게 하는 것이므로 그렇게 해서는 안됩니다. 반드시 악한 사탄과 마귀, 그리고 그 졸개인 귀신을 그리스도의 이름으로 쫓아내어야 합니다. 우리 주님께서는 마귀를 멸하기 위해서 이 세상에 오셨고, 지상 (地上) 생애(生涯) 중에 귀신들린 자를 회복시켜 정상인으로 만드는 일을 많이 하셨습니다. 그리고 십자가의 죽음을 통해서 완전히 사탄의 머리를 부수고 승리하셨습니다.

대적자와 핍박

그러나 우리가 이 말씀을 오해하지 말아야 할 중요한 한가지는 반대하지 않는 다른 사람들이 예수님과 그의 제자들에게 적대감을 보여주지 않는다는 것을 의미하는 것은 아닙니다. 그리스도인들이 사람들에게 미움을 받고(막 13:13), 쓰디쓴 박해를 받을 수 있음을 분명히 마가는 이야기하고 있습니다. 이것을 이단들이나 잘못된 종교다원주의적인 구원을 이야기하는데 사용해서는 안됩니다. 분명주 예수님의 이름을 도용하여 거짓을 일삼고 잘못된 구원을 설명하고 주장하는 사람들이 있음을 알고 우리는 영적인 분별력을 가져야 합니다.

그러므로 성도들은 일의 동기와 목적을 바르게 알고 서로 협력하고 동역하는 자세가 필요하며, 진정 하나님의 나라에 걸림돌이 되고 예수님의 이름을 망령되게 행하는 악한 무리에 대해서는 단호한 태도를 보이되 그렇지 않는 분들에 대해서는 관용하고 포용하는 자세가 필요합니다. **"우리를 반대하지 않는 자는 우리를 위하는 자니라"**(막 9:40)는 주님의 말씀을 가슴에 깊이 새겨야 할 것입니다. 반대하는 자들이 많이 있음을 우리는 늘 주시하면서 적그리스도의 핍박과 진리를 호도하는 일에 대해서는 피 흘리기까지 싸워 하나님의 말씀을 수호하고 마지막 보류로 지켜 내어야 하겠습니다.

예수님께서는 당신의 이름이 많은 사람들에게 의탁되어 치유와 회복이 일어나기를 원하고 있습니다. 몇몇 특정인에 의한 전유물로 사용되기를 원하는 것이 아니라 더 넓은 영역에서 죄와 사탄의 지배하에 있는 사람들이 자유함을 얻고 해방되기를 바라고 있기 때문에 대적하지 않는 한 함께 동역하는 자들 모두를 우리를 위하는 사람의 범주에 넣고 있습니다. 편협된 생각으로 남을 정죄하고 사역을 금하는 것이 아니라 포용력을 가지고 함께 하나님의 나라를 넓혀가는 믿음을 가져야 합니다. 물론 이단들은 단호하게 배격해야 하지만 사탄의 권세를 깨뜨리고 그리스도를 높이며 그의 통치를 열망하는 사람들은 우리가 서로 협력하여 조화를 이루면서 사역해야 합니다. 그러한 사람들이 많아지는 하나님의 나라를 꿈꾸고 싶습니다.

Chapter 13

대접과 실족

(Hospitality & misdeed)

막 9:41-50(마 18:6-14; 눅 17:1-4)

누구든지 너희가 그리스도에게 속한 자라 하여 물 한 그릇이라도 주면 내가 진실로 너희에게 이르노니 그가 결코 상을 잃지 않으리라 또 누구든지 나를 믿는 이 작은 자들 중 하나라도 실족하게 하면 차라리 연자맷돌이 그 목에 매여 바다에 던져지는 것이 나으리라 만일 네 손이 너를 범죄하게 하거든 찍어 버리라 장애인으로 영생에 들어가는 것이 두 손을 가지고 지옥 곧 꺼지지 않는 불에 들어가는 것보다 나으니라 (없음) 만일 네 발이 너를 범죄하게 하거든 찍어버리라 다리 저는 자로 영생에 들어가는 것이 두 발을 가지고 지옥에 던져지는 것보다 나으니라 (없음) 만일 네 눈이 너를 범죄하게 하거든 빼버리라 한 눈으로 하나님의 나라에 들어가는 것이 두 눈을 가지고 지옥에 던져지는 것보다 나으니라 거기에서는 구더기도 죽지 않고 불도 꺼지지 아니하느니라 사람마다 불로써 소금 치듯 함을 받으리라 소금은 좋은 것이로되 만일 소금이 그 맛을 잃으면 무엇으로 이를 짜게 하리요 너희 속에 소금을 두고 서로 화목하라 하시니라

세상에서 소외된 사람, 가난하고 불쌍한 사람을 긍휼이 여기고 후하게 대접하는 일은 쉬운 일이 아닙니다. 실제 그러한 형편에 있는 사람들에게 대접하려고 하는 사람들이 많지 않습니다. 자기가 존경하고 사회적으로 명망이 있고, 나중에 접대한 만큼의 보상이

돌아올 것이라고 예상되는 사람들에게는 기를 쓰고 대접하려고 합니다. 심지어는 접대를 거절하는 경우에도 억지로라도 대접하려고 합니다. 산상수훈에서 예수님은 구제나 접대를 했을 때 후에 접대를 받을 수 있는 사람, 보상을 받을 수 있는 상대에게는 하지 말 것을 말씀하셨습니다.

나의 선한 행위가 두가지 반응을 가져올 수 있는 가능성에 대해서 말씀하시고 계십니다. 즉 예수님은 제자들에게 소자에 대해서 두 가지를 본문에서 말씀하고 있습니다. 하나는 대접에 관한 것이고, 다른 하나는 실족하게 하는 일에 관한 것입니다. 주님께서는 징벌에 대한 예까지 들어가면서 강한 어조로 교훈하고 있습니다.

접대에 대한 교훈

예수님은 반대하지 않는 사람이 우리를 위하는 자라고 하신 다음에 그리스도에게 속한 자에게 물 한그릇이라도 대접하면 결코 상을 잃지 않는다고 말씀하셨습니다(막 9:41). 그 당시의 상황을 생각해보면 그리스도에게 속한 자들은 심한 핍박가운데 살아야 했고, 물 한방울도 쉽게 얻어 마실 수 없을 정도로 사회로부터 따돌림을 당하고, 냉대를 받아야 했습니다. 그러한 상황가운데서 물 한 컵이라도 대접하는 것은 엄청난 선행이었습니다.

'벤허(BEN HUR)' 라는 영화를 보면 벤허가 친구의 모함으로 노예가 되어 쇠사슬에 끌려가는데 군인들이 벤허가 밉다고 물을 마시지 못하게 합니다. 다른 죄수들은 물을 주고 말에게도 물을 마시게 하는데 벤허에게만 물을 주지 않습니다. 그리하여 벤허가 지쳐 쓰러져 있는데 예수님께서 그에게 다가오셔서 물을 주는 장면이 있습니다.

세상 사람들은 미운 사람에게는 물 한컵 주지 않습니다. 예수님께서 양과 염소의 비유를 말씀하시면서 심판 때에 오른 편에 있는 양들에게 **"내 아버지께 복 받은 자들이여 내가 주릴 때에 너희가 먹을 것을 주었고 목마를 때에 마시게 하였고 나그네 되었을 때에 영접하였다"**(마 25:34,35)는 말씀을 하셨습니다. 그것은 어려움 가운데 있는 하나님의 백성들을 돌보는 선한 행위에 대해서 보상하시는 하나님의 행동을 그려 주신 것입니다.

하나님과의 관계가 완전히 정립된 사람은 세상과의 관계도 정립해 가야 합니다. 이것은 다른 말로 하면 종교적인 삶의 자세만큼 사회 윤리적인 삶의 자세도 갖추어야 합니다. 기독교는 윤리를 종교보다 앞세우지는 않지만 결코 경시하지도 않습니다(딤전 3:2).

접대의 방법은 자기 희생이어야 합니다. 성경은 곳곳에서 접대에 대한 예를 들어 강조하고 있는데, 주릴 때에 먹을 것을 주고, 목마를 때에 마시게 하며, 나그네 되었을 때에 영접해 주고, 벗었을 때에 옷을 입어 주며, 병들었을 때에 돌아보고(마 25:35,36), 발을 씻겨주고(눅 7:44), 위험으로부터 보호해 주어야 한다(창 12:16)고 가르치고 있습니다. 이러한 모든 것은 자기 희생 없이는 불가능한 일입니다. 따라서 주님께서는 우리에게 봉사하고 남은 여력이 아니라 자기 희생으로 하라고 가르쳐 주십니다.

우리의 희생의 대가를 세상에 기대한다는 것은 매우 슬픈 일입니다. 왜냐하면 세상은 우리의 희생을 칭찬은 할지언정 보상하려 들지는 않기 때문입니다. 만일 세상이 희생의 대가를 보상한다면 아마 세상에 이웃을 위하여 봉사하지 않을 사람은 없을 것입니다. 우리는 희생의 대가를 하나님께 기대해야 합니다. 하나님께서는 우리 희생의 대가를 보상하시겠다고 약속하셨습니다. **"주라 그리하면 너희에게 줄 것이니 곧 후히 되어 누르고 흔들어 넘치도록 하여 너희에게 안겨주리라 너희의 헤아리는 그 헤아림으로 너희도 헤아림을 도로 받을 것이니라"**(눅 6:38)는 말씀 속에 담겨진 큰 의미는 작은 것이라도 주님의 이름으로 접대하거나 헌신하게 될 때 상을 주시는 하나님이시라면 큰 희생을 각오하고 어려운 사람과 교회와 하나님의 나라를 위해서 헌신하게 되면 엄청난 보상으로 갚아 주시겠다는 약속입니다.

어느 무더운 여름 날, 미국 메릴랜드(Maryland)주(州)의 한 마을에 허름한 복장의 고학생이 나타났습니다. 서적 외판원인 청년은 더위와 굶주림에 지쳐 있었습니다. 그는 마을 입구의 한 집을 방문했습니다. 한 소녀가 뛰어나와 그 학생을 맞았습니다. "우리는 너무 가난해요 책을 살수가 없어요." 고학생은 이마의 땀을 닦아내며 시원한 우유 한 잔을 부탁했습니다. 소녀는 쟁반에 우유 두 잔을 담아 정성껏 대접했습니다. 고학생은 소녀의 친절에 감동해 수첩에 그녀의 이름을 적어두었습니다.

20여년 후 존스 홉킨스 병원(Johns HopkinsHospital)에 한 여성 중환자가 실려 왔습니다. 병원장 하워드 켈리(Howard A. Kelly) 박사는 의사들을 총동원해 수술하고 환자를 돌보아 생명을 건졌습니다. 그러나 여인은 1만 달러가 넘는 치료비청구서를 받아들고 한숨을 내쉬며 걱정이 태산같았습니다. 그런데 청구서 뒤에는 병원장의 짤막한 편지 한 장이 붙어 있었습니다. **"20년 전에 저에게 대접한 우유 두 잔으로 치료비를 대신합니다"** 사람의 이름으로 선한 일을 해도 보상을 받는다면 주님의 이름으로 하는 모든 선행은 반드시 상급이 뒤 따름을 잊지맙시다. 만일 땅에서 보상받지 못한다면 하늘에서 영광으로 받게 됩니다.

실족에 대한 경고

"누구든지 나를 믿는 이 작은 자들 중 하나라도 실족하게 하면 차라리 연자 맷돌을 그 목에 매여 바다에 던져지는 것이 나으리라" (막 9:42). 연자 맷돌을 목에 매달아 처형시키는 일은 당시 수리아, 헬라, 로마 등지에서 사용된 처형방법입니다. 그리스도께서 이처럼 잔인한 사형방법에 대한 예를 들어가면서까지 실족케 하는 자가 고통을 받아야 한다고 가르치신 것은 하나의 역설적인 방법입니다. 실족하게 함으로써 한 영혼을 지옥에 빠지게 만드는 것이 얼마나 큰 잘못인지를 가르쳐 주는 것입니다. 그러므로 우리는 우리를 주시하고 있는 사람들이 많다는 것을 명심해야 합니다. 그리고 그들을 실족시킬 가능성이 우리에게 얼마든지 있다는 것을 또한 명심해야 합니다.

믿음이 아직 어린 사람들에게 실망을 주고, 말의 실수나 행동을 통해서 다른 사람을 실의에 빠지게 하거나 교회를 떠나도록 해서는 안됩니다. 그것은 자신이 자살하는 것보다 더 악한 행위입니다.

오래된 기존 신자들의 잘못된 언사나 행동으로 인하여 믿음이 어린 사람들이 교회를 떠나는 일들이 많이 있습니다. 교회의 부정적인 이야기를 해서 그 교회를 떠나게 하거나 낙심하게 하는 일, 그리고 새로운 사람들을 이용하여 자신의 욕구를 채우려고 하는 일들은 교회를 무너뜨리는 일입니다.

다른 사람을 나와 같은 수준으로 생각하여 아무 생각없이 내 뱉은 말로 깊은 상처를 주고 교회를 등지게 하는 일이 없어야 합니다. 또한 관계 속에서 타인에게 신뢰를 갖지 못하고 실망하게 하는 일들을 삼가야 합니다. 오히려 연약한 성도들을 돌아보고 그들의 연약함을 도와주어야 합니다. 우리가 조그마한 관심만 가져도 초신자들과 연약한 사람들은 크게 도움을 얻어서 깊은 신앙의 자리로 나아갑니다.

우리 교회는 연약한 사람들이 많이 있습니다. 먼저 믿는 성도들이 깊은 관심을 가지고 도와줄지언정 그들을 실족하게 하는 일을 해서는 안됩니다. 다른 사람을 실족하게 하면 주님은 단호하게 자신이 물에 떠오르지 못하도록 무거운 연자 맷돌을 목에 걸고 물에 빠져 죽는 것이 낫다고 했습니다. 절대 자살을 부추기는 말씀이 아닙니다. 그 만큼 연약한자, 초신자들을 믿음에서 떠나게 하는 죄가 크다는 것을 말씀하신 것입니다.

우선 순위에 대한 교훈

43절 이하의 말씀은 앞의 말씀과 깊은 연관을 가지고 있으며 앞의 말씀의 자세한 설명으로 보아야 합니다. 이 교훈을 문자적으로 이해해서는 안됩니다. 이 교훈은 어떤 대가를 치르고라도 '영생' 을 잃어서는 안 된다는 것을 아주 강력하게 표현하신 것입니다. 예수께서 지적하신 '손', '발', '눈' 등은 인간이 죄를 지을 때 주로 사용되는 육체의 지체들이며 실제로 그것들에게 죄를 짓도록 명령하는 것은 인간의 마음입니다. 그러므로 본문을 정당하게 이해하기 위해서는 표현방식에 집착할 것이 아니라 그러한 표현을 통하여 무엇을 교훈하고 계시는가 살펴보아야 합니다. '하나' 와 '영생', '둘' 과 '지옥' 으로 표현하고 있는 말씀에서 '하나' 와 '둘' 은 각각 '부분' 과 '전체' 를 뜻하고 있으나 주님께서 말씀하시고자 하는 의도는 오히려 육체의 '불구' 나 '온전' 이 영생을 얻는데 있어서 아무런 장애요인이 될 수 없다는 것을 강조하는데 있으며, '찍어버리라' 는 말씀은 지체를 찍어버리라는 뜻이 아니라 마음 속에서 일어나는 악한 생각을 단절해 버리라는 말씀입니다.

'만일 네 손이 너를 범죄케 하거든…불에 들어가는 것보다 나으리라' (43절). 여기서 말씀하고 있는 손은 다음에 나오는 발(45절), 눈(47절)과 같은 뜻으로 표현되고 있으며, 이러한 '육체'들은 인간의 생명을 제외하고는 이 세상에서 가장 중요한 것들입니다. 그러나 영원한 생명을 얻는 데에 있어서 방해되는 것이라면 그 어떤 중요한 것이라도 희생시켜야 한다는 것을 주님은 강조하고 계십니다. 인간에게 있어서 육체가 아무리 중요하다 하더라도 그것은 상대적 가치일 뿐, 절대적 가치는 아니라는 말씀입니다. 절대적 가치인 생명을 위해서는 상대적 가치의 모든 것을 포기해야 한다는 뜻입니다.

생명의 원리는 성장하는 것이며 진보하는 것입니다. 낮은 차원으로부터 높은 차원으로, 상대적 가치로부터 절대적 가치로, 죄인으로부터 의인으로 승화되는 것이 생명의 원리입니다. 이 생명의 원리를 저해하고 반역하게 하는 것이 죄입니다. 죄는 인간을 높은 데서 낮은 데로, 절대적인 것에서 상대적인 것으로, 생명의 자리에서 죽음의 자리로 끌어내립니다. 그것은 죽음의 원리입니다. **"누구든지 나와 복음을 위하여 제 목숨을 잃으면 구원하리라 사람이 만일 온 천하를 얻고도 제 목숨을 잃으면 무엇이 유익하리요."** (막 8:35-36)

"만일 네 발이 너를 범죄케 하거든 찍어 버리라 절뚝발이로 영생에 들어가는 것이 두발을 가지고 지옥에 들어가는 것보다 나으니라"(막 9:45). '범죄' 는 대체적으로 죄의 유혹에 대한 자기 통제 능력이 결여되었을 때 이루어집니다. 육신의 정욕과 안목의 정욕과 이생의 자랑으로 가득 차 있는 세상에서 (요일 2:16) 자기 제어능력이 없으면 죄의 유혹에 빠지기 쉽습니다. 이런 모든 정욕을 제어해야 합니다. 정욕을 억제하고 버림으로써 인생이 절름발이처럼 된다하더라도 그것이 영생을 얻기 위한 것이라면 그렇게 해야 합니다. **"오직 각 사람이 시험을 받는 것은 자기 욕심에 끌려 미혹됨이니 욕심이 잉태한 즉 죄를 낳고 죄가 장성한 즉 사망을 낳느니라"**(약 1:14-15) 죄의 유혹과 욕망에 대한 통제 능력은 인간의 힘으로써는 궁극적으로는 불가능합니다. 인간의 의지는 그렇게 강한 것이 못됩니다. 죄의 유혹과 욕망에 대한 통제능력은 먼저 성령으로 거듭남으로써 갖게 됩니다(고후 6:17,18). 성령으로 거듭나면 모든 불 경건으로부터 자기를 격리시킬 능력과(딤후 2:21;요이 1:9,10), 자기 자신의 악한 성품을 제어하는 능력과(롬 6:11-13; 엡 4:22-32), 그리고 그리스도 안에서 거룩해져 가는 은혜를 입게 됩니다(고전 1:2; 살전 5:23).

본문에서는 범죄와 관련하여 '영생'과 '지옥'에 대하여 언급하고 있습니다. 인간이 자기 죄의 문제를 어떻게 하느냐에 따라 '영생'을 얻을 수도 있고 '지옥'에 던져질 수도 있다는 말씀입니다. 인간은 잉태될 때부터 죄 가운데서 잉태되어 출생하고 죄 가운데서 사는 죄인입니다(시 51:5).그러나 이 세상에서의 삶을 종결 짓기 전에 예수 그리스도에 의하여 믿음으로 죄 사함을 받고 죄에서부터 해방됨으로써(롬 8:2) 영생을 얻게 됩니다. 그것은 값없이 주시는 하나님의 은혜입니다.

말씀과 성령에 의해서 그리스도 예수 안에서 거룩한 새 피조물로 만들어져 가야 합니다. 그러지 아니하고는 죄의 유혹에 빠져서 죄의 노예가 되어 살면서 영원한 불 못 속에 들어가게 됩니다(43절). 그리스도 안에 있으면 영생을 얻고, 죄 아래 있으면 죽음에 이릅니다. **"영생은 곧 유일하신 참 하나님과 그를 보내신 자 예수 그리스도를 아는 것"**(요 17:3)입니다.

소금의 맛

49,50절의 말씀은 43절부터 48절까지의 교훈에 대한 결론으로 하신 말씀이라는 것에 유의한다면 그 뜻을 이해할 수 있습니다. 43절에서 48절까지의 교훈은 어떤 희생을 치르고서라도 모든 인간은 영생을 얻어야 한다는 것이며, 만일 그렇게 하지 아니할 때에는 지옥에 던져질 것이라는 말씀입니다. 50절의 말씀은 성도 또는 교회가 죄의 유혹과 정욕을 제어하고 세상의 소금으로 존재할 때에는 하나님으로부터 은혜로운 보존을 받게 된다는 말씀입니다.

"사람마다 불로써 소금 치듯함을 받으리라"(막 9:49). 불(pur)은 모든 것을 소멸하는 능력을 가지고 있습니다. 여기서 불은 이미 있는 죄악을 소멸하는 불로써의 의미를 가지고 있습니다. 교회는 자신의 죄악을 항상 성령의 불로써 소멸시켜야 할 뿐 아니라 세상의 죄악까지도 소멸시켜야 할 책임과 의무를 가지고 있습니다. 세상의 죄악을 소멸시키려면 먼저 자신의 죄악로 부터 정결하게 되어야 합니다. 만일 그렇지 못할 때에는 꺼지지 않는 지옥불에 구더기가 들끓는 속에 소금을 치듯 엄한 형벌을 받게 될 것이라는 말씀입니다(살후 1:7-9). 하나님께서 주신 은혜는 그것이 책임과 의무로써 응답되지 않는 한 저주가 된다는 뜻입니다. 모세의 손에 지팡이가 들려 있을 때에는 권능의 지팡이지만 그것을 손에서 놓았을 때는 뱀이 되어 그를 해치려 한 것과 같습니다(출 4:2-4). 은혜는 책임과 의무입니다.

'불' 은 이미 부패한 것에 대한 소멸의 능력을 말한 것이지만 '소금' 은 부패를 예방하는 능력을 뜻하고 있습니다. 교회는 소극적인 면에서 이미 부패된 것을 소멸해 버리는 능력이 있어야 하는 반면에 부패를 미리 방지할 수 있는 적극적인 능력이 있어야 한다는 말씀입니다. 주님은 교회를 향하여 **'너희는 세상의 소금이다'**(마 5:13)라고 말씀하셨습니다. 만일 교회가 이 소금의 능력을 상실하면 구더기 가운데 소금을 치듯 하나님께서 심판하시겠다는 뜻입니다. 부패란 본질이 변질되는 것이며, 그것은 창조의 의도에 반역하는 것으로써 심판의 대상이 될 수밖에 없습니다.

"소금은 좋은 것이로되 소금이 그 맛을 잃으면 무엇으로 이를 짜게 하리요"(50절). 성경의 (엡 4:15;5:23;5:29,30) 이 말씀들은 '교회가 거룩해야 할 이유는 그리스도의 몸이기 때문' 이라고 합니다. 하나님의 자녀이기 때문입니다. 고전 1:2은 "성삼위 하나님께서 거룩하시므로 그 지체이며, 자녀인 교회도 마땅히 거룩해야 한다"라고 합니다. 그것은 예수 그리스도를 믿는 믿음에 의하여 성령으로 거듭난 하나님의 소유이기(출 19:5; 시 135:4)때문입니다. 그러므로 교회는 그리스도안에서 그의 뜻을 따라 거룩하게 살아야 할 존재입니다(요 14:21;롬 6:18;딛 2:12). 피조물이 거룩하게 되는 것은 하나님과 합일됨으로써 가능합니다. '거룩' 은 거룩한 것만을 가까이 합니다.

교회는 세상에 보내심을 받은 거룩한 하나님의 영향력입니다(요 20:21). 바울은 교회를 '그리스도의 향기' (고후 2:15)라고 했으며, '세상의 빛' 이라 했으며(빌 2:15), '그리스도의 편지' 라 했으며(고후 3:3), '그리스도의 군사' 라 하였습니다(딤후2:3). 예수님께서는 '서로 사랑하라' (요 13:34;15:12)고 하셨으며, '섬기는 자' (막 10:43, 44)가 되어야 한다고 하셨으며, 주의 진리를 '가르쳐 지키게' (마 28:20)하라고 하셨습니다. 이와 같은 모든 말씀은 교회가 이 세상에서 거룩한 영향력으로써 자기 소임을 다해야 함을 뜻하고 있습니다. 교회는 이 세상에 감동을 줄 수 있는 영향으로 존재해야 합니다. 절대 세상이 교회를 걱정하게 해서는 안됩니다. 그러면 그 교회 공동체는 타락할 때로 타락한 소금기가 빠진 무가치한 소금과 같습니다.

구약시대 때 성전에 드리는 제물(소제)에는 소금을 쳤습니다. 이때의 '소금' 은 하나님의 '언약' 을 상징했습니다(레 2:13). 즉 하나님의 언약(말씀)은 부패하지 않으며, 부패를 방지하는 소금과 같다는 뜻입니다. 모든 그리스도인들은 하나님께 바쳐진 제물들입니다(롬 12:1). 그리고 주님은 교회를 '세상의 소금' 이라고 하셨습니다(마 5:13). 제물처럼 교회의 생명들은 소금으로 절여져야 합니다. 소금은 언약이고 말씀입니다. 말씀으로 절여진 생명, 말씀으로 만들어진 생명만이 성결된 제물이 될 수 있습니다. **"너희 속에 소금을 두고 서로 화목하라"**(50절) 소금이 썩지 않듯이 진리인 하나님의 말씀은 썩지 아니합니다. 썩지 않는 것은 '거룩한 것' 입니다. 소금은 말씀입니다. 인간과 인간 사이에 말씀과 성결이 있을 때 화목이 이루어집니다. 교회는 성결한 생명의 모임이며, 화목의 공동체입니다.

인생의 밑바닥 생활의 극한 상황에 처한 사람들에게 대해서 그리스도인들이 취해야 할 태도를 주님께서는 말씀하셨습니다. 강한 자나 부한 자 그리고 권세 있는 자를대접하는 것이 아니라 그 누구도 돌아보지 않는 아주 작은 사람, '소자' 에게 냉수 한 그릇이라도 접대할 것을 제안하고 있습니다. 이와 같은 마음을 우리가 가져야 천국에서 크다라고 일컬음을 받게 됩니다.

육체적인 탐욕을 절제하고 영적인 복, 신령한 복을 추구하는 삶을 살아야 합니다. 그 이유는 그러한 목적을 가지고 살 때 죄와 상관이 없으며 거룩한 삶을 유지할 수 있기 때문입니다. 그리스도인의 삶은 바로 소금과 같은 맛깔 나는 삶입니다. 그 이유는 내속에 하나님의 말씀과 그리스도가 생명으로 자리잡고 있기 때문입니다. 소금과 같이 맛을 내는 사람들이 모인 공동체가 바로 교회입니다. 교회가 그 맛을 상실해 버리면 맛을 잃어 버린 소금처럼 무가치하여 밖에 버려져 사람들의 발에 밟혀 수모를 당하며 조롱거리가 됩니다.

"너희는세상의 소금이다"(마6:13)라는 예수님의 말씀을 기억합시다. 그리고 적극적으로 세상이 부패해지는 것으로부터 방부제의 역할을 그리스도인들이 감당해야 되겠습니다. 그러면 세상은 더 투명하고 정직한 사회로 나아가게 될 것입니다.

Chapter 14

이혼문제

(divorce)

막 10:1-12(마 19:1-12)

예수께서 거기서 떠나 유대 지경과 요단 강 건너편으로 가시니 무리가 다시 모여들거늘 예수께서 다시 전례대로 가르치시더니 바리새인들이 예수께 나아와 그를 시험하여 묻되 사람이 아내를 버리는 것이 옳으니이까 대답하여 이르시되 모세가 어떻게 너희에게 명하였느냐 이르되 모세는 이혼 증서를 써주어 버리기를 허락하였나이다 예수께서 그들에게 이르시되 너희 마음이 완악함으로 말미암아 이 명령을 기록하였거니와 창조 때로부터 사람을 남자와 여자로 지으셨으니 이러므로 사람이 그 부모를 떠나서 그 둘이 한 몸이 될지니라 이러한즉 이제 둘이 아니요 한 몸이니 그러므로 하나님이 짝지어 주신 것을 사람이 나누지 못할지니라 하시더라 집에서 제자들이 다시 이 일을 물으니 이르시되 누구든지 그 아내를 버리고 다른 데에 장가 드는 자는 본처에게 간음을 행함이요 또 아내가 남편을 버리고 다른 데로 시집 가면 간음을 행함이니라

2013년 10월 20일 대법원이 발간한 '2013사법연감'에 따르면 지난해 이혼 사건 11만4316건 중 동거기간이 20년 이상인 부부의 이혼은 3만234건으로 전체의 26.4%를 차지했습니다. 황혼 이혼 비율은 2006년 19.1%, 2007년 20.1%, 2008년 23.1%, 2009년 22.8%, 2010년 23.8%, 2011년 24.8%로 해마다 증가해 왔습니다.

20년 결혼생활을 한 부부들의 '황혼 이혼' 건수가 역대 최고치를 기록하면서 전체 이혼 사건 중 가장 높은 비율을 기록했습니다. 특히 지난해에는 기존에 가장 큰 비중을 차지했던 동거기간 4년 미만의 '신혼이혼' 사건(2만8204건)을 처음으로 앞질렀습니다.

이혼 사유로는 성격차이가 5만3292건(47.3%)으로 1위를 기록했으며 경제문제가 1만4472건(12.8%)로 뒤를 이었고 또 배우자의 부정이 8616건(7.6%), 가족간의 불화가 7381건(6.5%), 정신적 육체적 학대가 4759건(4.2%) 등의 순으로 나타났습니다. 아울러 자녀가 없는 부부의 이혼 사건이 5만3739건(47.1%)로 가장 많았고 1명인 경우는 2만9928건(26.3%), 2명은 1만6247건(23%), 3명 이상은 4142건(3.6%)으로 자녀의 수가 많을 수록 이혼률이 줄어드는 것으로 분석되었습니다.

오늘날 가장 민감하고 중요한 사회적 이슈는 무엇보다 가정문제이고 그 중에서도 이혼문제입니다. 저출산, 초고령화 등에 따른 복지문제가 사람들의 관심사이기도 하지만 더 큰 문제는 복지보다 온전한 가정, 행복한 부부생활이 우선임을 우리는 깨달아야 합니다. 오늘 본문 내용이 부부의 이혼문제에 대해서 무엇이라고 가르치고 있는지를 함께 생각해 보고자 합니다. 이것은 건강하고 행복한 가정을 지키는 최소한의 윤리입니다.

모세의 이혼허용

예수님은 자신을 숨기려고 노력하였음에도 불구하고(9:30), 가버나움으로부터 유대로 여행하실 때 군중들은 줄곧 예수님께 모여들었습니다. 군중 가운데는 항상 그 당시 종교지도자들의 대표격이었던 바리새인들이 포함되어 있었습니다. 그들은 주님의 가르침에 늘 시비를 걸었고, 시험을 하기 위해 그 당시에 애매한 사건으로 질문을 던지곤 했습니다. 이혼문제도 그들이 예수님을 시험하고자 물었던 당시의 핫 이슈였습니다.

바리새인들이 예수님께 먼저 **"사람이 아내를 버리는 것이 옳으니이까?"**라고 질문을 합니다. 이 말이 암시하고 있는 것은 이혼의 정당성에 대한 것이기도 하지만 그 당시에 음행한 연고도 없는데 다른 이유로 아내를 버리는 풍습이 있었음을 보여 주는 말씀입니다. 예수님은 유대인들이 절대적인 신앙의 근거로 믿고 따르는 율법을 기록한 모세는 어떻게 명령하고 있는지를 물었습니다. **"모세는 이혼 증서를 써주어 버리기를 허락하였습니다"**라고 바리새인들이 대답했습니다. 이렇게 말씀하신 예수님의 의도는 바리새인들의 율법에 대한 전반적인 접근방식에 들어있는 치명적인 결함을 폭로하시기 위해서였습니다.

그 당시에 두가지 율법에 대한 접근방식, 즉 율법해석의 두 가지 상반된 견해가 있었습니다. 이 두 가지 견해는 신명기 24장 1절 **"사람이 아내를 취하여 데려온 후에 수치되는 일이 그에게 있음을 발견하고**

그를 기뻐하지 아니하거든 이혼 증서를 써서 그 손에 주고 그를 집에서 내어 보낼 것이요"의 말씀을 해석함에 있어서 파생한 견해였습니다.

당시의 유력한 랍비 중에 힐렐(Hillel)은 수치되는 일을 광의적으로 해석하여 아내가 남편의 말에 순종치 아니하는 것까지도 남자가 여자를 버릴 수 있는 조건이 된다고 가르쳤습니다. 다른 유력한 랍비인 샴마이(Shammai)는 이 말을 음행, 무례함, 추잡함의 경우에만 해당되는 것으로 국한시켜 가르쳤습니다. 당시에는 힐렐의 영향이 더 커서 이혼이 보편적인 일이 되었다고 합니다. 요나단 탈굼(Targum Jonadan)에 있는 아람어 역에는 말라기 2장 16절의 "나는 이혼하는 자를 미워하노라"라는 구절을 제멋대로 번역하여 '만약 네가 그녀를 싫어하면 그녀와 이혼하라' 라고 까지 했습니다.

바리새인들은 올무에 걸릴 수 있는 애매한 질문을 통해서 주님을 곤경에 빠뜨리기를 원했습니다. 즉, 이 질문에 대해서 예수님께서 힐렐 학파에게 동의한다면 도덕적으로 엄격하지 않는 자유주의자라고 공박할 것이고 만약 샴마이 학파에게 동의한다면 죄인들에 대한 예수님의 너그러운 태도는 지극히 위선적인 행동이었다고 매도할 것입니다.

그들이 이 질문을 던진 큰 이유는 당시 헤롯 안디바와 헤로디아의 이혼과 부정한 결혼을 반대하다가 결국 참수형을 당한 세례요한의 입장(막 6:17-29)을 예수님이 지지한다면 예수님 역시 세례요한과 같은 운명에 빠뜨리기 위함이었습니다. 이혼은 헤롯 가문에 민감한 사안이었고, 예수님께서 대답을 잘못하시면 예수님 자신도 상당한 위험에 처할 수 있는 빌미가 될 수 있었습니다. 그들의 눈에 가시같은 존재였던 예수님을 완전히 제거하기 위한 음모가 그 속에 담겨있었습니다(막 3:6).

바리새인들과 그 당시 종교지도자들은 율법의 미묘한 차이에 몰두함으로 말미암아 일차적으로 이웃에 대한 관심을 두고 있는 하나님의 뜻을 궁극적으로 무시했습니다(막12:31). 그들은 책임이 아닌 권리에 관심을 두었습니다. 다른 사람에게 어떤 영향을 주든지 간에 행위에 대한 율법적인 면책을 추구합니다. 그들은 이혼할 수 있는 남편의 권리에 관해서만 묻고 아내의 필요-그것이 아내와 자녀들에게 영향을 미치는 일과 아내가 이혼을 반대할 권리를 갖고 있지는 않는지-에 대해서는 관심이 없었습니다. 예수님은 율법적 청렴이라는 마스크 뒷면에 숨어있는 마음의 은밀한 죄를 폭로하셨습니다.

예수님의 지적

예수님은 모세가 이혼에 대해서 긍정적으로 허락했다는 대답을 들으시고 "너희의 마음의 완악함을 인하여"이 명령을 기록하였다고 하시면서 이혼의 부당성을 지적하셨습니다. 이혼이 인간의 욕심과 완악함에 뿌리를 둔 것이라면 그것은 하나님에 대한 의도적인 반항이며, 하나님의 뜻을 거스르는 행동입니다. 인간의 타락한 마음에 근거를 둔 이혼은 하나님께 대한 인간의 범죄행위입니다. 하나님의 창조원리를 완전하게 부인하는 행위입니다. 예수님은 바리새인적 율법의 원리와 남성 중심적 사고 방식을 초월하여 창조의 원리에 입각한 결혼의 원칙과 이혼의 잘못을 말해 주었습니다.

이혼에 대하여 절대적인 금지의 명령을 들은 바리새인들은 예수님께 항의했습니다. 바리새인들에게 있어서 모세는 최고의 권위를 가진 분인데 예수님의 이혼 금지 교훈은 모세의 법(신 24:1)과 상반된 것이라고 공박했습니다. 바리새인들의 공박은 율법의 실체와 그림자를 모르는 하나님의 점진적 계시에 대한 무지의 소치였습니다.

사랑의 동기, 즉 처음부터 서로 사랑함으로 부부가 된 동기를 붙들어야 합니다. 예수님은 모세가 그들에게 말씀한 것은 이혼을 합법화하기 위하여 제정한 것이 아니라 결혼의 신성함을 깨뜨리는 이혼을 방지하기 위하여 제정한 율법임을 가르쳐 주셨습니다. 구체적으로 예수님은 모세가 이혼 증서를 주어 이혼을 허용한 이유를 무엇이라고 말씀하고 있습니까?(8절). 하나님은 이혼하는 것에 대하여 어떻게 말씀합니까?(말2:16) 예수님은 이혼 사유로 '음행' 을 들었습니다. 그러나 그 사유는 이혼하기 전에 신명기 22장22절 말씀대로 돌에 맞아 죽게 됩니다. 다시 말하면 음행한 연고로 이혼도 불가하다는 말씀입니다. 이미 부적절한 관계를 가지면 당사자가 사회로부터 매장을 당하기 때문에 이혼이라는 막다른 골목까지 가지 않습니다.

주님께서는 행복한 부부생활이 어디에 기초를 두고 있어야 할 것인가를 말씀하셨습니다. 하나님께서 남자와 여자를 창조하시고, 한 육체가 되도록 하셨습니다. 그러므로 하나님께서 나누시지 않는 한 인간은 그 어떤 이유에서도 연합을 깰 수 없습니다. 아내는 남편이 마음대로 버릴 수 있는 부속물이 아닙니다. 다 쓰고 나면 쓰레기 통에 집어 넣는 물건이 아닙니다. 하나님께서 창조하신 존귀한 존재요, 가정을 가정답게 만드는 중요한 위치에 있는 사람입니다. 하나님께서 짝지어 주신 것을 사람이 나눌수 없습니다(막 10:9).

요약해서 말씀드리면, 첫째, 예수님은 모세가 인간의 죄악됨을 제어하고 더 큰 죄를 막기 위하여 이혼증서를 율법에서 용인했다고 주장하십니다. 둘째, 결혼은 하나님께서 창조 시에 의도하셨던 내용, 즉 처음 결혼할 때에 대부분의 부부들이 동의한 내용에서 하나님의 뜻을 발견합니다. 셋째, 결혼은 남편(혹은 아내)이 부자연스러울 때마다 취소해 버릴 수 있는 일시적인, 낭만적인 장난이 아니라 평생 동안 지켜야 할 언약적인 결합입니다.

간음에 대한 교훈

제자들이 예수님께 앞서 말씀 드린 것에 대해서 더 상세하게 설명해 달라고 요구했을 때 주님은 이혼에 대한 부당성과 더불어 이혼 후에 재혼이 훨씬 더 나쁘다고 선언하고, 그것을 간음으로 분류하십니다(마 10:11-12). 신명기 24장 3절에서 남편이 재혼한 이후에 또다시 이혼한 이전의 아내와의 재혼을 금지하고 있으며 만약 그렇게 하면그것을 가증한 것으로 여깁니다. 예수님도 이혼한 후에 어떤 사람과 재혼하는 것을 간음으로 낙인 찍고 있습니다. 이혼은 마음의 완악함에서 나오고 그것은 보다 더 악한 마음으로 인도합니다.

우리는 어떤 이유에서든지 가정이 깨어지는 일은 막아야 합니다. 하나님께서 남녀를 둘로 하나로 만든 결혼제도를 통해서 행복한 가정을 이루면서 자녀손들을 출산하고 말씀 맡은 자로 양육하시기를 원하십니다. 가정이 깨어지면 모든 관계가 파괴되므로 온갖 부작용이 파생이 되면서 불행하게 됩니다. 많은 이혼한 가정의 아픔들이 있음에도 불구하고 현실적 어려움 때문에 불나방처럼 불 속에 들어가는 일이 흔히 일어나고 있습니다.

하나님께서 우리에게 말씀하시는 원리 즉 둘이 한 몸을 이루어 행복해지는 가정의 법칙을 어떤 경우에라도 지켜내어야 합니다. 가정의 행복은 건강한 사회와 튼튼한 국가의 근간이 됨을 잊지 마시기 바랍니다. 행복한 가정을 유지하는 일에 내가 좀 손해가 되고 자존심이 상해도 최선을 다할 수 있기를 바랍니다. 조금 지나면 참 잘 했구나 하는 마음을 가지게 됩니다. 현재의 아픔 때문에 성질대로 하면 나중에 가서 큰 후회를 하게 되고 그 때는 아무리 돌이키려고 해도 할 수 없습니다. 가정과 교회의 행복을 끝까지 지켜내는 지킴이가 되시기를 축원합니다.

Chapter 15

예수님과 어린이

(Jesus & children)

막 10:13-16

사람들이 예수께서 만져 주심을 바라고 어린 아이들을 데리고 오매 제자들이 꾸짖거늘 예수께서 보시고 노하시어 이르시되 어린 아이들이 내게 오는 것을 용납하고 금하지 말라 하나님의 나라가 이런 자의 것이니라 내가 진실로 너희에게 이르노니 누구든지 하나님의 나라를 어린 아이와 같이 받들지 않는 자는 결단코 그 곳에 들어가지 못하리라 하시고 그 어린 아이들을 안고 그들 위에 안수하시고 축복하시니라

해마다 지키는 어린이주일을 맞게 되는 오월이면 다음 세대에 대한 설레임도 있지만 좀 씁쓸한 마음도 동시에 있습니다. 그 이유는 한국이 경제적으로는 10대 대국에 들어갔지만 저출산으로는 OECD국가 중에서 최하위이며, 그나마도 태어난 아이들이 외국으로 입양되는 것도 일등의 자리에서 부동일 뿐만 아니라 어린이들이 학대 당하고 있고, 올바른 가치관으로 성장하고 있지 못하기 때문

입니다. 전 세계적으로도 많은 아이들이 노동에 시달리고, 성적인 노리개 감이 되고 있는 현실입니다. 오늘 우리가 성경적인 관점에서 예수님께서 어린이에 대하여 어떤 마음을 가지고 계셨는가를 살펴보면서 한국의 현실 속에서 아이들의 현주소를 점검해 보고 그들에 대한 바른 이해와 또한 그들을 위한 기도와 축복하는 시간을 가졌으면 좋겠습니다.

어린이 실종

예수님께서 어떤 마을을 지나실 때에 사람들이 어린아이들을 축복해주시기를 바라고 데려오자 예수님의 제자들이 그들을 꾸짖었습니다. 이를 보신 예수님께서는 **"어린아이들이 내게 오는 것을 용납하고 금하지 말라"**고 말씀하시며 제자들을 꾸짖으셨습니다. 예수님께서는 곁에 모인 어린아이들을 차례차례 축복해 주셨습니다. 예수님께서 어린아이를 어떻게, 얼마나 사랑하시고 귀히 여기셨는가는 우리에게 어린아이들을 어떻게 대하여야 하는지 그 원리를 가르쳐 주고 있습니다.

예수님이 이 땅에 오신 목적은 단 한 가지, 하나님의 나라를 이 땅에서 이루기 위함이었습니다. 그런데 성경에 의하면, 하나님의 나라는 가난한 자와 어린이를 통하여 이 땅에 가까이 옵니다. 예수님께서는 가난한 자와 어린이에게 하나님의 나라를 약속하셨습니다. 그런데 가난한 자는 항상 어린이가 아닐 수 있습니다 하지만 어린이는 항상 물질적, 정신적으로 오직 가난한 자일 따름입니다.

어린이만이, 어린이와 같은 자만이 하나님 나라의 주인이 될 수 있다고 믿습니다.

저는 산상수훈의 팔복도 어린이에게 가장 어울리는 말씀이라고 생각합니다. 어린이야말로 정말 가난한 자, 마음이 청결한 자, 온유한 자, 애통하는 자, 핍박을 당하는 자, 화평하게 하는 자가 아닐 수 없습니다.

지나간 시절에 우리는 가난에 대해 관심을 많이 기울였습니다. 배고픔을 뼈저리게 느꼈던 세대들은 "우리도 한번 잘 살아보자"고 외치며 살았고, 그 결과로 우리 나라는 꽤 잘 살게 되었습니다. 그 이후 빈부의 격차가 심화되자 상대적 빈곤을 느끼는 노동자들도 "인간답게 살아보자"고 외쳤습니다. 교회도 한때는 축복을 강조하였고, 축복을 받은 후에는 경제정의를 외치기도 했습니다.

그런데 이제 경제문제가 어느 정도 해결되어 가니까 사람들이 이기주의적으로 변하고 가정이 흔들리기 시작하며, 윤리와 기강이 해이해지기 시작했습니다. 그중에 가장 큰 피해자는 바로 어린이들입니다. 우리 나라에서 해마다 5만 여명의 어린이가 낙태로 죽임을 당한다고 합니다. 낙태는 21세기 문명인에 의해 은밀하게, 그리고 양심의 가책도 없이 이루어지는 범죄행위, 즉 살인입니다. 또한 매년 20만 명 내외의 아이들이 자신의 뜻과는 전혀 상관없이 어머니나 아버지로부터 버림받는다고합니다. 고아원에 버려진 아이들 가운데 74.2%가 살아 있는 부모로부터 버려진 '고아 아닌 고아'라는 통계가 있습니다.

가정이나 사회에서 어린이를 폭행하는 사례가 해마다 부쩍 늘어나고 있습니다. 한국 어머니의 72%가 어린이에게 매질을 한다고 합니다. 태국 23%, 미국 26%, 일본 33%, 영국 28%, 프랑스 30%에 비하면 엄청 높은 수치입니다. 그렇다면 한국의 아버지는 얼마나 자주 자녀들에게 매질, 아니 폭력을 가할까요? 어린이 폭력 중에도 가장 심각한 영향을 끼치는 것은 성폭력이라고 할 수 있는데, 우리나라 청소년 100명 가운데 6명이 강간 등 성폭행을 당한 적이 있다고 합니다. 어린이 성폭력은 한 해에 무려 10만 건에 달할 것으로 추산됩니다.

예수님은 **"어린이를 실족케 하면 맷돌을 목에 매달고 깊은 바다에 빠지는 것이 낫다"**고 말씀하시면서, 어린이 학대가 얼마나 큰 죄악인가를 경고하셨습니다. 더욱이 예수님은 하늘에 어린이 천사가 있어서 늘 하나님의 얼굴을 뵙고 있다고 하셨습니다. 이처럼 어린이는 하나님에게 매우 소중한 존재입니다만, 우리 어른들은 어린이를 업신여기고, 억압하고, 학대하며, 심지어는 자살로 내몰고 있습니다. 만약 우리가 어린이를 실족케 하거나 학대하였다면, 회개하여야 합니다. 만약 우리 주위에서 흔히 일어나는 어린이 학대를 남의 일로, 강 건너 불로 보았다면, 회개하여야 합니다. 왜냐하면 악을 방관하는 것, 선을 알고도 행하지 않는 것도 죄악이기 때문입니다. 우리는 어린이 학대를 예방하려고 노력할 뿐만 아니라 적극적으로 어린이를 사랑하는 운동, 아니 어린이가 되는 운동을 전개하여야 합니다. 하나님의 나라가 바로 어린이의 것이기 때문에 우리는 오직 어린이를 사랑함으로써만, 아니 어린이가 됨으로써만 그 나라에 들어갈 수 있습니다.

우리 어른이 어린이를 믿음으로, 하나님의 나라로 인도해야 한다고 생각하는 사람이 많습니다만, 이것은 성경적으로 보면 대단한 착각입니다. 어린이가 우리를 바로 믿음으로, 하나님의 나라로 인도합니다. 왜냐하면 하나님의 나라는 어린이의 것이고, 어린이는 이미 하나님 나라의 주인이기 때문입니다. 우리는 어린이의 손을 잡음으로써만 어린이의 나라인 하나님의 나라에 들어갈 수 있습니다. 데레사 수녀는 이렇게 말했습니다. "어린이를 죽이지 마십시오. 키우기 어렵거든 나에게 주십시오. 어린이에게 상처를 입히지 마십시다. 오히려 어린이를 바라볼 때, 어른의 상처가 낫습니다."

교양과 훈계(엡 6:4)

오늘 우리 부모님들은 아이들이 학교에서 점수만 잘 받으면 좋은 자녀들이 될 것처럼 생각하는 경향이 있습니다. 성경은 주님의 말씀으로 자녀들을 키워야 할 것을 권면하고 있습니다. 신앙인이 되어야 커서 훌륭한 사람이 됩니다.

주의 교훈이란 성경에 의한 신앙교육을 말합니다. 하나님은 자녀들의 성경교육에 대하여 말씀하시기를 **"너희는 나의 이 말을 너희 마음과 뜻에 두고 또 그것으로 너희 손목에 매어 기호를 삼고 너희 미간에 붙여 표를 삼으며 또 그것을 너희의 자녀에게 가르치며 집에 앉았을 때에든지, 길에 행할 때에든지 누웠을 때에든지, 일어날 때에든지 이 말씀을 강론 하고 또 네 집 문설주와 바깥문에 기록하라 그리하면 여호와께서 너희 열조에게 주리라고 맹세하신 땅에서 너희의 날과 너희 자녀의 날이 많아서 하늘이 땅을 덮는 날의 장구함 같으리라"**(신 11:18–21)라고 하셨습니다.

오늘날 유태인의 자녀교육이 전 세계인의 이목을 집중시키고 있습니다. 그도 그럴 것이 노벨상을 수상한 사람 가운데 32%가 유태인이며, 미국 사회의 저명한 교수 가운데 30%가 유태인이라고 합니다. 미국에 살고 있는 유태인은 전체가 650만 정도로 미국 전체 인구의 3.2%밖에 되지 않습니다. 그러나 유태인이 금융계, 교육계, 언론계, 정치계에 중대한 영향을 끼치고 있습니다. 그 원인은 유대인의 두뇌가 특별히 우수한 민족이기 때문이 아니라, 어려서부터 가정에서 성경을 통한 철저한 신앙교육을 받았기 때문인 것으로 알려지고 있습니다. 그들의 자녀 교육 가운데 성경교육의 특색 외에 다른 것은 없습니다.

유태인 가정에는 아기들에게 들려주는 자장가가 없고, 그 대신 신명기 11장 9절의 말씀처럼 **"누웠을 때에든지, 일어날 때에든지, 이 말씀을 강론하라"** 하신 말씀처럼 성경을 읽어주는 것이 그들의 자장가입니다. 유태인 아기들이 태어나서 처음으로 하는 말은 하나님이며, 그 아이들의 뇌에 처음으로 기억되는 것이 하나님입니다.

이처럼 하나님의 말씀을 가까이 할 때 하나님께서 그 사람을 지혜롭게 하십니다. 이 진리를 깨달은 시편 기자는 말하기를 **"내가 주의 법을 어찌 그리 사랑하는지요 내가 그것을 종일 묵상하나이다 주의 계명이 항상 나와 함께 하므로 그것이 나로 원수보다 지혜롭게 하나이다 내가 주의 증거를 묵상하므로 나의 명철함이 나의 모든 스승보다 승하며 주의 법도를 지키므로 나의 명철함이 노인보다 승하니이다"**(시 119:97-100)라고 했습니다. 이처럼 하나님의 말씀을 가까이하는 사람에게 지혜를 주셔서 험악한 이 세상을 승리하며 살아가게 하십니다.

자녀에게 어려서부터 성경을 읽게 하고 성경에 있는 하나님의 말씀대로 살게 해야 합니다.

1) 미국의 링컨 대통령은 학교교육을 제대로 받지 못했지만, 어렸을 때 어머니로부터 물려받은 성경 말씀을 부지런히 읽고 믿음을 지키며 자라난 결과 모든 어려움을 극복하고 가장 존경받는 역대 대통령이 되었습니다.

2) 아프리카의 오지에 들어가 의사로, 선교사로 헌신한 앨버트 슈바이처 박사는 성경을 읽다가 선교를 결심하게 되었다고 합니다.

3) 요한 웨슬레의 어머니 수산나는 가난한 목사의 아내였으나 17명의 자녀를 낳아 모두 훌륭하게 키워냈습니다. 요한 웨슬레는 다섯 살 때부터 어머니가 가르치는 성경 말씀을 통해 글자를 배웠고, 특별히 목요일 저녁마다 자녀들이 모여 어머니가 가르치는

성경공부에 참여했다고 합니다.

우리의 자녀들이 어렸을 때부터 말씀과 기도생활을 하도록 가르쳐야 합니다. 그러기 위해서는 무엇보다도 부모 자신이 먼저 말씀과 기도생활의 본을 보여주어야 하며, 자녀들과 함께 말씀을 읽고, 기도하는 시간을 가져야 합니다. 아이들의 마음에 믿음을 가지게 하고 성품을 아름답게 바꾸어주는 것은 성령의 역사입니다. 따라서 자녀를 말씀과 기도로 키우는 것이 얼마나 중요한지 모릅니다.

4) 1890년 한국에 와서 평양을 중심으로 선교활동을 편 마포삼열 목사는 매일 가정예배를 드리고 기도생활을 많이 했다고 합니다. 후에 그의 아들은 회고록에 "어느 날 저녁 아버지와 어머니가 우리 형제들을 위해 무릎을 꿇고 기도하는 것을 보았다. 나는 지금도 그때 두 분의 그 모습을 잊을 수가 없다."라고 썼습니다. 과연 그의 다섯 형제 모두가 아버지의 뒤를 이어 선교사가 되었습니다. 참으로 큰 축복이 아닐 수 없습니다.

유명한 도스토예프스키는 "좋은 기억처럼 훌륭한 교육이 없다"라고 말했습니다. 아이들이 좋은 기억을 가질 수 있도록 만들어주어야 합니다. 예를 들어, 어렸을 때부터 아이들과 함께 기도하는 시간을 갖는다든지, 철야기도에서 찬양하며 기도하는 시간을 가진다든지, 어린 아이를 등에 업고, 안고서라도 성경공부에 참여하는 것입니다. 이런 것들을 사진으로 남겼다가 아이들이 큰 다음에 보여 주면 얼마나 좋겠습니까? 이것만큼 생생한 산 교육이 없습니다.

영국의 구세군의 아버지로 불리우는 부스 대장의 부인은 여덟 명의 자녀들을 낳았습니다. 아이들은 한 명도 곁길로 가지 않고 모두 다 아버지의 사업을 잘 돕는 하나님의 종으로 성장했습니다. 어떤 사람이 그 부인에게 자녀들을 훌륭하게 키울 수 있었던 비결이 무엇이었는지 물었습니다. 이에 그 부인은 "아이들이 사단의 유혹에 빠지기 전에 먼저 신앙교육을 했기 때문입니다." 라고 말했다고 합니다. 이처럼 신앙교육은 일찍 할수록 좋습니다.

어린이들은 어른들이 하는 것을 보고 그대로 배우고 따라합니다. 주님은 어린이들을 실족하게 하지 말 것을 말씀하시고 난 후에 혹 범죄하면 손이나 발을 잘라 버리라고 했습니다. 아이들에게 죄의 심각성이 얼마나 큰 것인가를 보여주고 부모들과 기성세대가 올바른 모범을 보여주어야 할 것을 말씀하셨습니다. 교양과 훈계는 부모님들이 자녀들을 양육하는 두가지 방편입니다. 한마디로 말하면 하나님의 관점에서 아이들을 가르치고 양육해야 한다는 말입니다. 훈계는 사랑으로 하는 채찍일 수 도 있습니다. 너무 유약하게 아이들을 키우면 안됩니다. 사랑의 매가 필요합니다.

5세된 한 어린이가 아버지로부터 호되게 매를 맞았습니다. 어린이는 강한 호기심으로 교회의 헌금 주머니에서 동전 하나를 훔쳤기 때문입니다. 이 어린이는 그날의 실수를 교훈삼아 평생 단 한 번도 남의 것에 손대지 않았습니다. 그는 땀 흘리지 않고 거액을 벌어들일 수 있는 기회를 단호히 거부했습니다. 이 사람의 정직성은 갈수록 빛을 발해 미국의 대통령에 당선됐습니다. 그는 대통령 재직시 '인기 없는 지도자'로 불렸으나 지금은 '사랑의 지도자'로 통합니다. 지금도 주일에는 교회학교 교사로 봉사합니다. 연장통을 들고 전 세계 집 없는 사람들의 집을 지어주는 집짓기 운동을 하고 있습니다. 바로 총재인 지미 카터. 어린 시절, 부모의 따끔한 질책이 대통령으로 만들었습니다. 매를 아끼면 자녀를 망칩니다. 단 그 매 속에는 반드시 사랑이 담겨 있어야 합니다. 이것이 성경에서 말하는 훈계입니다.

미국 신문 컬럼니스트인 알비게일(Albigail Van Buren)의 「부모의 기도문」을 읽고 말씀을 마치려고 합니다.

'오, 하나님! 저를 훌륭한 부모가 되게 하여 주옵소서! 나의 자녀를 이해할 수있게 하여 주시고 그들이 말하는 것을 진지하게 들어줄 수 있는 부모가 되게 하여 주시고, 그들의 질문에 대하여 부드럽게 대답할 수 있는 인자한 부모가 되게 하여 주옵소서.

그리고 나로 하여금 그들의 생각을 가로막거나 꾸짖지 말게 하여 주시고 그들이 어리석은 짓을 하거나 혹 실수하는 일이 있더라도 비웃지 말게 하여 주옵소서! 그리고 제 자신의 만족이나 부모의 권위를 내세우기 위하여 그들을 나무라지도 말게 하시고, 매 순간마다 나의 말과 나의 행동을 통하여 정직한 것이 옳다는 것을 나타내게 하시고 그들로 하여금 정직한 삶을 배울 수 있도록 도와주시옵소서!

그리고 나의 사랑하는 주님! 제가 기분이 언짢을 때에는 나의 입술을 지켜 노하지 말게 하여 주시고 그들이 어린이라는 것과 그들이 어른같이 행동할 수 없다는 것을 항상 기억하게 하여 주옵소서! 그리고 그들이 어떤 일을 만났을 때에는 그들 스스로가 결정을 내릴 때까지 기회를 허락할 수 있도록 저에게 참을성을 주시고 그들 스스로가 옳고 그름을 판단할 수 있도록 지혜를 허락하여 주옵소서!

나를 사랑하는 주님! 다시 한 번 간절히 비옵기는 나로 하여금 정직하고 바르며 친절한 부모가 되게 하시고 자녀들로 하여금 신임 받고 존경받으며, 본이 되는 부모가 되게 하여 주옵소서!'

Chapter 16

영생과 재물(1)

(The eternal life & wealth)

막 10:17-22(마 19:16-30 ; 눅 18:18-30)

예수께서 길에 나가실새 한 사람이 달려와서 꿇어 앉아 묻자오되 선한 선생님이여 내가 무엇을 하여야 영생을 얻으리이까 예수께서 이르시되 네가 어찌하여 나를 선하다 일컫느냐 하나님 한 분 외에는 선한 이가 없느니라 네가 계명을 아나니 살인하지 말라, 간음하지 말라, 도둑질하지 말라, 거짓 증언 하지 말라, 속여 빼앗지 말라, 네 부모를 공경하라 하였느니라 그가 여짜오되 선생님이여 이것은 내가 어려서부터 다 지켰나이다 예수께서 그를 보시고 사랑하사 이르시되 네게 아직도 한 가지 부족한 것이 있으니 가서 네게 있는 것을 다 팔아 가난한 자들에게 주라 그리하면 하늘에서 보화가 네게 있으리라 그리고 와서 나를 따르라 하시니 그 사람은 재물이 많은 고로 이 말씀으로 인하여 슬픈 기색을 띠고 근심하며 가니라

대부분의 사람들의 주된 관심의 중심에는 '내가 얼마나 이 세상을 살다가 죽느냐' 하는 문제일 것입니다. 이 죽음의 문제를 해결하거나 죽지 않기 위해서 많은 사람들이 노력을 기울여 왔습니다. 그러나 수명은 좀 연장이 되었고, 건강은 어느 정도 챙길 수 있었지만 영원한 숙제인 죽음문제에 대한 해답은 찾지 못하고 모든 사람이

다 이 세상을 떠나고 말았습니다.

죽음의 문제를 해결하기 위해서 예수 그리스도께서 오셨습니다. 요한복음 3장 16절에 **"하나님이 세상을 이처럼 사랑하사 독생자를 주셨으니 이는 그를 믿는 자마다 멸망하지 않고 영생을 얻게 하려 하심이라"** 라고 했고, 3장 36절에는 **"아들을 믿는 자에게는 영생이 있고 아들에게 순종하지 아니하는 자는 영생을 보지 못하고 도리어 하나님의 진노가 그 위에 머물러 있느니라"** 라고 했습니다. 그리스도 만이 인간의 생사문제에 대한 해답을 주셨습니다.

한 부자 청년의 관심사

예수님께서 아이들을 축복하시고 난 후 길을 가실 때에 한 사람이 예수님께 달려와 무릎을 꿇고 **'무엇을 해야 영생을 얻을 수 있습니까'** 라고 진지하게 질문을 했습니다. 이것은 의미심장한 질문이며 이 사람이 가진 굉장한 관심사였습니다. 사복음서를 종합해보면, 이 사람은 청년이요, 재물이 많은 사람이고, 유대 관원이었습니다(눅 18:18). 관원이라는 것은 유대 회당의 지도자나 산헤드린 회원에 해당하는 사람입니다. 이 사람은 세상에서 사람들이 가장 부러워하는 세 가지 조건을 가진 사람입니다. 첫째는 젊음, 둘째는 재물, 셋째는 권력 또는 명예입니다. 젊음을 가지고 있다는 것은 얼마나 부러운 일입니까? 청년! 그것은 무엇과도 바꿀 수 없는 인생의 꽃입니다. 삶의 황금기요 절정입니다. 가끔 우리는 청년 시절을 그리워할 때가 있습니다. 청년이란 젊음, 꿈, 건강, 미래, 소망, 환상을 상징하는 말이라고 할 수 있습니다. 이 사람은 젊은 사람입니다. 건강한 사람입니다. 무한한 가능성을 가지고 있습니다. 그리고 대부분의 젊은이들은 돈이 없습니다만, 이 사람은 놀랍게도 청년이면서 부자였다고 합니다. 젊음이 있고 돈이 있으니 이 사람은 분명히 자신만만했을 것입니다. 도도하고 의기양양했을 것입니다. 그런데 이 사람의 신분이 이 정도로 끝나지를 않습니다. 그 당시에는 종교 지도자가 곧 정치 지도자였고 사회와 경제를 총괄하는 지성인이었습니다. 이 삶은 누가 봐도 부족함이 없는 그런 배경을 가지고 있었습니다.

그런데 또 이것으로 끝나지를 않습니다. 대개 명예가 있고 돈이 있고 젊음이 있는 사람은 도덕적인 약점이 있기 마련입니다. 그러나 이 사람은 도덕적으로나 윤리적으로나 완벽한 삶을 살아온 사람입니다. 마가복음 10장 18절에 **"이르되 어느 계명이오니이까 예수께서 이르시되 살인하지 말라, 간음하지 말라, 도둑질하지 말라, 거짓 증언 하지 말라,"** 마가복음 10장 19절에 **"네 부모를 공경하라, 네 이웃을 네 자신과 같이 사랑하라 하신 것이니라"** 그리고 마가복음 10장 20절에 **"그 청년이 이르되 이 모든 것을 내가 지키었나이다."** 이렇게 말할 정도면 도덕적으로 아주 완벽한 삶을 산 것을 알 수 있습니다. 오늘 본문에서는 그 어렵고 힘든 계명을 **"어려서부터 다 지키었나이다"**(막 10:20)라고 말하고 있습니다. 그러니까 성인이 되어서, 좀 철이 들어서 이렇게 완벽한 도덕적 삶을 산 것이 아니라 어려서부터 훈련 받고 살아왔습니다. 그런데 놀라운 것은, 이 사람의 성품이 여기에서 끝나지 않습니다. 종교적인 외경심까지 있습니다. 당시 종교지도자들과는 전혀 다른 모습입니다. 마가복음 10장 17절에 **"예수께서 길에 나가실새 한 사람이 달려와서 꿇어 앉아 묻자오되"** 당시 이 정도의 신분을 가진 사람들은 대개 예수님에 대해서 빈정대는 태도를 취했지만 이 사람은 예수님이 길에 나오시자마자 달려가 꿇어 앉았다고 했습니다. 신앙적인 겸손까지 갖춘 사람입니다. 정말 대단한 사람입니다. 부족한 것 하나 없이 다 갖춘 사람입니다. 이 사람이 예수님께 질문드린 내용이 우리를 또 한 번 놀라게 합니다. 그것은 자기 명예나 지위나 물질에 관한 질문이 아니고, 영혼의 문제에 있어서도 가장 핵심적이고 본질적인 문제를 꼭 짚어 질문한 것입니다. 영생에 관한 질문이었습니다.

예수를 믿어도 헛믿는 사람이 많습니다. 핵심을 찌르지 못하고 주변의 문제를 가지고 왔다갔다하는 사람이 많습니다. 그런데 이 사람은 아주 정확하게 신앙의 본질에 해당하는 단어 하나를 택한 것입니다. 그것은 영생입니다. '영생이란 무엇입니까?' 왜 이것이 이 부자 청년에게 중요했습니까? 영생이란 말 그대로 영원한 생명을 뜻합니다. 부자청년은 건강, 돈, 명예, 신앙적 겸손, 도덕적으로 완벽한 삶 등, 이 땅에서 얻을 수 있는 것은 다 얻었습니다. 그런데 이 사람의 야망은 여기서 끝나지 않았습니다. 내세까지 지배하고 싶었습니다. 자기가 돈을 벌듯이, 명예를 취하듯이, 건강을 누리듯이, 죽음 이후의 영혼의 문제까지도 안전하게 확보해 놓고 싶었습니다. 이 짧은 문장에서 우리는 한 남자로서, 한 인간으로서 그가 소유하고자 했던 완벽한 야망을 발견할 수 있습니다. 그러나 예수님은 이 청년의 영적인 갈급함과 요구가 진정한 영혼의 구원과는 아무 상관이 없는 허구라는 사실을 꿰뚫어 보셨습니다. 이 청년은 자기의 완벽한 삶과 논리 때문에 자신이 얼마나 허구성이 있는 인간이라는 것을 모르고 있었습니다.

계명 순종의 허점

그렇다면 이 청년의 신앙에 어떤 허구성이 있습니까? 이 청년이 영혼에 대해서 관심을 가지고 있지만 영생을 얻고자 하는 방법에 문제가 있음을 발견할 수 있습니다. 다시 말하면 은혜와 믿음으로 영생을 얻는 것이 아니라 행위로 얻을 수 있다고 생각했습니다. 그러나 성경에서 말하는 영생은 이 사람이 생각하는 영생과 전혀 다른 것입니다. 성경에서 말하는 영생은 고대 이방 사상이나 헬라 철학에서 말하는 끝없는 세계가 아닙니다. 진화론적인 사고의 열매인 무한한 미래도 아니요, 최근의 뉴에이지 운동에서 말하는 몇 억겁 만년의 회귀 사상에서 온 개념도 아닙니다. 영원불멸이 영생이 아닙니다.

첫째, 성경이 말하는 영생은 하나님 자신을 말합니다.

구약성경 창세기 21장 33절에서 아브라함은 브엘세바(שֶׁבַע בְּאֵר: Beersheba)에서 에셀(אֶשֶׁל: tamarisk)나무를 심고 거기서 영생(영원)하신 여호와의 이름을 불렀습니다. 하나님 자신이 바로 영생의 본질입니다. 참된 영생의 개념은 '무한하고 영원한 시간'이 아닙니다. 그것은 영생하시는 하나님의 시간을 의미합니다. 영생하시는 하나님의 인격적인 삶에 동참하는 것을 영생이라고 말합니다.

영원히 산다는 것은 오래 산다는 것이 아닙니다. 하나님 없는 영원한 시간은 불안합니다. 하나님 없는 무한한 세계는 우주의 고아와 같습니다. 인공위성이 미아처럼 떠돌아다니는 것과 같이 이 세상에 살면서 삶의 불안감, 초조, 외로움을 안고 오래 사는 것은 영생이 아닙니다.

영생이란 영원하신 하나님의 사랑과 인격의 품에 안겨서 그와 동행하는 것입니다. 다니엘 4장 34절에서 **"내가 지극히 높으신 이에게 감사하며 영생하시는 이를 찬양하고 경배하였나니 그 권세는 영원한 권세요 그 나라는 대대에 이르리로다"**라고 말씀하고 있습니다.

진정한 영생의 개념이 여기에 있습니다. 우리가 말하는 영생은 죽음 후의 무한한 세계가 아니라, 영원하신 하나님께 속하는 것을 말합니다. 참된 영생이란 어디에 있습니까? 하나님 자신, 영원하신 하나님 자신에게 있습니다. 그래서 거기에는 경배와 존귀와 찬양이 가능합니다.

둘째, 성경이 말하는 영생은 예수 그리스도 자신을 말합니다.

요한복음 5장 39절에 **"너희가 성경에서 영생을 얻는 줄 생각하고 성경을 연구하거니와 이 성경이 곧 내게 대하여 증언하는 것이니라"**라고 말씀하고 있습니다. 영생하시는 하나님이 인간의 몸을 입고 세상에 오셨습니다. 그분이 바로 예수 그리스도이십니다. 예수 안에 참된 영원이 있습니다. 구원이 있습니다. 요한일서 5장 11절에서 12절에 **"또 증거는 이것이니 하나님이 우리에게 영생을 주신 것과 이 생명이 그의 아들 안에 있는 그것이니라 아들이 있는 자에게는 생명이 있고 하나님의 아들이 없는 자에게는 생명이 없느니라"**라고 말씀하고 있습니다. 또한 요한복음 6장 51절에 **"나는 하늘로서 내려온 산 떡이니 사람이 이 떡을 먹으면 영생하리라"**고 말씀하십니다.

영생은 죽음이 없는 것입니다. 죽음을 초월하는 것입니다. 영생은 죽어서 갖는 것이 아닙니다. 예수 그리스도를 영접하는 순간에 하나님의 영원한 생명이 내 안에 있어서 우리가 이 세상에서 살면서부터 영생의 진정한 축복과 맛을 느끼며 사는 것입니다. 그래서 어떤 죽음의 세력이, 어떤 절망이 우리를 괴롭히지 못합니다. 비록 내가 암에 걸려 죽을지라도 영생을 가진 사람에게는 육신이 그렇게 큰 의미가 없습니다. 실패가 두렵지 않습니다. 사업하다 부도나는 일이 나를 근본적으로 절망하게 하지 못합니다. 상황적인 고민이 있을 수는 있어도 절망이 있을 수는 없습니다. 남편이 죽어도 아내가 죽어도 자식이 병들어 죽어도 이 영생을 가진 사람은 근본적으로 절망하지 않습니다. 왜냐하면 영생은 하나님의 생명이고 그 하나님의 생명이 예수 그리스도로 말미암아 우리에게 주어졌기 때문입니다. 그러므로 영생을 가진 사람들은 자유가 있고 평안함이 있습니다. 말할 수 없는 기쁨과 소망이 그 안에 있습니다.

셋째, 성경적 영생은 하나님의 절대적인 선물입니다.

요한복음 17장 3절에 **"영생은 곧 유일하신 참 하나님과 그가 보내신 자 예수 그리스도를 아는 것이니이다"** 여기서 '안다'(γινοσκω)는 말은 단순한 지적인 이해를 넘어서 한 신앙 인격의 연합을 뜻합니다. 영생, 그것을 가졌는지 안 가졌는지는 다음과 같이 테스트를 해보면 알 수 있습니다. 예수님을 믿으면서도 아직 불안한 사람은 영생이 없는 사람입니다. 영생을 가진 사람은 어떤 경우에 있어서도 근본적인 삶의 불안이 없습니다.

오늘 본문의 청년은 영생에 대해 관심이 있고 영생을 가지고 싶은 간절한 마음을 가졌지만, 불안했습니다. 그 증거가 무엇입니까? 예수님을 찾아 온 것을 보면 알 수 있습니다. 그는 예수님께 와서 확인받고 싶었습니다.

영생이나 구원은 인간의 선행이나 노력이나 수양으로 이루어질 수 없습니다. 영생은 은혜로 주어지는 하나님의 선물입니다. 영원한 생명이신 예수 그리스도를 믿음으로, 영접함으로써 나의 것이 됩니다. 그런데 오늘 이 부자 청년은 영생을 자기가 선을 행함으로 얻을 수 있는 것으로 착각했습니다. 자신이 지상의 것을 다 소유했듯이 영혼의 것도 그렇게 소유하고 싶어서 예수님께 나와 질문했습니다.

이 청년을 보면서 예수님께서는 17절에 **"어찌하여 선한 일을 내게 묻느냐 선한 이는 오직 한 분이시니라"**고 말씀하셨습니다. "네가 생명에 들어가려면 계명들을 지키라" 아주 놀랍게 접근하셨습니다. 지금 이 청년에게는 가장 예민한 부분이 선한 행위였습니다. 자기가 윤리적으로, 도덕적으로 완벽한 삶을 살아왔기 때문에 영생도 자기의 선한 행위로 사려고 했습니다. 예수님은 청년에게 믿음으로 접근을 하신 것이 아니라 선행의 문제로 접근하셨습니다.

예수님의 말씀을 들은 청년은 미소를 지으며 자신만만하게 대답했습니다. 18절에 **"이르되 어느 계명이오니이까?"** 우리 주위에 가끔 이런 사람들을 발견합니다. 도덕적으로, 윤리적으로 완벽하게 사는 사람들입니다. 전도하기가 쉽지 않습니다. 어려서부터 좋은 교육을 받고 예절 바르게 아주 잘 살아온 사람, 거짓말 하지 않고 양심에 거리끼는 일을 하지 않은 사람, 이런 사람은 참 교만합니다. 바늘 하나 들어갈 구멍이 없습니다. 본문의 청년이 바로 이런 사람입니다. 그런데 예수님께서는 모르시는 척하면서 십계명을 얘기해 주셨습니다. 재미있는 것은 인간이 인간에게 지킬 계명만 골라서 말씀해주셨습니다.

18절 하반부터 20절까지 **"예수께서 이르시되 살인하지 말라, 간음하지 말라, 도둑질하지 말라, 거짓 증언 하지 말라, 네 부모를 공경하라, 네 이웃을 네 자신과 같이 사랑하라 하신 것이니라"** 이제 청년은 완전히 안심하고 웃습니다. 아마도 드디어 됐다고 생각했을 때, **"그 청년이 이**

르되 이 모든 것을 내가 지키었사온데 아직도 무엇이 부족하니이까?" 이 청년의 자신만만한 태도를 보십시오. 그가 완벽하다고 생각하는 신앙적인 태도에서 허점을 발견하게 됩니다. 우리도 계명 순종 잘 하고 윤리와 도덕적인 면에서 완벽하다고 생각하면서 진작 하나님께서 요구하시는 것에 2% 부족한 것이 없습니까? 2%는 모든 것을 부정하는 바다의 3%의 소금기와 같아서 부족하면 부패하고 썩어서 제 기능을 다하지 못합니다. 여러분들에게 있어서 그 한가지 부족한 것이 무엇입니까?

한가지 부족한 것

예수님께서는 십계명에 나오는 대부분의 계명을 어릴 때부터 다 지켰다는 이야기를 듣고 사랑하는 마음으로 **'네게 아직도 한가지 부족한 것이 있다고 하시면서 네가 가진 재물을 팔아서 가난한 자들에게 주라 그러면 하늘 나라에 보화가 있을 것이고 그 후에 나를 따르는 제자가 될 것'** 이라고 했습니다(21절). 자기가 가진 것을 움켜지는 것이 아니라 나누어 주고 베풀어 주는 것이 하늘 나라에 보화를 쌓는 일이고 주님의 참된 제자가 되는 것입니다.

이 때 예수님께서는 그 영혼을 꿰뚫어 보셨습니다. 21절입니다. **"예수께서 이르시되 네가 온전하고자 할진대 가서 네 소유를 팔아 가난한 자들에게 주라 그리하면 하늘에서 보화가 네게 있으리라 그리고 와서 나**

를 따르라 하시니" 예수님은 이 청년의 내면 깊은 곳을 보고 계셨습니다. 사랑하는 여러분? 하나님께서는 우리의 외모를 보지 않으십니다. 우리 영혼의 깊은 곳을 훤히 들여다 보고 꿰뚫고 계십니다. 사람마다 자기 내면 깊은 곳에 하나님이 아닌 다른 무엇을 둘 수 있지만 이 사람의 경우는 물질에 대한 애착, 물질에 대한 집념이 있었습니다. 예수님께서 그것을 지적하셨습니다.

여기서 예수님께서 '가서 네 소유를 팔아 가난한 자들에게 주라'고 하셨는데 이 말씀을 오해하기 쉽습니다. 여기서 꼭 하나 기억할 것이 있습니다. 물질을 포기하는 것이 구원의 조건이 아니라는 사실입니다. 예수를 잘 믿으려면, 구원을 받으려면 오늘 집에 가서 재산 다 팔아서 가난한 사람에게 준 다음에 와서 예수를 믿으라는 뜻이 아닙니다. 구원은 은혜로, 믿음으로 받습니다.

부자 청년에게는 물질이 문제가 되었습니다. 만약 어떤 사람이 하나님이 원하시지 않는 여자와 교제를 하고 있는데, 그가 와서 헌금도 하고 봉사도 잘 합니다. 그에게 하나님이 그 여자 놔두고 와서 나를 섬겨라 하면 그가 당황하기 시작합니다. 어떤 지위에 있는 사람에게 예수님이 그 지위를 버리고 와서 나를 섬기라고 말씀하실 수 있습니다. 이럴 때 그가 주저하고 망설인다면 그에게 있어서 우상은 무엇입니까? 숨어있는 내면의 장애물은 무엇입니까? 사랑이라는 감정이요, 지위인 것입니다. 오늘 이 청년의 구원의 장애물은 물질이었습니다.

22절에 **"그 청년이 재물이 많으므로 이 말씀을 듣고 근심하며 가니라"**

돈이 많다는 게 참 문제입니다. 돈 없는 사람에게는 돈이 최고일 수 있습니다. 그러나 그 돈이 우리의 신앙을 넘어뜨리고 실족하게 할 때가 많습니다. 오늘 본문의 청년을 좀 더 분석해 보십시다. 재물이 많고 젊음이 있습니다. 명예가 있고 도덕적 깨끗함이 있습니다. 더 나아가 신앙적 겸손이 있고 영생에 관한 호기심도 있습니다. 예수님께 와서 무릎을 꿇었습니다. 그런데 예수님께서는 그것들을 보시지 않았습니다. 거기에 관심이 없으셨습니다. 예수님께서는 그 청년의 심령 깊은 곳에 물질에 대한 집착이 있음을 보시고 그것을 찌르셨습니다. 이 사람이 깜짝 놀랐습니다. 아주 충격을 받았습니다. 그리고 갈등하고 고민하기 시작했습니다.

우리는 말씀을 들으면 갈등하고 고민하게 됩니다. 누구든지 하나님의 말씀을 들으면 삶과 말씀 사이에서 갈등하고 고민하게 됩니다. 우리의 우상은 무엇입니까? 지금 하나님과 우리와의 깊은 관계를 막고 있는 벽은 무엇입니까? 예수님께서는 그것을 보고 계십니다.

시편 32장 4절에 **"주의 손이 주야로 나를 누르시오니 내 진액이 화하여 여름 가물에 마름같이 되었나이다"**라고 시편기자는 고백하고 있습니다. 하나님께서 오늘 우리에게 주신 말씀은 바로 이것입니다. 하나님께서 가감하게 청산하도록 말씀하실 때 우리는 고민하게 됩니다. 지적을 받았을 때 우리는 고민해야 합니다. 괴로워해야 합니다. 그러나 이 청년처럼 근심하고 떠나버리지는 말아야 합니다. 이 사람의 잘못은 무엇입니까? 예수님의 말씀을 듣고 근심하는 것까지는 좋았습니다. 근심하고 떠나버린 것, 이것이 문제였습니다. 우리는 근심하고, 고민하더라도 결코 주님을 떠나면 안됩니다. 그물을 버리고 주님을 따랐던 주님의 제자들처럼, 하나님의 말씀으로 지적받은 영적인 갈등거리들을 치워 버리고 주님을 따르는 제자들이 되시기 바랍니다.

70년대 서울 구파발에서 한 목사님이 가난한 성도들과 함께 목회를 하고 있었습니다. 교인 대부분은 극빈층이었습니다. 목사님이 심방을 가서 그들의 어려운 살림을 보면서 한없이 가슴 아파하던 중 하루는 믿음 좋은 C구역장 집을 찾아가서 밀가루 한 포대를 내밀었습니다. "수제비라도 끓여 드세요." 밀가루 한 포대가 얼마나 도움이 되겠습니까만 목사님은 구역장을 어떻게든 좀 돕고 싶었습니다. 끼니를 거르고 있다는 것을 알았기 때문이었습니다. 고마운 마음으로 수제비를 끓여 허기진 배를 채우고 난 그 구역장은 아차 하는 생각에 가슴을 쳤습니다. "먹는다는 게 뭔지..내 배 채우는 것만 생각했네.." 그녀는 구역 식구들이 생각났습니다. 배가 등에 달라붙은 어린 것들을 달래며 허기를 눈물처럼 삼키고 있을 얼굴들이 떠오른 것입니다. 그녀는 밀가루를 한 바가지만 더 퍼내고서 밀가루를 구역 식구에게 전해 주었습니다. 목사님께서 갖다 드리라고 하셔서 가져왔노라고 덧붙였습니다. 밀가루 포대를 받은 구역식구도 구역장과 같은 생각을 했습니다. '우리 구역에 나만 어려운 게 아닌데..' 주린 배로 누워있을 이웃이 생각났습니다. 그 역시 구역장처럼 한 바가지만 퍼내고 나머지를 이웃 구역식구 집에 갖다 주었습니다. 이렇게 해서 돌고 돈 밀가루 포대는 무려 일곱 집을 거쳐 갔다가 결국 처음의 그 구역장 집으로 되돌아왔습니다. 다시 밀가루 포대를 받아 든 구역장은 구역원들의 사랑에 감격하여 한참을 목 놓아 울었습니다. 밀가루 포대가 마치 구역 식구들인 양 가슴에 꼭 껴안고 펑펑 눈물을 쏟았습니다. 금요일 저녁, 구역 예배를 마치고 난 후였습니다. 어느 누구도 먼저 밀가루 이야기를 꺼내지 못했습니다. 그래서 구역장이 조용히 입을 열었습니다. '우리 주님께서 보리떡 다섯 개와 물고기 두 마리로 오천명을 먹이시는 이적을 보이신 적이 있습니다. 그런데 우리 구역에서도 그와 비슷한 일이 있었습니다. 밀가루를 받아든 우리 구역 식구들은 다들 다른 사람을 생각해서 그걸... 구역장의 목소리가 떨리기 시작했습니다. 울먹울먹하다가 드디어 참았던 울음이 터졌습니다. 듣고 있던 성도들이 다들 서로의 손을 움켜 잡았습니다. 서로 부둥켜안고 목 놓아 울기 시작했습니다. 방안은 순간 울음바다가 되었습니다. 누구도 먼저 부둥켜안은 팔을 풀지 않았습니다. 이러한 성도들이 비록 가난하고 어렵게 살아도 서로 서로 감동을 끼치며 섬김의 삶을 아름답게 실천하면서 영생 얻은 공동체로 부흥하고 건강하게 된 것입니다.

우리는 영생에 대한 진지한 태도를 가져야 합니다. 영생은 모든 사람들이 가지고 있는 최고의 관심사이며 아주 중요한 문제입니다. 이 근원적인 문제는 반드시 해결이 되어야 합니다. 모든 것을 한꺼번에 다 가지고 있다고 하더라도 영혼의 문제, 죄의 문제, 죽음의 문제를 해결하지 않고서는 불안합니다. 수직적 관계에서의 순종만 아니라 수평적 관계에 있어서 이웃사랑도 실천해야 그것이 100%가 됩니다. 다시 말하면 신앙으로 영생을 얻지만 영생 얻은 자답게 살아야 한다는 것입니다. 그 대표적인 것이 자기가 가지고 있는 물질이 우상이 되면 안되고 나누고 베풀어 주는 행동으로 성화되어야 합니다.

Chapter 17

영생과 재물(2)

(The eternal life & wealth)

막 10:23-31

예수께서 둘러 보시고 제자들에게 이르시되 재물이 있는 자는 하나님의 나라에 들어가기가 심히 어렵도다 하시니 제자들이 그 말씀에 놀라는지라 예수께서 다시 대답하여 이르시되 얘들아 하나님의 나라에 들어가기가 얼마나 어려운지 낙타가 바늘귀로 나가는 것이 부자가 하나님의 나라에 들어가는 것보다 쉬우니라 하시니 제자들이 매우 놀라 서로 말하되 그런즉 누가 구원을 얻을 수 있는가 하니 예수께서 그들을 보시며 이르시되 사람으로는 할 수 없으되 하나님으로는 그렇지 아니하니 하나님으로서는 다 하실 수 있느니라 베드로가 여짜와 이르되 보소서 우리가 모든 것을 버리고 주를 따랐나이다 예수께서 이르시되 내가 진실로 너희에게 이르노니 나와 복음을 위하여 집이나 형제나 자매나 어머니나 아버지나 자식이나 전토를 버린 자는 현세에 있어 집과 형제와 자매와 어머니와 자식과 전토를 백 배나 받되 박해를 겸하여 받고 내세에 영생을 받지 못할 자가 없느니라 그러나 먼저 된 자로서 나중 되고 나중 된 자로서 먼저 될 자가 많으니라

기독교인들의 마음속에 은근히 성도들은 부자가 되어서는 안 된다는 불편한 진실을 가지고 있는 것 같습니다. 그것은 주님께서 부자가 하나님의 나라에 들어가는 것이 낙타가(밧줄) 이 바늘귀로 들어가기보다 어렵다고 말씀하신 것에 기인하지 않나 하는 생각을 해

봅니다. 그리고 부자와 나사로의 비유를 통해 드러난 교훈 때문이 아닌가 생각합니다. 더 더욱 우리 주님께서 청빈하게 사셨기 때문이라고 생각합니다. 그러나 가난이 하나님 나라에 입성하는 조건이 된다고 오해해서는 안됩니다.

마음 속에 가지고 있는 최고의 가치를 물질로 생각할 때 하나님 나라와 어떤 관계에 있는지를 주님이 말씀하고 계시는 것입니다. 다시 말하면 나의 삶의 주인이 누구인지에 따라서 천국 입성이 판가름 나는 것이지 가난하기 때문에 천국에 들어가는 것은 아닙니다. 부자라고 하는 것의 기준도 성경은 정해주고 있지 않습니다.

부자와 하나님나라

청년이 재물이 많아서 그것을 팔아 가난한 자들에게 주는 것이 너무 아까웠던 모양입니다. 그래서 그는 예수님의 말씀을 듣고 슬픈 기색을 띠고 근심하면서 자신의 길을 가 버렸습니다. 오늘 날에도 교회가 재정적으로 어렵고 압박을 받으면 헌금하는 것이 부담되어 다른 교회(대교회)로 가는 부자 청년과 같은 사람들이 없지를 않습니다. 물질에 대한 욕심과 헌금과 구제에 대한 아까움으로 인하여 교회를 떠나는 어리석은 행동을 해서는 안됩니다. 주님께서는 그 청년의 잘못된 반응과 태도를 보시고 난 후에 물질에 대한 교훈을 제자들에게 명확하게 하셨습니다. 23절에 **"재물이 있는 자는 하나**

님의 나라에 들어가기가 심히 어렵도다" 라고 했습니다. 얼마나 어려운지 **"낙타가 바늘귀로 나가는 것이 부자가 하나님의 나라에 들어가는 것보다 쉬우니라"** 라고 하셨습니다. 전혀 불가능하다고 말씀하시지 않고 그만큼 어렵다고 하셨습니다.

그 이유는 우리가 다 알 수 없지만 분명하게 알 수 있는 것은 하나님께서 나누고 베풀라고 하시는 것에 쉽게 순종이 되지 않기 때문이 아닌가 생각합니다. 돈에 대한 욕심과 아까움이 없는 사람은 이 세상에 아무도 없습니다. 내가 가지고 있는 소유가 다른 사람에게로 넘어가는 것에 대한 아까움이 있기 때문에 가난한 자에게 나누어 주고 나를 믿고 따르라는 명령에 순종할 수 없습니다. 물질에 대한 소유권을 하나님께로 넘기는 것은 절대 쉽지 않습니다. 그래서 물질의 노예가 되고 물질이 움직이는 쪽으로 내 마음과 행동이 결정이 됩니다.

물질에 대한 바른 가치관이 형성되지 않으면 하나님의 나라, 즉 의와 거룩과 공평이 지배하는 공동체 속에서 누리는 기쁨과 평안을 얻을 수 없습니다. 하나님의 나라는 사도바울이 분명하게 말씀하고 있습니다. 로마서 14장 17절에 **"하나님의 나라는 먹는 것과 마시는 것이 아니요 오직 성령 안에서 의와 평강과 희락이라."**

그 당시 유대인들은 부자는 하나님의 복을 받은 자들이기 때문에 천국에 들어가는데 영순위라고 생각하고 있었습니다. 그러나 주님께서는 반대로 말씀하셨습니다.

구원과 하나님의 나라

이러한 통념을 가지고 있었고 유대인이었던 제자들이 깜짝 놀라게 되었습니다. 주님께서는 그 당시에 물질에 대한 잘못된 가치관을 가지고 그것을 천국과 관련시켜 믿고 있었던 잘못을 시정시켜 주시기를 원하셨습니다. 부자도 천국에 들어가기가 어렵지만 가난한 자도 마찬가지입니다. 모든 인간은 죄인이기 때문에 물질이나 공로나 행위로 들어가는 것이 아니라 메시아로 오신 예수 그리스도를 믿을 때 가능합니다. 구약의 그 어떤 의식과 율법도 그것 자체로 구원을 받을 수 있는 것이 아닙니다. 하나님께서 타락이후에 인류 구원을 위해서 보내 주시기로 약속하신 메시아를 믿음으로 구원얻어 천국에 입성합니다.

그러면 물질과 영생 즉 천국에 들어가는 것과는 어떤 관계가 있습니까? 주님의 제자들이 질문하는 **"그러면 누가 구원을 얻을 수 있습니까?"** 라고 하는 질문에 대한 대답을 보면 알 수 있습니다. 27절에 **"사람으로는 할 수 없으되 하나님으로는 그렇지 아니하니 하나님으로서는 다 하실 수 있느니라"**고 하셨습니다. 사람은 돈이 있고, 미모가 있고, 명예가 있고, 권력이 있고, 건강이 있으면 그것들을 믿고 세상에서 부귀영화를 영원토록 누리려고 합니다. 이것은 일반적인 생각이며 가치관입니다. 무엇인가 가진 것이 있는 사람들은 믿는 구석이 있기 마련입니다. 이런 사람들은 마음이 교만하고 자신을 믿기 때문에 하나님의 말씀이 들어갈 구멍이 없습니다. 완강하게 거부합니다. 그러나 구원에 관해서는하나님께서 전적인 주권을 가지고 계시므로 비록 돈을 의지하고 건강과 다른 그 어떤 것을 믿고 있는 사람도 하나님의 말씀으로 녹아 자신의 부족함을 인정하고 말씀을 붙잡고 믿으면 영생을 선물로 받습니다. 다시 말하면 천국 백성이 됩니다. 천국 문은 너무나 이상해서 인간의 공로로 통과하려고 하면 바늘 구멍같이 좁아져 버립니다. 그런데 내가 가진 것을 다 버리고 오직 믿음으로 나아가면 대문같이 활짝 열려서 능히 들어갈 수 있게 됩니다.

예를 들면, 삭개오는 세리장으로 그 당시 돈에 대해서는 전혀 걱정이 없는 사람이었습니다. 돈에 노예가 되어 세상에서 부귀영화를 누리는 사람이었습니다. 하지만 그는 예수님에 대한 소문을 듣고 믿음을 가지게 됨으로 인하여 자기가 가진 재산 절반을 팔아 가난한 자들에게 주고 부당하게 거두어 착복한 것을 4배나 되돌려 줌으로 그 마음이 슬림(slim)해져서 하늘나라에 가뿐이 들어가는 복을 받게 되었습니다. 그 가정에 초대 받았던 주님의 선언을 보십시오. 누가복음 19장 9절에 **"오늘 구원이 이 집에 이르렀으니 이 사람도 아브라함의 자손임이로다"** 라고 기록하고 있습니다.

원숭이를 이렇게 잡는다고 합니다. 작은 구멍이 있는 나무 안에 과일과 호두를 넣어둡니다. 이윽고 나타난 원숭이가 과일과 호두를 보고 구멍 속에 손을 집어넣습니다. 그러나 과일과 호두를 움켜쥐었지만 원숭이는 손을 빼지 못합니다. 과일과 호두를 움켜쥔 손이 빠져 나오기엔 구멍이 작습니다. 원숭이는 그만 함정에 빠진 것입니다. 원숭이는 과일과 호두를 움켜쥔 채로 빠져나가려고 몸부림을 치지만 결코 구멍에서 손을 빼지 못합니다. 그렇다고 해서 원숭이는 결코 과일과 호두를 포기하지 않습니다 원숭이는 결국 사람에게 사로잡힙니다.

이 세상의 물질에 집착하다 보면 결국 영생을 얻는 것을 포기하고 결국 죽음의 길을 선택하고 맙니다. 하나님만 하실 수 있다는 것은 모든 권한을 하나님께서 가지고 계시다는 뜻입니다. 하나님을 믿으면서도(부자청년처럼) 아직도 물질이 자신의 삶의 목적이요, 주인이 되어 있는 사람들을 말씀으로 변화시켜 천국 백성이 되게 하시는 모든 권한은 하나님께서 전적으로 가지고 계십니다.

헌신과 하나님 나라

베드로는 예수님께서 말씀하시는 구원에 관한 말씀을 듣고 현실적으로 자신들의 헌신과 결단에 대해서 어떤 보상이 있는지에 대해서 물었습니다. 모든 것을 버리고 주님을 따랐으니 우리에게는 무엇이있다는 말입니까? 라고 질문하게 되었을 때 예수님의 대답은 베드로와 제자 공동체가 기대했던 것 보다 훨씬 큰 것이었습니다.

베드로의 말을 들으신 예수님께서는 베드로의 의도를 알아차리시고는 이렇게 대답해 주셨습니다. **"진실로 너희에게 이르노니.."** '진실로' 하시면서 다른 말씀들도 그렇지만 이 말씀만큼은 예수님께서 철저하게 보증하신다는 뜻입니다. 30절에 **"나와 복음을 위하여 집이나 형제나 자매나 어머니나 아버지나 자식이나 전토를 버린 자는 현세에 있어 집과 형제와 자매와 어머니와 자식과 전토를 백 배나 받고."** 이것이 예수님께서 첫번째로 말씀하시고 보증하신 내용입니다. 그렇지만 우리로서는 참 믿기 힘든, 정말 현실성이 없는 말씀처럼 들립니다. 그것은 바로 '백 배' 라는 말 때문입니다.

집에 전단지가 하나 들어왔습니다. '백만원만 투자하시면 천만원으로 만들어 드립니다' 하고 말입니다. 여러분 같으면 이 약속을 믿고 투자하시겠습니까? 그런데 주님께서는 이렇게 말씀하십니다.' 백만원만 투자하시면 1억으로 돌려드립니다. 진짭니다. 확실히 보장합니다.' 라고 말입니다. 게다가 이게 하늘나라에 가서 그렇게 해 주신다는 말씀이라면 그래도 조금 신빙성이 있겠지만 주님은 분명히 '현세에' 라고 단서를 붙이십니다. 그러니까 '죽기 전에' 라고 말씀하십니다. 주님의 말씀을 믿기가 더 어렵게 만드는 말씀입니다. 그리고, 가만히 살펴보면 이 약속 자체가 말이 되지 않는 약속입니다. 집과 땅은 백 배를 받을 수 있을지도 모릅니다. 하나님께서 주시면 되니까요. 그렇지만 형제와 자매와 어머니와 자식을 백 배나 받는다니 이게 말이 됩니까?

이 말씀에 대한 성취는 사도행전의 초반 부에서 발견됩니다. 예루살렘 교회에 성령님께서 충만하게 임하신 후에 사도들과 성도들은 복음을 들고 거리로 나가 정말 엄청난 부흥을 이루었지만, 더욱 놀라운 것은 그들이 살았던 모습입니다. 성령님께서 그들을 하나로 묶으시자 그들은 더 이상 너와 나의 구별이 없어졌습니다. 모두가 다 진심으로 친 가족보다도 더 사랑하는 하늘가족들이 되었습니다. 모두가 다 형제와 자매, 부모와 자녀가 되었습니다.

그것뿐만이 아닙니다. 우리가 다 알다시피 그들은 모두 자기 것을 자기 것이라고 여기는 사람이 없었습니다. 모두가 다 자기 것을 자기 것이 아니라고 여긴다면 어떤 일이 일어날까요? 한 사람 한 사람이 가진 것이 모두의 것이 됩니다. 아니 아예 누구의 것이라는 말이 필요없는 상태가 됩니다. 그러니 집이 백 채고, 전토가 백 배가 됩니다. 실제로 나중에 사도들은 다른 도시들로 전도여행을 다닐 때, 자신의 소유에 대해서 그렇게 여기는 사람들의 집에 머물면서 그 사람들로부터 필요한 것들을 공급받았습니다. 그렇게 할 수 없었다면 사실 초대교회의 선교 자체가 불가능했을 것입니다. 그러니, 주님께서 말씀하신 모든 것은 '현세에' 다 이루어진 일이었습니다. 예수님의 말씀은 거짓이 아니라 오히려 더 풍성하게 이루어졌습니다.

주님께서는 또 이렇게 말씀하셨습니다. **"내세에 영생을 받지 못할 자가 없느니라"** 오늘 주님은 어떤 사람들에게 영생을 보장하고 계십니까? 이런 사람이라면 그는 내세에 반드시 영생을 얻게 될 것이라고 말씀하십니다. 그 사람은 어떤 사람입니까? 그 사람은 현세에 집과 형제와 어머니와 자식과 전토를 백 배나 받은 사람입니다. 주님의 말씀을 따라 살면서 이 땅 위에서 하늘의 풍성함을 이미 맛보고 누린 사람입니다. 이미 이 땅 위에서 하늘의 풍성함을 맛보고 누렸으니 그 사람이 내세에 영생을 누리지 못할 이유가 전혀 없습니다. 하나님께서는 내세에 누릴 영생의 영광과 풍성함을 이미 교회 안에 맛보기로 넣어두셨습니다. 서로가 서로를 위해서, 그리고 하나님을 위해서 넉넉하게 헌신함으로써 하늘의 풍성함을 누릴 수 있도록 해 놓으셨습니다.

한국교회의 가장 위대한 순교자 중 한 분이신 주기철 목사님이 시무했던 평양 산정현교회에는 유계준 장로님이라는 분이 계셨습니다. 유장로님은 주목사님을 남몰래 도우며 섬기다가 자신도 주목사님과 함께 순교하였습니다. 감옥에 투옥된 주목사님의 가족이 교회사택에서 길거리에 내몰렸을 때 장로님은 아무도 모르게 사택을 구해주어 가족들이 기거하게 해주었습니다. 어린 딸이 여학교에 등교할 때 쌀을 담은 종이봉지를 담벼락 안으로 던져주게 하여 목사님의 가족들이 끼니를 이어가게 했습니다. 1970년대까지의 통계를 보면 이러한 유장로님의 8남매의 후손들 중에서 박사가 153명, 장로 30명, 의사와 약사 25명이 배출되었습니다. 장로님의 넷째 아들은 서울대총장이었던 유기춘 박사였습니다. 목사님의 목회에 협력하고 영력을 북돋아주는 귀한 일군들은 이와같이 후손들이 복을 받습니다.

우리의 헌신이 절대 헛되지 않습니다. 땅 위에서도 내세에도 보장이 됩니다. 한해를 마무리 하면서 남은 생애동안 더욱 충성하시는 여러분들이 되시기를 바랍니다.

우리는 가난하게 되는 것을 그리스챤의 표지로 생각하고 우월감을 가지면 안됩니다. 그렇다고 부자가 되어 그 부를 의지하는 어리석음도 범해서는 안됩니다. 물질이 많아지면 나도 모르게 내 마음이 물질있는 곳으로 움직여지면서 하나님과 멀어질 수 있습니다. 멀어지지 않게 하는 최고의 방법이 바로 나눔입니다. 복음과 하나님의 나라 그리고 가난한 자를 배려하는 일로 하나님과 가까워질 수있고, 천국 입성의 소망을 가지게 됩니다. 구원은 우리의 노력 여하에 달려 있는 것이 아니고 전적으로 하나님의 구원계획에 달려 있습니다. 메시아를 믿고 하나님의 말씀에 순종하며 나아갈 때 천국에 들어가는 은혜를 누리게 됩니다. 그리고 하나님 나라를 위해서 헌신하는 자들에게는 보상을 백배나 받고 영생을 반드시 보장받게 됩니다. 이 진리를 먼저 안 사람이 나중이 되고, 나중에 깨달은 사람이 먼저 되는 복을 받게 되는 경우가 있습니다. 태어나는 것은 순서가 있지만 죽는 것은 순서가 없는 이치와 동일합니다. 영생을 선물로 받은 우리가 땅 위에 사는 동안 하나님께서 기뻐하시고 원하시는 삶으로 하나님께 영광 돌려 드릴 수 있기를 주님의 이름으로 축복합니다.

Chapter 18

예수님, 사명의 길

(Jesus, The way of mission)

막 10:32-34

예루살렘으로 올라가는 길에 예수께서 그들 앞에 서서 가시는데 그들이 놀라고 따르는 자들은 두려워하더라 이에 다시 열두 제자를 데리시고 자기가 당할 일을 말씀하여 이르시되 보라 우리가 예루살렘에 올라가노니 인자가 대제사장들과 서기관들에게 넘겨지매 그들이 죽이기로 결의하고 이방인들에게 넘겨 주겠고 그들은 능욕하며 침 뱉으며 채찍질하고 죽일 것이나 그는 삼 일 만에 살아나리라 하시니라

사순절은 예수 그리스도의 고난과 십자가를 묵상하며 절제와 경건한 삶을 통해 주님의 모습을 닮고자 노력하는 특별한 기간입니다. 세상사람들은 이 기간이 어떤 의미가 있는지 조차도 모르고 있습니다. 그러나 그리스도인들은 이 기간이 무엇인지를 알고 그리스도를 깊이 묵상하면서 삶을 돌아보는 기회로 삼습니다.

우리 주님께서는 그의 길이 고난과 가시밭 길, 심지어 십자가에 달려 돌아가셔야 하는 험한 길임을 알고 계셨습니다. 그래도 그 길을 마다하지 않고 가신 이유는 단 한 가지, 사명자의 길이었기 때문입니다. 다시 말하면 하나님께서 맡기신 인류구원을 위해 마땅히 감수해 내어야 할 사명의 길이었기 때문입니다. 모든 어려움과 고난 심지어 처참한 죽음까지도 아시면서 죄인인 우리를 위해 묵묵히 걸어가셨습니다. 평소에 예수님께서는 제자들에게 자신이 예루살렘으로 가서 당하실 일들을 동일하게 두 번이나 말씀하셨습니다. 오늘 본문은 세번째 예고하신 내용입니다.

앞서가신 예수님

모든 유대인들이 이집트의 바로의 폭정에서 해방된 것을 기념하는 유월절을 지키기 위해 예루살렘으로 올라가는 때였습니다. 유대인들과 유대교로 개종한 이방인들은 제물을 마련해야 했지만, 예수님은 그 자신을 인류의 죄를 위한 속죄 제물로 삼기 위해 제자들 앞에 서서 가셨습니다. 예수님은 죽을 자리를 향해 마지못해 뒤쳐져 가신 것이 아니라, 스스로 속죄 제물이 되시기 위해 죽을 자리를 향하시는 결연한 행동을 보이셨습니다. 예수님께서는 제자 공동체의 선두에 서서 예루살렘을 향해 발걸음을 옮기셨습니다.

사명자는 고독하지만 용기를 내어 앞서 행할 필요가 있습니다. 뒤쳐져서 관망하는 비겁한 태도를 보이는 것이 아니라 힘들고 어렵지만 앞서 가야 합니다.

그러나 따르는 제자들은 그런 예수님을 이해할 만한 영적 지각도 없었고, 또한 이해하려고 하지도 않았습니다. 애당초 그들은 예수님께서 세계를 정복하고 지배할 영광의 메시아이신 줄 믿고 따랐고, 그 승리의 날에 메시아 왕국의 벼슬을 얻을까 하는 야심을 가지고 따랐습니다. 그런데 예수님이, 모든 것을 버리고 자신을 좇는 자들은 백배를 받되 핍박을 겸하여 받고, 또한 내세에 영생을 받는다고 하신 데다, 먼저 된 자로서 나중 되고 나중 된 자로서 먼저 될 자가 있을 것이라고 하신 말씀 때문에 놀랐습니다. 물론, 추종자들도 두려워했습니다. 토를 달지 않고, 백배의 보수와 사후에 영생을 받는다고만 하셨으면 그들이 신바람이 났을 텐데, 핍박을 받는다는 조건을 다셨기 때문에 그들은 놀라고 두려워했습니다. 예수님의 비장한 각오와 결연한 행동 또한 제자들과 추종자들을 놀라게 하고 두려워하게 한 요인입니다. 예수님께서 고난의 길, 즉 어린양과 같이 하나님께 드려질 희생제물로써 예루살렘으로 올라가시는 것이 제자들에게는 무척 두렵고 떨리는 일이었습니다. 그래서 그들은 선봉에 서지 않고 예수님을 뒤 따라갔습니다. 베드로는 늘 앞서서 행동하는 제자였지만 십자가의 길을 걷는 데는 총대를 메지 않았습니다.

제자들의 마음과 태도, 예수님의 결의와 의지와는 너무나 대조적입니다. 지도자는 항상 본을 보이며 앞서가는 자입니다. 지도자, 사명자는 모범을 보이며 따라 오라고 해야지 뒤에서 가지 않습니다. 훌륭한 군대 지휘관은 병사들을 먼저 보내는 것이 아니라 앞서 가면서 '나를 따르라', '공격 앞으로' 하며 죽음을 불사하고 앞장섭니다. 우리의 군대 장관이신 그리스도께서 앞장서 가시는 것은 그때나 지금이나 동일하십니다. 이런 찬양을 부르며 우리는 주님의 뒤를 따라 갑니다. 찬송 351장를 함께 불러 봅시다.

'믿는 사람들은 주의 군사니 앞서가신 주를 따라갑시다.
우리 대장 예수 기를 들고서 접전하는 곳에 가신 것 보라
믿는 사람들은 주의 군사니 앞서가신 주를 따라 갑시다' (후렴)

우리는 이미 그리스도께서 걸어가신 그 길을 묵묵히 헤치고 나아가야 합니다. 특히 지도자 된 우리가 두려움을 물리치고 고난의 현장으로 나아가야 합니다. 사명을 발견한 사람들은 앞서 행하며 힘있게 나아갑니다. 오늘 주님께서 보여주신 이러한 모범을 실천할 사람들이 필요합니다. 어렵고 힘들면 회피하거나 도망가는 자들이 아니라 앞장서서 나아가는 믿음과 용기를 가진 성도들이 필요합니다. 믿음의 선배들은 몸소 이 길을 기쁨으로 걸어갔습니다.

예화)초대교부(教父)인 터툴리안(Tertullian)은 '순교자의 피는 교회의 씨앗이다' 라고 하면서 끝까지 로마황제의 핍박에도 굴하지 않고 순교자의 길을 걸어갔습니다. 결국 313년 콘스탄티누스(Constantinus) 황제가 즉위하면서 기독교를 로마의 국교로 인정하게 되었습니다. 사명의 길을 걷는 자에게 하나님께서 힘을 주시고 능력을 주시며 일을 이루시고 영광을 받으십니다.

고난을 예고하심

제자들이 예수님의 뒤를 따라갔습니다. 우리 같으면 빨리 따라오라고 재촉한다든가, 그렇게 동작이 느려서 어떻게 하겠느냐고, 억지로 하는 일은 아무 일도 안 된다고 책망할 것입니다. 혹은 이왕 할 일이니 즐겁게 해 보자고 격려할 수도 있습니다. 또는 조금만 참으면 더 좋은 일이 생길 것이라고 희망을 불어 넣을 수도 있습니다. 그러나 예수님께서는 그러한 책망이나 꾸중 그리고 격려 대신 앞으로 될 일에 대해서 말씀하셨습니다. 그 일은 즐거운 일, 희망의 일, 좋은 결과를 예상하는 일이 아니었습니다. 인류 구원을 위한 사명의 길, 고난의 길, 십자가의 길이었습니다. 좋은 이야기는 하기 쉽지만 어렵게 될 일, 죽음에 관한 이야기, 부담스러운 이야기는 하기가 쉽지 않습니다. 그러나 예수님은 제자들에게 고난의 길에 대해서 이야기 했습니다. 그 이유는 예수님은 길을 걷되 억지로 가는 길이 아니라 자발적인 사명의 길이었기 때문이었습니다. 세상적인 군주나 왕으로 군림하는 메시아가 아니라 하나님의 나라는 희생과 섬김을 통해서 이루어진다는 명백한 진리를 알려주기 위함이었습니다.

그렇습니다. 사람들은 고난을 싫어합니다. 건강, 편안, 안락, 부유들을 좋아하고 그것이 이루어지면 행복하다고 합니다. 정말 이런 것들이 행복의 근간이 될 수 있을까요? 세상사람들이 말하는 행복의 요소는 될 수 있을지 모르나 하나님의 나라, 메시아가 이루실 나라는 그런 것이 아닙니다. 반드시 고난의 터널을 통과해야만 성취되는 나라이기에 주님을 따르는 자들은 고난의 필요성과 유익을 알고 동참해야 합니다. 베드로는 그리스도인들에게 다음과 같이 권면하고 있습니다. 베드로전서 2장 21절 **"이를 위하여 너희가 부르심을 입었으니 그리스도도 너희를 위하여 고난을 받으사 너희에게 본을 끼쳐 그 자취를 따라 오게 하려 하셨느니라"**

오늘 주님의 제자들인 우리도 여전히 미래가 불투명하고 고난이 우리 앞을 가로막는다 하더라도 두려워하거나 놀라지 말고 주님께서 예고하신 고난을 기쁨으로 맞이하면서 그분이 남겨 놓은 고난을 우리의 육체에 채워가야 합니다. 사도바울은 자신이 당하는 하나님의 나라를 위한 고난, 즉 교회 성도들을 위한 희생의 제사로써 고난을 자신의 육체에 채운다고 고백하고 있습니다. 골로새서 1장 24절 **"내가 이제 너희를 위하여 받는 괴로움을 기뻐하고 그리스도의 남은 고난을 그의 몸 된 교회를 위하여 내 육체에 채우노라"**

우리도 동일하게 고난을 통해서 주님의 고난에 동참하고 교회를 위해서 고난 받기를 즐거워해야 합니다. 피한다고 되는 것이 아닙니다. 고난이 올 때 함께 동참하는 자가 복되고 아름답습니다. 베드로전서 5장 10절 **"모든 은혜의 하나님 곧 그리스도 안에서 너희를 부르사 자기의 영원한 영광에 들어가게 하신 이가 잠깐 고난을 받은 너희를 친히 온전케 하시며 굳게 하시며 강하게 하시며 터를 견고케 하시리라"**

고난의 길 자청하심

예수님은 제자들에게 자신이 예루살렘에 올라가면 대제사장들과 서기관들, 즉 종교 지도자들에게 넘겨질 것을 말씀하셨습니다.

"종교지도자들은 나를 죽이려고 작정하고, 공모할 것이다. 없는 사실을 만들어 누명을 씌우거나 있는 내용이라도 진의를 파악하지 않고 왜곡하여 나를 곤경으로 몰아 넣을 것이다. 그리고 이방인, 즉 빌라도와 로마 군인들에게 넘겨 줄 것이다. 집요하게 나의 말을 꼬투리 잡아 정죄하고 고소하는 일들을 할 것이다"라고 하셨습니다.

말꼬리를 물고 반박하는 사람들의 이야기를 들으면 환장하게 됩니다. 정신적이고 영적인 면의 고난은 육체적인 것 보다 훨씬 강도가 높습니다. 엄청난 스트레스를 받게 되고 그 스트레스는 결국 육체를 망가뜨리게 됩니다.

예수님은 고난 받으실 것을 미리 말씀하시고 제자들에게만 고난의 길을 걷도록 주선하신 것이 아니라 자신이 친히 고난을 수용하시고 그 길을 걸어가셨습니다. 사명자가 가는 길에는 대적자들이 많이 있습니다. 옳은 길, 의의길, 영적인 길을 걷고자 하면 핍박이 많고 고난이 많이 있습니다. 그것을 수용하고 묵묵히 걸어가야 합니다. 일일이 다 대꾸하거나 회피하면 맡겨진 사명을 감당할 수 없습니다.

죽음과 부활을 예고하심

예수님께서는 제자들에게 다시 한 번 구세주로서의 자신이 당할 일을 밝히셨습니다. **"보라 우리가 예루살렘에 올라가노니 인자가 대제사장들과 서기관들에게 넘기우매 저희가 죽이기로 결안하고 이방인들에게 넘겨주겠고 그들은 능욕하며 침 뱉으며 채찍질하고 죽일 것이니"**(막 10:33-34) 인류를 구원하시는 하나님의 섭리에 의해서 예수님이 유대의 대법정인 산헤드린(Sanhedrin: συνέδριον)에 넘겨질 것이고, 산헤드린은 사형을 선고한 후에 통치 국가인 로마 총독부에 넘겨 줄 것이고, 그들은 확정 판결을 내린 후에 예수님을 능욕하며, 침을 뱉으며, 채찍질하고, 십자가에 못박아 죽일 것이라는 뜻입니다.

예수님께서는 제자들에게 그들이 바라는 장밋빛 인생을 약속하지도 않으셨고, 부당한 이권을 약속하지도 않으셨고, 떨어져나갈까봐 감언이설을 늘어놓지도 않으셨습니다. 진실하게 말씀하셨고, 희롱과 고통을 당하다가 결국에는 속죄 제물이 되실 것이라고 선언하셨습니다. 예수님은 자신을 수난의 메시아가 아닌 유대교의 영광의 메시아로 오인하고, 부귀영화를 누리기 위해 따르는 제자들에게 자신의 메시아성(Messiah ship)을 밝혀야 할 때에 분명히 밝히셨습니다. 종교들마다 내세우는 메시아들과 다른 메시아이심을 밝히셨습니다. 예수님께서는 자신에게 일어날 엄청난 고통과 치욕의 십자가를 아셨지만, 그 참혹한 죽음의 길을 마다하지 않으시고, 정면으로 돌파해 나가셨습니다. 예수님을 믿는 우리는 받아들이기 싫은 오늘의 자기 현실과 내일의 나아갈 길을 마다하지 말고, 정면으로 돌파해 나가야 합니다.

죽음을 두려워하거나 교회와 복음을 위해 희생을 아끼면 우리는 영광스러운 부활에 참여할 수 없습니다. 죽음 후에 반드시 영광스러운 부활이 있습니다. 영생이 보장됩니다. 예수님은 자신의 죽음을 앞두고 요한복음 12장 24절에 **"내가 진실로 진실로 너희에게 이르노니 한 알의 밀이 땅에 떨어져 죽지 아니하면 한 알 그대로 있고 죽으면 많은 열매를 맺느니라"**고 하시면서 희생을 통해서 풍성한 열매를 거두는 자연의 이치를 자신의 희생과 대입시키셨습니다.

사도바울도 예수님처럼 살았습니다. 사도행전 20장 23절 이하에 **"오직 성령이 각 성에서 내게 증거하여 결박과 환난이 나를 기다린다 하시나 나의 달려갈 길과 주 예수께 받은 사명 곧 하나님의 은혜의 복음 증거하는 일을 마치려 함에는 나의 생명을 조금도 귀한 것으로 여기지 아니하노라"**라고 고백했습니다. 우리 모두 제자들의 한때의 실수처럼, 예수님을 이용해서 영광과 이익만 추구하지 말고, 하나님께서 사랑을 위해 짊어지기를 원하시는 고난과 치욕과 손해도 받아들이기 바랍니다. 더 나아가, 하나님의 뜻이라면 그리스도의 복음을 위해 순교의 짐까지도 짊어지기 바랍니다. 실상, 고난과 치욕 그리고 영적 싸움에서 등을 돌려 피하면, 배나 더 큰 피해를 입을 수밖에 없습니다. 등을 돌려 피하면 무방비 상태가 되므로, 눈을 똑바로 뜨고, 정면으로 맞서야 합니다. 고난과 치욕을 뛰어넘음은 신앙 인격을 형성하고, 인생 싸움을 이겨 낼 능력과 영력을 키워야 사명을 감당해 낼 수 있습니다.

예수님께서 예고하신바 자신의 십자가의 고난과 죽음은 결코 패배가 아닙니다. 십자가는 예수님을 속죄 제물로 삼아 만민을 구원하시는 성부 하나님의 뜻과 그 계획을 두려워하는 예수님 자신에 대한 승리입니다. 그 십자가는 독생자 예수를 통한 하나님의 구원 행위에 맞서 싸우는 사단에 대한 결정적 승리입니다.

골로새서 2장 15절을 보면, **"정사와 권세를 벗어버려 밝히 드러내시고 십자가로 승리하셨느니라"** 라고 했습니다. 당대 이대(二大) 사상인 히브리 사상과 헬라 사상에 능통했으면서도 예수님이 메시아이심을 알지 못하고, 예수님의 교회를 핍박하다가 거듭난 바울 사도의 깨달음입니다. 예수님의 수난 예고의 마지막 부분, 즉 **"저는 삼일 만에 살아나리라"** 라고 하신 말씀은, 예수님의 십자가의 죽음이 승리임을 확증하는, 예수님의 부활을 예고하신 것입니다. 하나님의 능력에 의한 예수님의 부활은, 죄로 말미암아 죽음의 운명 아래 있는 만민에게 영생의 길을 확실하게 보증합니다. 고린도전서15장20절을 보면, **"그러나 이제 그리스도께서 죽은 자 가운데서 다시 살아 잠자는 자들의 첫 열매가 되셨도다"**라고 했습니다.

우리는 미래를 알지 못하기 때문에 두려워할 수 있고, 불안해 하기도 하지만 믿음의 눈으로 보고 알면 당당할 수 있습니다. 그리스도인들에게는 성경에서 주님 따라 가는 길이 그렇게 호락 호락할 것이라고 말하지 않습니다. 고난의 길이요, 가시밭과 같은 길이지만 그것을 알고 따라가면 결국 영광에 이르게 됩니다. 장미 빛 인생이 펼쳐지고 무지개 빛 여생이 찬란하게 빛나면 얼마나 좋겠습니까만 이 세상은 절대 그러한 장소가 아닙니다. 우리는 고난 후에 있을 영광을 알기 때문에 어떤 고난도 나의 것으로 수용하고 견디며 이겨 나가고 있습니다. 예수 그리스도를 따라가는 사명자들은 그분께서 남기신 발자취를 따라 묵묵히 나아 갑니다.

Chapter 19

개인적인 야망

(Personal ambition)

막 10:35-40

세베대의 아들 야고보와 요한이 주께 나아와 여짜오되 선생님이여 무엇이든지 우리가 구하는 바를 우리에게 하여 주시기를 원하옵나이다 이르시되 너희에게 무엇을 하여 주기를 원하느냐 여짜오되 주의 영광중에서 우리를 하나는 주의 우편에, 하나는 좌편에 앉게 하여 주옵소서 예수께서 이르시되 너희는 너희가 구하는 것을 알지 못하는도다 내가 마시는 잔을 너희가 마실 수 있으며 내가 받는 세례를 너희가 받을 수 있느냐 그들이 말하되 할 수 있나이다 예수께서 이르시되 너희는 내가 마시는 잔을 마시며 내가 받는 세례를 받으려니와 내 좌우편에 앉는 것은 내가 줄 것이 아니라 누구를 위하여 준비되었든지 그들이 얻을 것이니라

사람에게는 누구나 자신만이 가진 야망이 있기 마련입니다. 직장과 사회 속에서 인정을 받고 높은 자리에 앉고자 하는 욕망이 다 있습니다. 욕망은 인간 본능의 필연적 욕구이며, 인간은 그 욕망을 성취시키려 세상을 살아가고 있다고 하여도 과언은 아닙니다. 그 욕망의 형태가 무엇이든 간에 인간은 삶의 현장에서 욕망을 충족시키

기 위하여 애쓰고, 또 욕망을 이룸으로 기쁨과 삶의 보람을 획득하고자 합니다. 권력이나 명예에 대한 것 등이 그 대표적인 것입니다.

본문은 야고보와 요한이 십자가의 수난을 예고하신 예수님의 말씀에도 아랑곳 없이 예루살렘에 올라가시면 지상왕국을 건설할 것으로 오해하고 자신들의 위치를 보좌 좌우편에 앉혀 달라고 간구했습니다. 인생의 모범이신 예수님에게서 사랑과 섬김의 교육을 철저히 받은 그들도 이러한 세속적 명예등을 얻고자 하는 욕망을 떨쳐버릴 수 없었습니다. 오늘 이 시대를 살아가는 그리스도인이라 할지라도 누구에게나 이러한 욕망이 없다고 부인할 수는 없습니다.

두 제자의 요구

야고보와 요한은 예수님의 특별한 사랑을 많이 받은 제자들입니다. 중요한 사건이 있을때마다 예수님은 베드로와 요한 이 두 제자들을 꼭 참여시켰습니다. 회당장 야이로의 딸이 죽을 때도, 높은 산에 올라가서 영광스러운 변화를 하실 때도, 겟세마네 동산에 기도하러 가실 때도 그러했습니다.

이러한 관심과 사랑 만으로 부족하다고 생각했는지 미리 예수님께 높은 자리를 요구했습니다. 마태복음에는 어머니 살로메가 예수님께 와서 부탁을 한 것으로 기록이 되어 있지만 동일한 기사인데도 마가복음은 두 제자의 요구로 시작하고 있습니다. 중간에 청탁한 어머니의 요구가 곧 두 아들의 요구로 생각하고 마가는 두 제자들의 요구로 기록하고 있습니다. 이것은 부모든지 자녀든지 누구나 가질 수 있다는 것을 두 복음서의 기자는 보여주고 있습니다.

그들의 욕망을 분석해 보면,

첫째, 전적으로 세속적이었습니다.

이스라엘 민족은 로마의 식민 통치 아래서도 한가지 소망을 놓지 않았습니다. 하나님께서 선지자들로 약속하신 메시아가 오셔서 이 세상을 다스릴 것에 대한 기대였습니다. 그리스도께서 오심으로 로마를 축출하고 이스라엘을 회복시키시고 옛 다윗의 번영을 다시 역사 속에 성취시킨다는 것을 하나의 신앙으로 믿고 있었습니다.

이 점에서는 제자들도 예외는 아니었습니다. 그래서 예수님께서 예루살렘을 향하여 올라가실 때 이제야 자기들의 꿈이 이루어지고 그들의 헌신에 대한 보상이 이루어질 줄 굳게 믿고 있었습니다. 야고보와 요한은 이때가 기회다 싶어 먼저 선수를 쳤습니다. 자신들 마음 속에 감추어 왔던 욕망을 예수님께 간구했습니다. 그것은 우리를 하나는 주의 우편에 하나는 주의 좌편에 앉혀 달라는 내용이었습니다. 방금 전에 십자가의 죽음을 예고한 예루살렘 방문 목적을 잘못 이해하고 권력과 명예만을 위한 자신들의 요구를 드러내었습니다. 제자들의 이러한 소원은 우리도 흔히 가지고 있는 욕구라고 할 수 있습니다. 예수님의 고난은 무시하고 하나님의 영광은 도외시한 채 나의 목적만을 위한 요구를 드릴 때가 많이 있습니다. 욕구는 나쁜 것만이 아닙니다. 욕심은 나쁜 것이지만 때로 욕망은 필요합니다. 그러나 욕망이 하나님의 영광보다도 우선될 때 그것은 지양되어야 합니다. 그 욕망이 어떤 방향으로 나아가느냐에 따라 좋은 결과를 얻을 수도 있고 그렇지 않을 수도 있습니다. 예수님을 도구로 사용해서 나의 세속적인 욕망만을 구할 때 그것은 정욕을 위한 이기심이 되며 예수님과는 아무 상관이 없는 것이 되고 맙니다.

둘째, 현실적이었습니다.

예수님께서 이 땅에 오신 목적은 이스라엘뿐만 아니라 전인류를 구원하시고자 하심입니다. 그 구원은 십자가에 죽으심과 부활로 완성되는 것이지 정치적인 목적으로 이루어지는 것이 아닙니다. 제자들은 예수님께서 구원사역을 정치적으로 완성시키실 줄 알았습니다. 그래서 정치 지도자로서의 위치를 요구했습니다. 눈에 보이는 현실적인 권력형 자리에 연연했습니다. 영적인 안목보다 육적인 욕망만을 키워왔습니다.

셋째, 무지의 소치였습니다.

이 세상에 기초를 둔 통치자의 권력을 염두에 둔 그들의 욕망에 대해 예수님께서는 **'너희가 구하는 것을 너희가 알지 못하는도다'**(38절)고 하셨습니다. 무엇을 알지 못했다는 예수님의 지적일까요? 본문 앞 부분에 예수님께서 예루살렘으로 올라 가면 자신이 대제사장들과 서기관들에게 넘겨져서 능욕을 받으며 고난 받고 십자가에 죽임을 당할 것이고 그 후 삼일 만에 다시 살아날 것이라고 했습니다(33절,34절). 그러나 제자들은 그 가르침을 금방 잊어 버리고, 현실적인 욕망에 사로 잡히게 되었습니다.

우리도 늘 말씀을 듣고 공부하고 연구하지만 현실적으로 돌아가면 금방 그것을 잊어 버리고 나의 욕심에 사로잡히는 경우가 허다합니다. 야망과 신념은 자신만을 위한 것임에 반하여 신앙은 하나님을 우선에 두는 것입니다. 예수님께서는 한번도 자신의 영광을 구해 보신 적이 없었으며, 세상에서 사람들에게 영광을 받으려 하지 않으셨습니다. 오히려 모든 영광을 하나님께 돌렸습니다. 예수님께서 이처럼 하나님의 영광을 최우선으로 삼으시고 사셨는데 하물며 우리들, 하나님의 영광을 드러내기 위해 창조된 인간들은 두말할 필요도 없습니다. 하나님의 나라는 세상의 나라와 다릅니다. 세상의 왕국은 물리적인 힘에 의해 지배되고 유지됩니다. 그래서 사람들은 맹렬하게 권력에 집착합니다. 그러나 하나님 나라의 통치 질서는 권력과 공권력이 아닌 사랑과 봉사입니다. 사랑과 봉사는 자기 의지를 버리고 권력에의 기대를 포기할 때 가능합니다.

그러므로 이 시대를 살아가는 그리스도인들은 말씀이 지배하도록 해야 합니다. 말씀이 내 혈관 속에 흘러 나의 지정의를 통제하지 않으면 지극히 세속적이고 현실적인 사람이 됩니다.

넷째, 자기의 힘을 드러내는 과욕이었습니다.

예수님께서 두 제자에게 자신이 받을 잔과 세례를 받을 수 있느냐고 물었을 때 **"저희가 말하되 할 수 있나이다"**(39절)라고 대답했습니다. 사실 두 제자는 예수님께서 말씀하신 '잔'과 '세례'의 진정한 의미도 잘 모른 체 할 수 있다고 자신 있게 말했습니다. 요한과 야고보는 예수님의 곁을 따라다니던 가장 가까운 제자들이었습니다. 그래서 그들은 자신감에 넘쳐 있었는지 모릅니다. 그러나 예수님 앞에서 '할 수 있다'는 말은 자신을 과신하는 교만한 말입니다.

젊은이들은 자신의 건강에 대해 지나친 자신감을 가지고 있습니다. 또 어떤 사람은 자신의 지식과 물질, 그리고 자신에 관한 모든 것을 과신한 나머지 무엇이든지 할 수 있노라고 큰 소리 칩니다. 그러나 아무리 자신이 할 수 있다고 외쳐도 하나님께서 함께 하시지 않으시면 인간은 아무것도 할 수 없다는 것을 알아야 합니다. 그래서 바울은 **"내게 능력 주시는 자 안에서 내가 모든 것을 할 수 있느니라"**(빌4:13)고 하였습니다. '나는 할 수 있다'는 외침은 인본주의요 인간적인 소리이지만 '주 안에서 할 수 있다'는 외침은 신본주의요, 신앙적인 소리입니다. 여기서 우리가 또 하나 생각할 것은 적극적인 사고방식과 신앙과의 관계입니다. 적극적인 사고는 자기의 의지를 강하게 발동시켜 마음만 먹으면 할 수 있다는 신념을 쌓는 훈련인 반면에, 믿음은 하나님께서 그리스도를 통해 허락하신 신적 능력을 겸손히 받아들이고 그것을 의뢰하는 것을 말합니다. 성도는 적극적인 사고방식으로 사는 것이 아니라 성경적 사고방식으로 살아야 합니다. 자기 과시는 허황된 꿈을 꾸게 합니다.

제자들의 욕구

예수님은 두 제자의 요구에 대해서 쓸데없는 요구라고 하시면서 일언지하(一言 之下)에 묵살하시는 분이 아니라 관심을 가지고 신분과 사역의 본질을 설명을 통해서 설득해 나가셨습니다. 야고보와 요한의 무지에서 비롯된 요구를 들으신 예수님께서는 진지하게 그들의 오해를 풀어 주셨습니다. 예수님은 인간의 무지함에서 비롯된 생각이나 요청이라 할지라도 진지하게 끝까지 들어주셨습니다. 그리고 거기에 대해 충분히 깨달을 수 있도록 자세하게 설명해 주셨습니다. 예수님의 이러한 배려로 인해 많은 사람들이 진리를 깨닫게 되었습니다. 끝까지 포기하지 않고 변화시켜 주시는 예수님의 배려를 볼 수 있습니다. 하나님께서는 우리의 욕망을 함부로 꺾어 버리시거나 포기하도록 하지 않습니다. 오히려 세속적인 욕망을 한 차원 승화시켜 주님께서 쓰시는 일꾼으로 바꾸어 주십니다.

예수님께서는 고난이 없는 영광은 없다는 것을 자신의 모범적인 삶으로 설명해 주셨습니다. 바램과 꿈은 있지만 그것을 현실에서 이루기 위해 필요한 대가를 치를 각오가 되지 않은 것은 비현실적인 삶입니다. 야고보와 요한 그리고 다른 제자들에게도 아직 남은 고난이 있는데 그 고난은 무시한 채 영광을 받으려고 하니 예수께서는 제자들에게 '잔' 과 '세례 '를 말씀하심으로 하나님 나라의 본질적 내용이 무엇인가를 가르쳐 주셨습니다.(38절) '잔' 은 괴로움이나 수난을 상징하며(시편 75:8) '세례' 역시 다가오는 그리스도의 고난을 예증하는 것으로써(눅 12:50) 하나님 나라의 영광을 얻기 원하는 자는 고난의 길을 통과한 자라는 사실을 가르쳐 주셨습니다.

김서택 목사님은 잔이라는 것은 속에 붓는 것이고, 세례는 바깥에 붓는 것이라고 하면서 내적인 정신적 고통과 두려움, 외적인 참을 수 없는 육체적 고통과 치욕으로 해석을 했습니다.

잔과 세례는 능욕과 채찍질 당하시면서 결국 죽음의 종지부를 찍게 될 우리 주님의 십자가를 말합니다. 그 후에 찬란한 영광의 부활이 있습니다. 고난을 생략한 영광은 헛된 영광이며, 영광이라고 할 수 없습니다. 고난의 터널이 길면 길수록 영광의 빛은 더 찬란하게 빛나는 법입니다. 오늘 우리도 어렵고 힘든 것, 고난 받는 것은 회피하면서 영광과 좋은 자리는 탐하는 어리석은 누를 범해서는 안됩니다. 이러한 비현실적인 것을 빨리 벗어나야 합니다.

고난에는 반드시 상급과 보상의 영광이 주어집니다. 세상적인 일에도 그러하거든 하물며 그리스도와 하나님의 나라 즉 교회를 위한 고난은 결코 헛되지 않습니다. 예수님께서 **"너희가 나 때문에 모욕을 당하고, 박해를 받고, 터무니없는 말로 온갖 비난을 받으면, 너희에게 복이 있다. 너희는 기뻐하고 즐거워하여라. 하늘에서 받을 너희의 상이 크기 때문이다. 너희보다 먼저 온 예언자들도 이와 같이 박해를 받았다"**(마 5:11-12)고 하셨습니다. 우리가 예수님을 믿기 때문에 받지 않아도 될 비난을 받고, 박해를 받고, 예수님의 사역을 하지 않으면 받지 않았을 비난을 받는다면 기뻐하고 즐거워해야 합니다. 하늘에서 상이 있기 때문입니다. 고난은 장차 나타날 영광과 족히 비교할 수 없습니다(롬 8:18). 그 영광의 깊이와 높이와 넓이가 너무나 큽니다.

준비된 자가 얻는 자리가 바로 영광입니다. 예수님은 고난에 대한 말씀을 하신 후에 **"내 좌우편에 앉는 것은 내가 줄 것이 아니라 누구를 위하여 준비되었든지 그들이 얻을 것이니라"**고 하셨습니다. 로또에 당첨되는 것과 같은 것이 아니라 부르심을 받아 고난의 길을 걷는 자에게 마지막 영광의 자리를 우리 하나님 아버지께서 주실 것이라는 말씀입니다.

열린교회 김남준 목사님은 '믿음으로 인내하며 참고 기다리는 것, 참으로 좋은 일입니다. 그러나 능력이 갖춰져 있는 않으면 기회가 와도 결코 그 기회를 잡을 수 없습니다' 라고 하면서 준비된 자가 영광의 자리를 얻게 될 것이라고 했습니다. 우리도 두 제자처럼 아직 잘 준비되지 못하면서 쓰임 받으려고 하는 경향이 많습니다. 준비 없이 영광이 없습니다. 성공한 대부분의 사람들은 고난의 과정을 다 겪고 난 다음에 영광의 자리를 얻게 되었다는 사실을 우리는 잊어서는 안됩니다.

2008년 6월 중순, 평범한 사람들이 참가해 노래 실력을 겨루는 '브리튼스 갓 탤런트' (Britain's Got Talent)라는 영국의 한 방송 프로그램에 한 남자가 출연했습니다.

부러진 앞니, 불룩하게 튀어나온 배, 허름한 양복 차림으로 예선 무대에 선 그 남자를 주목하는 이는 아무도 없었습니다. 더군다나 그가 오페라를 부르겠다고 했을때, 사람들은 모두 의외라는 반응을 나타냈고, 심사위원들은 어이없는 표정으로 그를 바라보았습니다.

그러나 그가 노래를 시작하자 그 노래를 듣던 모든 이들의 반응은 180도 달라졌습니다. 푸치니(Puccini)의 오페라 '투란도트(Turandot)'에 등장하는 아리아인 'Nessun Dorma: 공주는 잠 못 이루고'가 그의 아름다운 목소리를 통해 울려 퍼진 것입니다.

사람들은 점점 환호성을 지르기 시작하였으며, 이윽고 클라이맥스에서 그가 매끄러운 고음을 뽑어내자 관중들은 기립 박수를 그에게 보냈습니다.

심사위원들은 한동안 기가 찬 표정이었다가 곧이어 감탄의 표정을 지으며, 노래를 끝낸 그 남자에게 최고의 찬사를 보냈습니다. 그 허름한 외모의 남자는 바로 폴 포츠(Paul Potts)였습니다.

그의 예선전 장면은 인터넷 동영상(You-tube)을 통해 전세계로 퍼져나갔으며 9일 만에 1000만 명이 넘는 사람들이 볼 정도로 화제가 되었습니다. 결국 그는 예선을 거치고 준결승을 통과하여 마침내 우승을 차지했고 자신의 오랜 꿈이었던 오페라 가수의 자리에 서게 되었습니다.

그의 삶을 잠깐 보면 어릴 적부터 외모와 말투 때문에 따돌림을 받았고, 외모 때문에 취직하려던 음악회사에 거절 당했고,오페라 가수를 꿈꿨으나 종양으로 수술대에 올랐습니다. 2003년 오토바이 사고로 쇄골이 부서져 더이상 노래를 부를 수 없을 지경에 이르러 오페라의 꿈을 접은 폴포츠는 휴대전화 외판원이 됐지만 용기를 갖고 신인 탤런트를 뽑는 '브리튼스 갓 탤런트'에 도전하였습니다.

그렇게 될 수 있었던 것은 그가 자신이 당하는 고난 중에도 성악을 위한 꿈을 포기 하지 않고 꾸준히 파파로티에게 레슨을 받았기 때문입니다. 한국에서도 2009년 서울 광장에서 많은 군중이 운집한 가운데 공연을 하여 찬사를 받았습니다.

우리는 끝없는 욕망을 가지고 살아갑니다. 그러나 그 욕망이 얼마나 믿음 없이 나오는 현실적이고 허황된 것인가를 스스로는 잘 알지 못합니다. 성경의 가르침과 잣대를 가질 때 올바른 욕망을 좋은 방향으로 사용할 수 있습니다. 고난 없이 얻는 욕망의 성취는 결과적으로는 나 자신과 공동체를 망치게 합니다. 그리스도의 십자가와 고난 후에 얻는 영광을 생각하면서 현실적인 안일함을 추구하는 것이 아니라 내일에 나타날 영광을 바라보면서 주님의 길을 걸어가는 믿음의 사람들이 되시길 바랍니다.

Chapter 20

인자가 온 목적

(The Purpose of Jesus came)

막 10:41-45

열 제자가 듣고 야고보와 요한에 대하여 화를 내거늘 예수께서 불러다가 이르시되 이방인의 집권자들이 그들을 임의로 주관하고 그 고관들이 그들에게 권세를 부리는 줄을 너희가 알거니와 너희 중에는 그렇지 않을지니 너희 중에 누구든지 크고자 하는 자는 너희를 섬기는 자가 되고 너희 중에 누구든지 으뜸이 되고자 하는 자는 모든 사람의 종이 되어야 하리라 인자가 온 것은 섬김을 받으려 함이 아니라 도리어 섬기려 하고 자기 목숨을 많은 사람의 대속물로 주려 함이니라

사람들은 높은 자리와 영광을 얻기를 원하지만 예수님은 그렇지 않았습니다. 얼마든지 세상의 영광과 높은 권세를 가질 수 있는 기회가 많았지만 그것을 배설물처럼 버렸던 이유는 더 나은 세계와 영광과 권능이 있었기 때문입니다. 세상의 것은 일시적이고, 제한적이지만 하나님께서 주시는 것은 영원한 것이었기 때문에 영원을 위해서 일시적인 것을 버렸습니다.

WEC의 창설자였던 찰스 T. 스터트 (Charles T. Studd)선교사님은 영국태생으로 큰 성에 살았고 켐브리지 7인(영국 상류층 자녀로서 회심하여 중국 선교를 한 6명의 켐브리지 대학생과 1명의 대학생을 지칭하는 선교역사의 위인들) 중 한 명으로서 학식과 부와 명예를 모두 갖춘 사람이었습니다. 그런 그가 모든 것을 버리고 아프리카 선교를 위해 살다가 아프리카 수단의 한 움막에서 최후를 맞았습니다. 그것이 그의 영원한 집이었습니다. 그가 유명한 말을 남겼는데, '주님께서 세상을 구원하러 오셨고, 또 나를 위해 죽은 것이 분명하다면 주님을 위한 어떤 희생도 크다고 할 수 없다' 고 하면서 '영원한 것을 얻기 위해 영원하지 않은 것을 포기하는 것은 어리석지 않다' 라고 했습니다.

자기에게 주어진 일에 충실한 사람은 명예나 지위에 연연하지 않습니다. 어제나 오늘이나 하나님 나라를 위해서 자신의 세상적인 영광과 영예를 포기하고 주님께서 걸어가신 종의 길, 섬김의 길, 대속의 길을 걸어갑니다. 그런 길을 걸어가는 사람들에 의해서 '하나님의 나라' 는 확장되고 있습니다.

제자들의 반응

야고보와 요한이 예수님께서 왕이 되시면 높은 자리를 달라고 요구했을 때 다른 제자들의 반응은 '화' 를 내었다고 했습니다(41). 우

리가 종종 화를 내는 경우들이 많은데, 두가지로 감정을 표현할 수 있습니다. 몇가지 예를 들어 보면,

1. 너가 공부를 못해서 엄마가 속상해 죽겠다, 이 바보야~
   ☺ 엄마는 우리아들이 공부를 잘해서 훌륭한 사람이 되었으면 좋겠어.
2. 나는 당신이 미워 죽겠어, 꼴 보기도 싫어~
   ☺ 당신 요즘 내가 많이 힘들어, 나도 당신에게 위로 받고 싶어, 나 도와줘~
3. 엄마, 아빠가 싫단 말이야, 나는 태어나지 말았어야 해~
   ☺ 엄마 나 지쳤어, 너무 외롭고 힘들어, 조금 쉬고 싶어
4. 나는 너를 용서할 수가 없어, 너도 나처럼 고통을 받아야 해
   ☺ 너의 상처로 인해서 나는 너무 가슴이 아파, 내 힘든 마음을 이해해 주길 바래
5. 나는 직장상사 때문에 죽을 것 같아, 그 인간만 보면 분노가 치밀어
   ☺ 부장님 저도 정말 최선을 다하고 있습니다, 저를 조금만 더 믿어주세요~

이렇듯 우리의 마음속에서 이중적인 감정이 교차하는 것을 분이나 화로 표현합니다. 일반적인 화를 내는 경우는 자기의 마음에 바라던 것이 이루어지지 않거나, 자기의 생각이나 가치관과 다른 것을 이야기할 때 감정이 폭발하는 경우가 허다합니다. 그러나 그 분노 속에는 강한 욕구와 바람이 포함되어 있음을 잊지 않아야 합니다.

그렇다면 제자들의 화는 어떤 동기에서 나온 것이겠습니까? 본문에 쓰여진 '화'는 '분개'(아가나크테인: ἀγανακτειν)하는 것, 즉

몹시 분노하는 것을 의미합니다. 열명 모두가 크게 화로 감정을 표출했습니다. 철학자 세네카 (LuciusA. Ceneca)는 '화에 대해서' 라는 책에서 다음과 같이 말하고 있습니다. "우리가 화를 내고 있는 상대방의 입장에 서 보자. 그러면 우리가 화가 나는 것은 우리 자신에 대한 잘못된 평가 때문임을 알 수 있다. 그리고 우리는 자기도 얼마든지 저질렀을 수 있는 일을 자기가 당하는 것은 원치 않는다는 것을 알게 된다."라고 했습니다.

제자들의 격분은 바로 세네카가 말한 것처럼 자신들의 잘못된 평가에서 비롯된 것임을 우리는 쉽게 알 수 있습니다. 예수님께서 메시아 왕국을 건설하면 자기들도 얼마든지 그 높은 자리에 앉을 수 있는 조건을 가지고 있는데 왜 너희들 만이냐는 마음의 질투심 때문이었고, 그들의 잘못된 요구에 대한 그들 나름대로의 평가에서 비롯된 것이었습니다. 야고보나 요한이나 다른 열 제자들 모두가 예수님의 중심을 알지 못한데서 나온 잘못된 인간적 욕망이었고, 자신들의 잘못된 평가에서 나온 분노였습니다. 열제자들은 두 제자에게 선수를 빼앗겨 버렸다고 생각했고, 몹시 다급한 나머지 화를 내었습니다. 이렇게 화는 다른 사람들이 말하는 것에 대한 잘못된 반응에 대한 감정적 표현입니다.

심리학자 칼 융(Carl G Jung)의 '그림자 이론' 이라는 것이 있는데, 심리학자들은 인간의 마음은 의식과 무의식으로 이루어져 있다고 봅니다. 그리고 이 둘은 서로 영향을 미칩니다. 의식의 차원에서 잘 사용하지 않은 부분이 무의식을 형성하는데 그 가운데서 열등한 인격 혹은 자아의 어두운 면을 일컫는 용어가 바로 '그림자(Shadow)' 입니다. 사람은 누구에게나 폭력적인 성향도 있고 음습한 욕망도 있습니다. 그걸 다 드러내고 살 수 없기 때문에 우리는 그런 욕망을 억압합니다. 억압된 그 욕망은 무의식 속으로 들어가 그림자가 됩니다. 그 그림자를 잘 인식하고 자기 인격 속에 통합시킬 때 사람은 건강해집니다. 하지만 그렇지 못할 때 사람들은 자기 그림자를 다른 사람들에게 투사합니다. 그래서 욕심 많은 사람, 이기적인 사람을 욕하거나 비방합니다. 지나치게 도덕적인 사람이나 깨끗한 척하는 사람들도 속에 그림자를 숨기고 있을 가능성이 큽니다. 야고보와 요한을 보면서 다른 제자들이 분개하는 것도 바로 그림자 때문입니다. 다른 이들에 대해 너그럽게 한 사람일수록 그림자가 짙은 경우가 많습니다. 그림자가 짙은 사람일수록 다른 이들과 좋은 관계를 맺지 못합니다. 매사에 부정적일 뿐 아니라 판단과 정죄의 언어를 주로 사용합니다. 그들은 화합과 일치 그리고 연합을 추구하는 성령을 거스르기 일쑤입니다. 제자들은 자기들 마음속에 감추어진 그림자를 감정이라는 도구를 통해서 표출했습니다. 무의식 속에 담겨 있던 부정적인 그림자를 실체로 드러냈습니다.

간혹 교회 안에 중직자를 뽑는 공동의회를 하고 나면 열제자들의 반응과 같은 잘못된 반응이 있음을 간과할 수 없습니다. 니만 잘났나? 나도 열심히 했는데, 왜 너만 선출이 됐어! 그래서 화를 내고 그 공동체를 떠나 버리거나 아니면 남아서 분파를 조성하는 일들이 종종 교회 안에서 일어나고 있습니다.

우리는 이러한 경우에 어떻게 반응해야 하겠습니까? 우리 주님이 교훈에 주신 말씀에 귀를 기울여 봅시다.

예수님의 가르침

1) **세상 권력자**(Ruler)

세상 집권자는 자기의 의도대로 주관하고, 지도층에 있는 고관들은 하부 조직에 있는 사람들에게 권력을 부립니다. 예수님 당시의 로마 집권자들이 피지배국 사람들에게 얼마나 자기 멋대로 행동하는지, 그리고 종교지도자들, 산헤드린 공회원들, 바리새파(Pharisees: φαρισαῖο, 제사장 그룹, 사두개파(Sadducees: Σαδδουκαὶο 그리고 서기관이나 랍비(Rabbi: רַבִּי)들이 세도를 부리는 것을 제자들은 너무나 잘 알고 있었습니다. 섬기도록 뽑아 세워 주었음에도 불구하고, 그들은 조그마한 직위를 이용하여 사람들을 임의로 부리고 권력을 휘둘렀습니다.

대표적인 사람이 팔레스타인 지방의 분봉왕으로 유대인들을 다스리던 헤롯(AgrippaI: Ηρῴδης)왕이었습니다.그는 예수님 탄생 때 이스라엘을 통치했던 헤롯대왕(Herod the great)의 손자로서 권력을 이용하여 많은 사람으로 하여금 자기를 신격화하여 신으로 섬기도록 했습니다. 우매한 사람들을 이용하여 자기 보좌를 신의 자리까지 올려 놓는 우를 범했습니다. 결국 **"헤롯이 영광을 하나님께로 돌리지 아니하므로 주의 사자가 곧 치니 벌레에게 먹어 죽어..**(행 12:23)" 에서 헤롯이 벌을 받아 죽었다는 것을 알 수 있습니다.

오늘날 세상의 정치권력자나 회사의 고관들도 마찬가지입니다. 그들의 직위를 이용하여 섬겨야 할 사람들을 권력이나 돈의 힘으로 통제하고 불이익을 주는 일들이 많이 있음을 부인할 수 없습니다. 세상의 지도자들은 그렇게 할 수밖에 없다고 생각하고 섬김 받는 자리에 있기를 원합니다.

지방 선거가 끝났지만 선거철이 되면 자기만 국민과 학생들을 잘 섬기는 사람인양 최고의 언어를 사용하여(4년 동안 온 몸을 던져 섬기겠습니다) 감언이설로 백성들을 호도(糊塗)합니다. 그러나 당선이 되고 나면 언제 그랬느냐는 듯이 자기의 권력을 이용하여 사람들을 부리고 통제하고 결국 자기의 이익을 챙기기는 사람들이 많습니다. 이것이 타락한 조직 사회에서 일어나고 있는 현상입니다.

2) 파라독스(Paradox)

예수님께서는 모든 사람들이 저마다 성공적인 삶을 살수 있는 길이 있다고 말씀하고 계십니다. 한 두 사람만이 성공하고 주인공이 되는 역사가 아니라, 모든 사람들이 다 성공적인 역사의 주인공이 될 수 있다고 말입니다. 그것은 저마다 높은 자리로 올라가려고 온갖 음모와 투쟁을 일삼는 것에서가 아니라, 오히려 모든 사람들을 섬기기 위해서 종이 되는 길을 가라는 말씀입니다(43-44).

누구든지 그리고 모든 사람이 다 성공할 수 있는 길, 모든 사람이 다 자랑스러운 인생을 살아갈 수 있는 단 하나의 길이란, 다른 사람들을 섬기기 위해서 낮은 자리로 내려가는 것입니다. 세상의 권력자는 힘을 결집하여 권세를 부림으로써 높아지고 섬김을 받으려고 합니다. 그러나 하나님의 나라는 그와는 반대입니다. 종(둘로스: δοῦλος)으로 낮아지고 섬길(디아코네오: διακονέω) 때 진정으로 높아지고 섬김을 받을 수 있습니다.

이것을 역설(파라독스: Paradox, 논리적 모순을 일으키는 논증)이라고 합니다.

주님께서는 섬김과 낮아짐을 통해서(9장에서 제자들끼리 누가 높으냐는 논쟁 때 말씀하심) 진정한 리더가 되기를 원하셨습니다. 간단하고 쉬운 일은 아니지만 섬김이 하나님 나라의 최고요 최상임을 교훈하신 것입니다. 우리가 드물게 나마 섬김을 실천해 보지만 그러한 섬김을 통해 결국 나 자신을 드러내고 싶어하고 섬김의 끝에는 반드시 그에 맞는 인정과 보상이 있어야 하는 것으로 짐짓 생각하는 경향이 강한 것이 사실입니다. 다른 사람의 고통과 고난에 적극적으로 동참하려는 선한 의지가 강한 반면 그에 걸맞은 인정과 보상이 뒤따르지 않을 경우 그간 보여 오던 관심과 열정을 쉽게 접어버리려는 성향이 매우 강한 점이 문제입니다. 평소 섬길 수 있는 기회를 은혜로 생각하고 온 맘과 열정을 다해 많은 섬김과 헌신을 결단하여 실천하고 있으나 자기 깨어짐을 통한 낮아짐의 겸손 없이 높은 데 마음을 두고 기둥이 되고자 몸부림 하는 삶 속에 아름다운 열매를 기대하기란 여간 힘든 일이 아닐 수 없습니다.

'섬김' 이란 특별한 이론과 신념이 아니고, 가정생활, 사회생활, 직장생활, 교회생활 등 나의 생활 전 영역에서 삶으로 살아내야 할 삶의 구체적 실천양식이며 거룩한 산 제사입니다. 크고, 으뜸이 되고자 하는 자는 반드시 모든 사람의 종이 되고, 섬기는 자가 되어야 합니다.

3) **인자의 모범**(Model)

예수님께서 제자들에게 인자(The son of man)는 섬김을 받으려 오신 것이 아니라 섬기려 왔다고 했습니다. 그는 처음부터 섬기려 오셨고, 십자가를 지기 위해서 왔습니다. 그는 대속물이 되기 위하여 오셨습니다. 그 때문에 그는 처음부터 섬김의 신비를 알고 있었습니다. 그 본래적 뜻을 이행하여 일관하는 생을 살았습니다.

'섬긴다' 는 말을 헬라 원어로 '디아코네오' (διακονεω)라고 합니다. 이것은 서비스(service), 봉사한다는 뜻입니다. 그런데 똑같은 어원의 '디아코노스' (διακὸοσ)라는 말이 있습니다. 이 말은 종이라는 의미가 있기도 합니다만 권력자를 의미합니다. 그래서 로마서 13장에 보면 하나님의 사자를 이 디아코노스로 표현하고 있습니다. 영어로는 미니스터(minister)라고 하는 왕의 권위를 지칭하는 말입니다. 이 얼마나 오묘한 의미가 있습니까? 섬기는 자가 왕입니다. 섬기는 자가 다스립니다. 섬기는 자의 마음 속에 왕권이 있습니다. 이것이 섬기는 자의 신비함이요, 큰 뜻입니다. 우리가 하나님 앞에 예배를 드릴 때, 물론 우리는 예배라고 합니다만 영어로는 워십 서비스(worship service)라고 합니다. 즉 하나님을 봉사하는 그것이 디아코니아요, 하나님을 섬기는 것이 예배입니다. 따라서 그 하나님을 섬기는 마음으로 사람을 대하는 것이 봉사입니다. 이러한 봉사의 높은 의미를 우리는 알아야 합니다.

우리는 예수님의 제자이기 때문에 예수님에게서 배우고 따릅니다. 예수님과 같은 삶을 살려고 노력합니다. 이는 단순히 섬김을 행한다는 이야기가 아니라 섬기는 자가 된다는 말입니다. 이와 같이 섬기는 자가 되는 것이 그리스도인입니다. 본문 마가복음 10장 43절 말씀에 보면 **"너희 중에는 그렇지 아니하니"** 하는 오묘한 말씀이 있습니다. 이는 저들과는 좀 다르다는 이야기입니다. 다른 세계관, 다른 생의 원리를 설명하고 있습니다. 세상 사람들은 권력을 좋아합니다. 소유하고, 주관하며, 권세부리는 것을 행복으로 여겨, 높은 자리 자체를 행복으로 알고, 많은 권세를 누리며 정치적 영역을 넓혀갈 때 거기에 자유가 있고, 행복이 있는 것으로 알고 있습니다. 하지만 그것은 크나큰 착각입니다.

섬기는 자만이 진정한 행복, 진정한 삶의 의미를 누리게 됩니다. 이 행복은 오로지 자유에 근거합니다. 지위가 아니요, 권력도, 소유도 아닙니다. 의와 진리가 사람을 자유케 합니다. 자원성과 자발성이 사람을 자유하게 합니다. 비록 왕이라 할지라도 억지로 왕이 되어 있다면 그는 노예요, 종에 불과합니다. 그러나 비록 남의 집에 가서 허드렛일을 하며 지낸다 하더라도 자원해서 하고 즐거운 마음으로 한다면 그 사람이 왕이요, 그 사람이 자유인입니다. 누구든지 사랑하는 마음으로 행하면 그것은 자유입니다. 그리고 행복합니다. 뜻을 모르고 하는 일은 괴롭습니다만 그 깊은 뜻을 알고 행하는 자는 언제나 자유롭습니다. 더구나 최종 목적과 마지막 결과를 알고 행하는 자는 항상 영광스럽습니다.

섬긴다는 것은 결코 피동적인 이야기가 아닙니다. 이는 능동적이요, 자원적인 봉사며, 즐거운 섬김일 뿐만 아니라 사랑의 자발적 희생입니다. 따라서 섬기는 자는 자유함과 무한한 즐거움이 있습니다. 그러기에 "섬기는 자가 된다"는 것은 참으로 신비로운 것입니다.

봉사라는 것은 수고하면서 자유로와야합니다. 여기에 부담이 있고, 억지가 있으며, 슬픔이 있다고 하면 봉사일 수가 없습니다. 로마서 14장 7절에 보면 **"누구든지 자기를 위하여 사는 자가 없고 자기를 위하여 죽는 자도 없도다"**고 말씀하고 있습니다. 그리스도인은 삶의 목적, 살아야 하는 이유를 분명히 알고 사는 사람입니다. 동시에 죽어야 할 이유도 분명히 알고 사는 사람입니다.

오늘 본문에서는 봉사의 절정은 대속물이라고 말씀하고 있습니다. 대속물로 주는 것! 이것이 봉사의 절정(peak)입니다. 물질도 힘도 아닙니다. 오직 마음과 뜻과 의와 그리고 사랑을 의미합니다. 참으로 신비로운 말씀이 아닐 수 없습니다. 돈 몇 푼 주었다고 하여 봉사한 것으로 생각하지 마십시다. 참된 봉사는 마음과 그 중심을 주는 데에 있습니다. **"많은 사람의 대속물로 주려 함이니라"** 주님께서는 그러기 위하여 오셨다는 말씀입니다. 대속물(뤼트론-λυτρον)이라는 뜻은 대신 죽는다' 는 것이요, 희생의 제물이 된다는 뜻입니다. 상대방을 의롭게 하기 위하여 내가 죄인이 됩니다. 상대방을 지혜롭게 하기 위하여 나는 어리석은 자가 됩니다. 상대방이 축복을 누리기 위하여 나는 저주받은 자가 됩니다.

사도 바울의 안타까운 고백이 있습니다. **"나의 골육, 친척이 그리스도에게로 나올 수만 있다면 내 자신이 저주를 받아 그리스도에게서 끊어질지라도 원하는 바라**(롬 9:3)"고 말입니다. 이것이 섬김의 자세입니다. 마지막 생명, 그것 하나까지라도 포기하고, 다시 말해 문장 그대로 직설적으로 표현하면 내가 지옥으로 가더라도 우리 민족이 하나님 앞에 구원받기를 원한다는 것입니다. 이것이 대속물입니다. 대신 죽는 것입니다. 뿐만 아니라 하나님 앞에서 대신 책임을 지는 것입니다. 모든 책임을 내가 지고 죽습니다. 이것이 대속물입니다.

대속물, 바로 여기에 진정한 영광이 있습니다. 예수님께서 제자들의 발을 씻기시고, 성찬 예식을 행하셨습니다. 그것이 곧 대속물의 의미를 상징적으로 말해 줍니다. 친히 보여 주신 바대로 대속물이 된다는 것은 무엇을 행한다는 것이 아니라 섬기는 자가 된다는 것을 의미합니다.

시성 괴테(Goethe)가 쓴 시 중에 "이 세상에서 제일 아름다운 것"이라는 제목의 시가 있습니다. 그 시구를 옮겨 보면 다음과 같습니다. "이 세상에서 가장 즐겁고 훌륭한 것은 한 평생 바칠 수 있는 사업을 갖는 것입니다. 이 세상에서 가장 불쌍한 것은 인간으로 교양이 없는 것입니다. 이 세상에서 제일 보기 흉한 것은 다른 사람의 생활을 부러워하는 것입니다. 이 세상에서 가장 쓸쓸한 것은 할 일이 없는 것입니다. 이 세상에서 가장 존귀한 것은 남을 위해서 봉사하고 결코 보답을 받으려 하지 않는 것입니다. 이 세상에서 가장 아름다운 것은 모든 것에 대하여 사랑을 가지는 것입니다."

이제는 스스로 내가 온 목적을 바르게 생각하십시다. 주님께서는 그 목적을 "섬기려 하고 대속물로 주려 함"이라고 말씀하십니다. 그리스도인의 존재의 의미와 삶의 목적은 바로 여기에 있습니다. 섬김이 목적이요, 희생되는 것이 그의 영광입니다. 하나님께서는 섬기는 자를 돕는 하나님이십니다. 섬기는 자와 함께 하십니다. 그리고 섬기는 자의 섬김과 그를 통하여 얻어지는 영광을 그의 소유로 주십니다. 하나님께서 친히 높여 주십니다. 그런고로 하나님께서 높이시기까지는 아무 말도, 아무 짓도 하지 말아야 합니다. 오직 하나님께서 주시는 영광 외에는 바라지 말아야 합니다. 이제 우리는 섬기는 자의 신비로운 행복을 느끼며 오늘도 섬기며 살아가야 하겠습니다.

하나님 나라의 성격은 세상의 논리나 권력자들의 야망과는 너무나 다릅니다. 세상적 야망은 다른 사람들을 다스리기 위한 힘의 논리라면, 교회와 하나님 나라, 즉 예수님께서 다스리는 왕국은 힘의 논리가 아닌 섬김의 논리입니다. 세상적인 권력은 더 힘을 결집하고 섬김을 받기 원하는 자리라면, 주님의 나라는 섬기고 사람의 종이 되는 겸손에서 크게 되고 으뜸이 되는 나라입니다. 우리 주님께서 친히 그 모범을 보여 주셨습니다. 인자가 온 것은 섬김을 받으려 함이 아니라 도리어 섬기려 하고 자기 목숨을 많은 사람의 대속물로 주려 함이었습니다(45절). 우리가 가는 길은 결코 높아지는 길이 아니라 낮은 자리로 내려가는 길입니다. 낮아지고 겸손하여 희생의 길을 걸으신 주님의 모범을 따라서 더 많이 섬기고 사람의 종이 되는 겸손으로 생명을 살리는 일에 헌신하는 하나님의 백성들이 되었으면 좋겠습니다.

Chapter 21

시각장애인 바디매오

(Blind Bardimaeus is healed)

막 10:46-52

그들이 여리고에 이르렀더니 예수께서 제자들과 허다한 무리와 함께 여리고에서 나가실 때에 디매오의 아들인 맹인 거지 바디매오가 길 가에 앉았다가 나사렛 예수시란 말을 듣고 소리 질러 이르되 다윗의 자손 예수여 나를 불쌍히 여기소서 하거늘 많은 사람이 꾸짖어 잠잠하라 하되 그가 더욱 크게 소리 질러 이르되 다윗의 자손이여 나를 불쌍히 여기소서 하는지라 예수께서 머물러 서서 그를 부르라 하시니 그들이 그 맹인을 부르며 이르되 안심하고 일어나라 그가 너를 부르신다 하매 맹인이 겉옷을 내버리고 뛰어 일어나 예수께 나아오거늘 예수께서 말씀하여 이르시되 네게 무엇을 하여 주기를 원하느냐 맹인이 이르되 선생님이여 보기를 원하나이다 예수께서 이르시되 가라 네 믿음이 너를 구원하였느니라 하시니 그가 곧 보게 되어 예수를 길에서 따르니라

시각장애인로 한 평생을 산다는 것은 참 힘들고 어려운 일입니다. 우리는 아직 시력을 잃어 보지 않았기 때문에 그 시력의 중요성을 알지 못하지만 처음부터 그렇게 산다든가 아니면 후천적으로 사고나 여러 질병의 후유증으로 시력을 잃어버린 분들의 불편함은 이루 말할 수 없을 것입니다. 또한 시력을 거의 잃어버리게 된 경우에

다시 회복을 한 분들은 볼 수 있다는 것에 얼마나 감사 감격하는지 모릅니다. 우리가 성한 눈으로 세상을 살아갈 수 있다는 것은 얼마나 다행한 일이며 큰 복인지 알 수 없습니다.

오늘 본문은 시각장애인 바디매오에 대한 이야기를 담고 있습니다. 이스라엘 풍습에 의하면 소득이 없고 수입성이 없으면 일반 대중과 함께 공동체 속에서 살지 못하고 격리되어 살아갈 수밖에 없는데 바디매오가 그러했습니다. 그는 비참한 생활을 했습니다. 그는 남의 도움을 받지 않고는 한 발자국도 움직일 수 없는 불쌍한 사람이었습니다. 구걸하면서 입에 풀칠을 해야 하는 거지신세였습니다.

그의 신앙(His faith)

신앙생활에 있어서 중요한 것은 예수님을 어떻게 알고 믿느냐 하는 것입니다. 예수님에 대한 바른 신앙고백이 바른 신앙생활을 하게 합니다. 예수님을 바르게 알지 못하면 올바르고 건강한 신앙생활을 할 수 없습니다. 그저 종교생활은 할 수 있어도 주님의 참된 제자로 살 수 있는 능력이 나타나지 않습니다. 그러므로 올바른 신앙고백은 바른 신앙생활로 이끄는 원동력이 됩니다.

바디매오는 예수님을 보고 올바른 신앙고백으로 부르짖었습니다. 그의 부르짖음은 단순한 부르짖음이 아니라 **"다윗의 자손 예수**

여" 라고 호소했습니다(47절). 이것은 바로 정통적인 신앙을 호소한 것입니다. 마태복음 1:1에 보면 **"아브라함과 다윗의 자손 예수 그리스도의 계보라"** 라고 말씀했습니다. 예수님은 다윗의 왕위를 계승하여 이 땅에 성육신하신 하나님의 아들입니다. 바디매오는 예수님을 하나님의 약속한 메시아로 믿었습니다. 비록 거지의 신세로, 시각장애인으로 육신적인 눈은 어두워 있었지만 영적인 면에서는 그 누구보다 밝은 영안을 가지고 있었습니다. 성한 두 눈을 가지고 있으면서도 보지 못하고 바르게 판단하지 못하는 사람이 있는가 하면 비록 신체적인 장애를 가지고 있어도 말씀에 대해서는 너무나 선명한 믿음의 눈을 가지고 있는 분들이 있는데 바디매오는 바로 후자에 속한 사람이었습니다. 하나님의 약속한 메시아에 대한 바른 믿음을 가지고 있었습니다. 그 당시에 많이 배우고 박식한 성경적 식견을 가지고 있었던 랍비들과 바리새인들보다 더 하나님의 말씀을 정확하게 알고 있었고, 하나님의 약속에 대해서 절대적인 신뢰를 가지고 있었습니다.

그렇습니다. 우리의 신앙생활에서 중요한 것은 올바른 신앙고백입니다. 바른 신앙의 고백이 있을 때에 하나님과의 바른 관계가 이루어집니다. 예수님께서 제자들에게 **"사람들이 인자를 누구라 하느냐?"**라고 물었습니다. 그 때 제자들은 **"세례요한, 엘리야, 예레미야나 선지자 중의 하나"**(마 16:14)라고 대답했습니다. 예수님은 또 다시 **"너희는 나를 누구라 하느냐?"**라고 물었습니다. 그 때 제자들 중에 시몬 베드로가 **"주는 그리스도시요 살아계신 하나님의 아들이시니이다"**(마

16:16)라고 대답했습니다. 이 때 예수님께서는 올바른 신앙고백을 한 베드로에게, **"바요나 시몬아 네가 복이 있도다 이를 네게 알게 한 이는 혈육이 아니요 하늘에 계신 내 아버지시니라 너는 베드로라 내가 이 반석 위에 내 교회를 세우리니 음부의 권세가 이기지 못하리라 내가 천국 열쇠를 네게 주리니 네가 땅에서 무엇이든지 매면 하늘에서도 매일 것이요 네가 땅에서 무엇이든지 풀면 하늘에서도 풀리리라"**(마 16:17-19)고 칭찬했습니다.

많은 사람들이 바른 신앙고백을 통해서 하나님과의 만남이 이루어지고 구원을 받게 되었지만 근래에 와서 바른 신앙고백이 없는 사람이 부지기수입니다. 참 안타까운 현실이 아닐 수 없습니다.

예수님은, 다윗의 자손 예수님만이 그의 눈을 뜨게 해주고 불쌍한 거지 신세를 면하게 해줄 수 있으며 그의 삶 전체를 변화시켜주실 수 있는 분으로 믿고 올바른 신앙고백을 하며 부르짖은 바디매오의 소원을 들어주셨습니다.

바디매오의 부르짖음은 기회를 놓치지 아니하는 부르짖음이었습니다. 아무리 좋은 기회가 와도 그것을 내것으로 삼지 않으면 그냥 지나가 버리게 됩니다. 성공도 기회를 잘 잡아야 하듯이 우리 신앙도 기회를 잘 포착해야 합니다(막 10:46-47). 사도바울은 우리에게 **"그런즉 너희가 어떻게 행할지를 자세히 주의하여 지혜 없는 자같이 말고 오직 지혜 있는자 같이 하여 기회를 사라(세월을 아끼라)"**(엡 5:15)고 했습니다. 바디매오는 여리고의 길가에 앉았다가 지나가시는 분이 나사렛 예수님이라는 말을 듣자마자 기회를 놓치지 않고 "다윗의 자손"이라고 불러 외치며 자기를 불쌍히 여겨 달라고 부르짖었습니다. **"그들이 여리고에 이르렀더니 예수께서 제자들과 허다한 무리와 함께 여리고에서 나가실 때에 디매오의 아들인 맹인 거지 바디매오가 길 가에 앉았다가/나사렛 예수시란 말을 듣고 소리 질러 이르되 다윗의 자손 예수여 나를 불쌍히 여기소서 하거늘"**(막 10:46-47)

당시 예수님은 인류의 구속사역을 이루시기 위하여 여리고 성을 거쳐 예루살렘으로 가려는 순간이었습니다. 바디매오는 예수님을 만날 수 있는 기회를 결코 놓치지 않았습니다. 예수님께서는 그의 부르짖음을 들으시고 발걸음을 멈추어 주셨습니다. 이것이 하나님의 사랑입니다.

'인생은 일방통행' 이라는 말이 있습니다. 주위에 아직 예수를 믿지 않는 사람이 있다면 기회를 놓치지 말고 복음을 전하시기 바랍니다. 이 세상에 살아있는 동안에 예수를 만나게 해주지 못하면 그 영혼이 지옥에 갈 수밖에 없습니다. 우리 주위에 맹인 거지 바디매오처럼 멸시 천대를 받으며 살고 있는 사람은 없는지 한번 살펴보시기 바랍니다. 그리고 그로 하여금 예수님을 만나게 해주시기 바랍니다.

바디매오의 부르짖음은 장애물을 뛰어넘는 부르짖음이었습니다(48절). 바디매오가 예수님께 부르짖을 때에 많은 사람들이 그를 꾸짖으며 잠잠하라고 했습니다(48절). 그러나 그는 그를 꾸짖는 사람들의 말림과 방해에 개의치 않고 환경과 핍박을 초월하여 오히려 더욱 크게 "다윗의 자손 예수여 나를 불쌍히 여기소서" 하고 부르짖었습니다. 우리도 신앙생활을 할 때에 주위 사람들의 많은 반대와 말림과 심지어는 핍박도 있을 수 있습니다. 이 때 절대 포기하면 안됩니다.

기회를 포착하는 것도 중요하지만 난관과 어려움이 있다고 쉽게 포기하는 것은 참된 믿음이 아닙니다. 바디매오는 예수님께서 지나가신다는 것을 알고 그 기회를 미루지 않았습니다. 그는 기회를 놓치지 않고 외쳤습니다. 그때 주위 사람들이 "잠잠하라!"고 압력을 가해왔습니다. 그러나 바디매오는 위축되지 않고 더욱 큰 소리로 외쳤습니다.

참 믿음은 시험을 해보면 알 수 있습니다. 고난과 어려움이 있어도 기도를 중단하지 않고 예수님을 찾는 믿음은 귀한 믿음입니다. 바디매오처럼 포기하지 않고 더욱 외쳐 기도하는 용기 있는 성도가 아쉬운 우리교회입니다. 바디매오처럼 주님께 더욱 간절히 부르짖어 기도 드림으로 승리해야 합니다. 핍박을 받을수록, 어려운 환경에 처할수록 더욱 더 간절히 부르짖어 기도해야 합니다. 하나님은 환경과 핍박을 초월하여 부르짖는 기도를 반드시 응답해주십니다. 은혜를 받기 위해, 성령의 체험을 위해, 기도의 응답을 받기 위해서는 환경과 핍박을 초월해야 합니다. 그리고 절대 포기해서는 안됩니다. 포기는 시작하지 않는 것 보다 못한 것입니다.

힐링하신 예수님

장애물에도 불구하고 계속 부르짖는 바디매오를 외면하지 않으시고 부르시고 소원이 무엇인지 물으시고 그의 믿음을 통해 눈을 뜨게 해 주셨습니다. 그 누구도 할 수 없었던 일을 빛이신 예수님께서 보도록 고쳐주셨습니다. 주님께서는 우리의 어두운 눈을 뜨게 하시는 빛이신 예수님, 창조주이십니다. 여러분이 이 보배를 여러분 몸 속에 모시고 계십니다. 이 세상에 가장 큰 보배가 여러분 속에 계신 예수님이십니다. 이 예수님께 변화를 요구하십시오. 주님은 그냥 온 것이 아니라 변화를 주시기 위해서 오셨는데 희한하게 우리가 구하지 않는데 주시지는 않습니다. 너희가 없는 것은 구하지 아니함이라. 주 예수께서 문밖에 서서 기다리고 계십니다. 그러나 단단히 잠궈두니 못 들어오십니다. 여러분 문 안의 고리는 여러분이 가지고 있습니다. 그 잠긴 고리를 열어 드리십시오. 그리고 바디매오처럼 외치십시오. '주님이시여 나에게 평안을 주시옵소서. 나에게 기쁨을 주시옵소서. 소망을 주시옵소서. 건강을 주시옵소서. 창대하게 하여 주시옵소서. 행복하게 하여 주시옵소서.' 주님께 여러분들의마음고리를 열면 주님께서 말씀하시기를 내가 저에게로 들어가 저와 더불어 먹고 저는 나와 더불어 먹으리라고 하십니다. 주님이 여러분과 더불어 먹고 여러분이 주님과 더불어 먹으려고 주님은 준비하고 계십니다. 얼마나 좋습니까? 외롭지 않습니다. 버림받지 않았습니다. 그분을 만나십시오. 그분께 여러분들의 소원을 아뢰십시오. 그 어떤 것도 다 들으시고 치유를 통해 새 사람되게 하시고 건강한 삶을 살게 해 주십니다.

부모님이 버리고 의사도 포기한 앤 설리번은 보스턴의 한 정신병원 독방에서 실의와 좌절과 포기와 낙망으로 죽지 못해 살아가는 처절한 삶을 지탱하다 은퇴한 노 간호사 로라를 만났습니다. 성실하고 끈질긴 로라가 전한 하나님의 사랑으로 앤은 새사람이 되었고, 훗날 앨라배마주 터스캄비아의 어린소녀 헬렌 켈러의 가정교사가 되었습니다. 앤 설리반은 역사상 가장 위대한 교사라는 칭호를 얻었으며, 인류 역사상 최고의 희망 전도사로 불리우는 헬렌 켈러를 만들었습니다. 헬렌은 앤을 만났기 때문에, 앤은 로라를 만났기 때문에 역사에 찬란히 빛나는 인물이 되었습니다. 그러나 그들 모두는 내면에 예수님을 만났던 사람들이요, 하나님의 사랑을 가졌던 자들이었습니다. 주님을 만난 사람들은 진정한 변화를 통해 그리스도의 사랑을 드러내는 신실한 제자들로 거듭났습니다.

제자의 길

예수님을 만난 바디매오는 마가가 말하려는 복음을 아주 극적으로 보여 주는 인물이 되었습니다. 그는 예수님의 복음을 언어가 아니라, 자신의 존재와 행동으로 외쳤습니다. 이것은 매우 중요합니다. 바디매오는 많은 사람들이 예수님을 오해하고 멸시하는 가운데 예수님이 하시고자 하는 하나님의 나라 일을 위해서 기꺼이 헌신하는 삶으로 드러낸 제자가 되었습니다. 바디매오 사건을 둘러싸고 있는 마가복음의 문맥은 크게 두 가지로 정리할 수 있는데 하나는 지속되고 있는 예수님의 가르침에 대한 오해이고, 다른 하나는 그 오해의 클라이맥스라고 할 수 있는 예루살렘을 향해 이동하고 있는 예수님의 발걸음입니다.

예수님께서는 적어도 세 번 이상 십자가 죽음에 대해 제자들에게 예고하셨습니다(막 8:31,9:31,10:33~34). 그럼에도 제자들은 예수님의 좌우편에 앉는 문제로 분노를 터뜨리는 데에 이르고(막 10:35~45), 이미 "서로 누가 크냐"(막 8:34)는 논쟁으로 드러났던 터라 이 오해는 더욱 심각한 수준이었습니다. 게다가 부자 청년의 사건과 이혼 문제로 하나님을 오해할 뿐 아니라 자신들의 완악함까지 드러낸 바리새인들과의 논쟁이 있던 중이었습니다. 수난과 죽음이 기다리고 있는 예루살렘을 향해 가시는 십자가 복음의 맥락과는 반대로 예수님을 향한 제자들의 오해와 불신은 더욱 분명해져만 가고 있었습니다.

바로 그 맥락 한 가운데 박혀 있는 인물이 바디매오입니다. 그는 **"네 믿음이 너를 구원하였느니라"**(52절)는 말씀의 당사자가 되면서 '최고로 불행했던 사람'이 '최고로 복음을 드러내는 사람'이 되었습니다. 이는 하나님 나라의 방식을 보여 준 단적인 예입니다. 바디매오 이야기는 **"그가 곧 보게 되어 예수를 길에서 따르니라"**(52절)로 맺고 있습니다. 그리고 바로 **"그들이 예루살렘에 가까이 와서"**(막

11:1)로 이어집니다. 마가는 예수님께로 잘난 사람들이 많이 다가왔지만 오해에 머물렀을 뿐 정작 예루살렘으로 가는 예수님의 길, 곧 고난의 길을 따르는 자는 맹인 거지 바디매오라고 말하고 있습니다. 결국 바디매오는 마가복음이 시작하면서부터 말하고 싶었던 예수 그리스도의 복음(막 1:1)을 드러내는 중심인물 가운데 한 명으로 역할을 톡톡히 하고 있습니다.

바디매오는 **"나사렛 예수시란 말을 듣고 소리 질러 이르되 다윗의 자손 예수여 나를 불쌍히 여기소서"**(막 10:47)라고 전심으로 외치는 사람이 되었고, 예수님과 함께 그가 걸어가신 길을 따라 가게 되었습니다. 우리도 단순히 예수님을 믿음으로 잘 되고자 하는 욕망에서 벗어나 다른 사람들이 오해하고 교회가 이상한 방향으로 나아가는 듯이 보이는 순간에도 영적인 눈을 그리스도로 인하여 바르게 뜨고 우리의 삶의 바른 태도를 통해 복음의 한 복판에서 그리스도를 따르는 제자들이 되어야 합니다.

Chapter 22

나귀 새끼를 타신 예수님

(Jesus sat on a colt)

막 11:1-10

그들이 예루살렘에 가까이 와서 감람 산 벳바게와 베다니에 이르렀을 때에 예수께서 제자 중 둘을 보내시며 이르시되 너희는 맞은편 마을로 가라 그리로 들어가면 곧 아직 아무도 타 보지 않은 나귀 새끼가 매여 있는 것을 보리니 풀어 끌고 오라 만일 누가 너희에게 왜 이렇게 하느냐 묻거든 주가 쓰시겠다 하라 그리하면 즉시 이리로 보내리라 하시니 제자들이 가서 본즉 나귀 새끼가 문 앞 거리에 매여 있는지라 그것을 푸니 거기 서 있는 사람 중 어떤 이들이 이르되 나귀 새끼를 풀어 무엇 하려느냐 하매 제자들이 예수께서 이르신 대로 말한대 이에 허락하는지라 나귀 새끼를 예수께로 끌고 와서 자기들의 겉옷을 그 위에 얹어 놓으매 예수께서 타시니 많은 사람들은 자기들의 겉옷을, 또 다른 이들은 들에서 벤 나뭇가지를 길에 펴며 앞에서 가고 뒤에서 따르는 자들이 소리 지르되 호산나 찬송하리로다 주의 이름으로 오시는 이여 찬송하리로다 오는 우리 조상 다윗의 나라여 가장 높은 곳에서 호산나 하더라

예수님은 작은 나귀를 타고 예루살렘 성에 입성하셨습니다. 많은 사람들이 종려나무가지를 흔들고 길에 펴며 소리 높여 "호산나(ὡσαννα)" 찬송하면서 예수님을 맞이했습니다. 종려나무는 야자나무를 말합니다. 지금도 중동지방에 가면 곧고 키가 큰 종려나무들

을 흔히 볼 수 있습니다. 왕의 풍채를 상징하듯 매우 존엄한 모습이며 그 가지는 길게 드리워져 있어 마치 왕의 은총을 보여주는 듯합니다. 무리들은 그 가지를 길에 펴며 **"주의 이름으로 오시는 이여"**, **"다윗의 나라여"** 하며 예수님을 이스라엘의 왕으로써 열열히 환영했습니다.

제자들이 가장 신이 났을 것입니다. 예수님을 모신 이후 이처럼 흥분된 적이 없었을 것입니다. 드디어 자신들이 모시던 예수님이 메시아의 위용을 보이며 성도(聖都) 예루살렘에 입성하셨습니다. 아마 그들은 예수님께서 예루살렘에서 무언가 큰일을 벌이실 것이라고 기대했을 것입니다. 그런 기대대로 예수님은 예루살렘 성전(聖殿)에 들어가서 성전의 장사치들을 몰아내시고 그들의 장사판을 뒤엎으심으로써 성전을 깨끗하게 하셨습니다. 이는 역사적으로 열심당이나 메시아를 표방했던 인물들이 했던 행위였습니다. 제자들은 이미 예루살렘 입성 직전부터 이런 기대를 가지고 있었습니다. 그것은 세베대의 두 아들인 야고보와 요한의 행동에서 알 수 있었습니다. 그들은 **"주의 영광 중에서 우리를 하나는 주의 우편에, 하나는 좌편에 앉게 하여 주옵소서"**(막 10:37) 하며 예수님께 미리 높은 자리를 청탁하였습니다. 이 모습을 보고 나머지 열 제자들은 자신들이 한 발 늦었다는 듯이 매우 분개한 모습을 보였습니다. 그러나 여기까지 였습니다. 예수님의 예루살렘 입성은 정복자나 승리자로서의 입성이 아니었습니다. 십자가에 자신의 목숨을 내어주기 위한 고난받는 메시아로서의 입성이었습니다.

주가 쓰시겠다

예수님은 두 제자에게 한 마을에 들어가면 사람이 아직 한번도 타지 않은 나귀 새끼가 매여 있을 것인데 풀어서 끌고 오라고 하셨습니다. 문제는 누가 왜 끌고 가느냐고 시비를 걸고, 도적이라고 고함을 지르면 '주가 쓰시겠다' 하라고 했습니다. 그러면 그 사람이 즉시 줄 것이라고 하면서 안심을 시켰습니다. 이 말대로 제자들은 나귀 새끼 주인에게 전했고, 6절에 그 주인은 허락했습니다. 주인은 그 나귀가 어떻게 쓰일지 알았을까요? 나귀는 예수님을 등에 태운 영광스러운 나귀가 되었고, 그 주인은 그런 나귀를 메시아를 위해 아낌없이 내어놓은 영광스러운 인생이 되었습니다.

'주가 쓰시겠다' 는 원어는 O κυριοσ αυτου χρειαν εχει(호 쿠리오스 아우투 크레이안 에케이)로서 직역을 하면 '주님이 이것을 필요로 하신다' 는 의미입니다. 똑같은 물건과 사람과 물질이라도 주님이 필요로 하시는 것이 있고, 그렇지 않는 것이 있습니다. 그 필요를 요청할 때 그것에 대한 긍정적인 반응을 하면 귀하게 쓰임 받지만 그렇지 않을 때는 아무 가치가 없습니다.

예수님께서 십자가를 지실 시간이 가까워지면 이름 모르게 헌신하는 사람들이 많아집니다. 나귀의 주인뿐 아니라 마가복음에서는 이름도 없이 아낌없이 헌신하는 분들을 많이 보여주고 있습니다.

14장에는 옥합(玉盒)을 깨뜨려 삼백 데나리온이나 되는 매우 비싼 향유를 예수님의 머리 위에 부었던 이름 없는 여인이 나옵니다.

그녀는 이 일이 하나님의 아들이신 예수님의 십자가의 죽음을 기념하는 일이 되리라고 상상이나 했겠습니까?

이어서 예수님은 최후의 만찬을 보낼 장소를 찾으시는데 그때도 나귀를 고를 때와 같이 이상한 방식으로 선택을 합니다. **"예수께서 제자 중에 둘을 보내시며 가라사대 성내로 들어가라 그리하면 물 한 동이를 가지고 가는 사람을 만나리니 그를 따라가서 어디든지 그의 들어가는 그 집주인에게 이르되 선생님의 말씀이 내가 내 제자들과 함께 유월절을 먹을 나의 객실이 어디 있느뇨 하시더라 하라"**(막 14:13-14) 유월절은 유대인들의 가장 큰 명절이기에 전 세계에서 수많은 사람들이 예루살렘으로 몰려듭니다. 방을 구하기 쉽지 않았습니다. 그러나 이름 없는 한 주인은 자신의 방을 아낌없이 내어 놓았습니다. 그 주인은 그 다락방이 레오나르 다빈치(Leonardoda Vinci)의 명화 '최후의 만찬'의 원제목은 '체나코로 빈챠노(Cenacolo Vinciano)'로 그려질 정도로 유명한 곳이 될 거라 상상이나 했겠습니까?

구레네(Κυρήνη) 사람 시몬은 시골에서 예루살렘으로 구경왔다가 예수님의 십자가를 억지로 지고 가게 되었습니다(막 15:46). 그 때 그 사람은 재수없다고 생각하지 않았겠습니까? 그러나 그 십자가가 온 인류를 구원하는 대속의 십자가가 될 줄 누가 알았겠습니까?

아리마대(Αριμαθαία) 사람 요셉은 십자가에서 죽으신 예수님을 위하여 자기 무덤을 내어놓았습니다. 지금 이곳에는 성묘교회(聖墓教會)가 세워졌고 전세계에서 몰려든 수많은 순례객들이 예수님의 무덤을 보기 위해서 방문이 쇄도하고 있습니다. 주께서 쓰시겠다 할 때 그들은 아낌없이 내어놓았고 그 결과 그들의 헌신은 이처럼 빛나고 있습니다.

주가 쓰시겠다는 말은 우리들의 신앙과 삶의 태도를 규정합니다. 첫째는 우리가 가진 것이 우리 것이 아니라는 뜻입니다. 우리는 주님의 소유를 맡아서 관리하고 있을 뿐입니다. 그 주인이 와서 지금 써야 한다고 할 때 우리 곳간의 열쇠를 내어드리는 것이 청지기의 마땅한 태도입니다. 우리가 가진 재물, 시간, 달란트, 그것은 우리의 영광을 위한 것이 아닙니다. 주님이 필요로 할 때 사용되어야 할 것들입니다. 언제든지 주님께 내어드릴 각오가 되어 있습니까? 기꺼이 주님을 위해 내어놓을 때 주님께서는 우리 인생을 더 영광스럽게 만드십니다.

'우리의 때' 란 없습니다. 주님께서 쓰시겠다고 작정하신 때가 바로 우리의 때입니다. 새끼 나귀는 자기는 아직 어리다고 불평하지 않았겠습니까? 자기는 한 번도 짐을 메어 본 적이 없다고 주인에게 하소연하고 싶어 하지 않았겠습니까? 그러나 기회는 바로 지금입니다. 주님이 필요한 때는 지금입니다. 나중에 크고 힘이 붙었을 때 그때는 정작 주님은 계시지 않습니다. 새끼 나귀는 벳바게(Bethphage)에서 예루살렘 성까지 근 2km에 이르는 거리를 예수님을 태우고 잘 행진하였습니다. 예수님은 몸무게도 가벼워서 생각보다 쉽게 갈 수 있었을 것입니다. 이 나귀에게 주고 싶은 예수님의 말씀은 아마 **"나는 마음이 온유하고 겸손하니 나의 멍에를 메고 내게 배우라**

그러면 너희 마음이 쉼을 얻으리니 이는 내 멍에는 쉽고 내 짐은 가벼움이라"(마 11:29-30)는 말씀일 것입니다. 주님의 필요에 맞추어 순종하면 주님은 그 짐을 짊어질 수 있는 능력 또한 주십니다. 우리가 짐에 눌려 고생하도록 만들지 않습니다.

성경의 성취

사실 예수님이 작은 나귀를 타고 예루살렘에 입성하는 장면은 제자들이 기대했던 이스라엘 왕으로서의 개선 행렬(凱旋行列)치곤 좀 어울리지 않았습니다. 7절입니다. **"나귀 새끼를 예수께로 끌고 와서 자기들의 겉옷을 그 위에 걸쳐 두매 예수께서 타시니"** 그 동안 역사 무대에서는 수많은 장군과 왕들이 예루살렘에 입성하였습니다. 그때마다 그들은 나귀가 아니라 군마나 화려한 백마를 타고 들어왔습니다. 나귀 보셨습니까? 나귀는 기껏해야 키가 150cm에 불과할 정도로 작습니다. 그것도 다 큰 나귀가 아니라 새끼나귀를 타셨습니다.

로마에 가면 개선문들이 많습니다. 그 중에 티투스(Titus) 황제의 개선문이 있습니다. 티투스는 AD 70년에 유대인의 독립전쟁을 진압하고 예루살렘과 성전을 파괴했던 황제입니다. 그 개선문에는 부조 형태의 여러 조각들이 있는데 예루살렘 성전에서 약탈했던 물건들을 들고 행진하는 모습의 조각도 있습니다. 무엇보다 티투스가 로마에서 개선행진을 할 때의 모습이 잘 표현되어 있습니다. 티투스 황제는 네 마리의 군마가 이끄는 이륜마차에 타고 있으며 그 앞뒤로는 로마의 신들이나 유력자들이 따르고 있습니다.

이 정도의 화려한 입성은 아닐지라도 예수님이 최소한 말이라도 타고 입성하는 것이 그 분의 권위에 어울리는 것이 아니겠습니까? 나귀 새끼를 타고 가는 모습은 왕의 입성이라고 하기에는 너무 초라하며 오히려 꼴불견이라고 할 수 있습니다. 왜 예수님은 이처럼 볼품없는 나귀 새끼를 타고 입성하셨을까요? 말을 살 수 있는 재물이 없었기 때문이었을까요? 아니면 미처 말을 구할 수 없는 사정이 있었기 때문이었을까요? 아닙니다. 의도적이었습니다. 주님께서는 작은 나귀를 구하시는데 1절에서 7절에 이르기까지 신중한 선택을 하셨습니다.

마가복음과는 달리 마태복음은 스가랴 선지서를 인용하며 예수님이 나귀새끼를 타신 이유에 대해서 다음과 같이 설명하고 있습니다. **"시온의 딸아 크게 기뻐할지어다 예루살렘의 딸아 즐거이 부를지어다 보라 네 왕이 네게 임하나니 그는 공의로우며 구원을 베풀며 겸손하여서 나귀를 타나니 나귀의 작은 것 곧 나귀새끼니라"**(슥 9:9) 예수님께서 나귀새끼를 타신 이유는 겸손하셔서 그러했다는 것입니다. 요한복음에서는 이렇게 설명합니다. 12장 14절과 15절입니다. **"예수는 한 어린 나귀를 만나서 타시니 이는 기록된 바 시온 딸아 두려워 말라 보라 너의 왕이 나귀 새끼를 타고 오신다 함과 같더라"**

군마는 무력과 권위를 상징합니다. 군마를 타고 세상을 짓밟고 호령하고 두렵게 하는 것이 이 세상의 왕의 방식입니다. 그 앞에서 사람들은 얼마나 두려워합니까? 예수님께서는 그런 왕이 되길 원하지 않으셨습니다. 군마는 그 발에 밟힐까 사람들을 두렵게 만들지만 나귀는 작아서 어린 아이들도 가까이 할 수 있습니다. 예수님은 세상이 원하는 권위나 힘의 길과는 반대의 길을 가셨습니다.

이런 모습은 예수님이 메시아로서 기름부음 받는 장면에서도 잘 드러나고 있습니다. 그리스도는 헬라어인데 히브리어로는 메시아입니다. 메시아는 기름부음을 받은 자라는 뜻입니다. 예수님께서 이 땅에 메시아로 오셨다면 예수님 또한 기름부음을 받는 장면이 있어야 하는데, 마가복음 14장 3절입니다. **"예수께서 베다니 문둥이 시몬의 집에서 식사하실 때에 한 여자가 매우 값진 향유 곧 순전한 나드(nard) 한 옥합을 가지고 와서 그 옥합을 깨뜨리고 예수의 머리에 부으니"** 세상 왕들의 대관식은 얼마나 화려합니까? 각국의 축하사절단들이 몰려오고 가장 엄숙한 모습으로 가장 높은 신의 사제에 의해서 식이 거행됩니다. 그러나 예수님의 대관식(戴冠式)은 너무 초라합니다. 그 장소는 문둥이의 집이고, 기름을 붓는 사람은 대사제도 아닌 여인이고, 그것도 이름이 없는 여인입니다. 다른 성경에서는 이 여인이 막달라 마리아였다는 해석을 붙이고 있지만 저는 마가의 의도가 더 예수님의 뜻에 합당해 보입니다. 예수님은 마치 거지 왕처럼 기름부음을 받고 있습니다.

이런 모습들을 통해서 예수님께서 우리에게 주시고자 하시는 메시지가 무엇입니까? 하나님은 이제 시내 산에서 빽빽한 구름과 천둥치는 듯한 소리로 우리를 두렵게 하시는 권위와 힘의 하나님이 아니십니다. 하나님은 이제 자신을 섬기고 희생하시는 겸손하신 모습으로 계시하십니다. 작은 소자들과 함께 하시며 고통받는 자들과 함께 하시는 하나님이십니다. 힘을 사용하시는 분이 아니라 힘을 내려놓으시는 겸손하신 분이십니다. 작은 나귀를 타신 예수님의 모습에서 우리는 겸손함과 평화의 왕의 모습을 봅니다. 주님은 이를 통해서 예수 그리스도를 따르는 모든 자들 또한 예수님처럼 평화와 겸손의 길을 가기를 원하십니다.

교회가 힘을 갖는 것이 좋을까요? 힘을 가지면 성경대로 사회를 움직일 수 있다는 좋은 점도 있을 것입니다. 그러나 불행히도 한국 교회는 그 힘을 가지고 사회적 논란만 일으키고 선하고 아름다운 일에 사용을 못하고 있습니다. 주님께서는 교회가 권력화되고 힘의 논리를 따라 사는 것을 거부하십니다.

예수님께서는 힘이 없으셔서 나귀를 타신 것이 아니었습니다. 예수님은 힘이 있으면서도 힘의 길을 가지 않으셨습니다. 힘으로 일어선 자는 힘으로 망한다는 힘의 논리를 잘 알고 계셨기 때문입니다. 말고의 귀를 짜르고 그 귀를 다시 고쳐 주실 때 예수님은 베드로와 그의 제자들에게 **"칼을 사용하는 자는 칼로 망할 것이다"**(마 26:25)고 하시면서 힘이나 권력의 상징인 총칼을 휘두르는 지도자는 그것에 의해 패망할 것이라는 진리를 말씀하셨습니다.

힘은 언젠가는 꺾이게 되어 있고, 그 힘의 논리를 따라가는 자는 필연적으로 비인간적인 길을 걸을 수 밖에 없습니다. 힘과 권력이란 것은 소수만이 행복하고 다수는 굴종을 당할 수밖에 없다는 것을 예수님께서는 누구보다 잘 알고 계셨습니다.

현재 우리 한국기독교의 모습은 마치 중세 사회의 타락한 기독교의 모습을 보는 듯합니다. 313년 콘스탄틴 대제에 의해서 기독교는 로마사회에서 공인 종교로 인정받았습니다. 그런데 교회사가들은 공통적으로 이 기독교 공인 이후로 기독교는 타락의 길을 걸었다고 분석을 합니다. 그전까지 기독교는 박해 받는 종교였고, 약자와 가난한 자의 종교였습니다. 그때는 오히려 순수했고 말씀에 근거한 삶과 신앙생활을 하였습니다. 오직 하나님 나라에 대한 소망 속에서 순교하고 희생을 정당한 것으로 받아들였습니다.

그러나 기독교가 공인되고 국교가 되면서 교회는 타락하기 시작했습니다. 교회재산이 불어나기 시작했습니다. 신도들이 밀려오기 시작했는데 그들은 옛 이교 풍습을 그대로 가지고 들어왔습니다. 출세와 권력을 위한 도구로 기독교를 선택한 자들도 있었습니다. 교회가 특권을 누리고 권력의 비호를 받기 시작하면서 세상이나 세상 권력자들의 논리나 욕심에 유착했습니다.

중세의 신학자 토마스 아퀴나스(ThomasAquinas)와 교황 이노센트 4세(Innocent IV)간의 대화가 그 실상을 보여줍니다. 교황 이노센트 4세가 라테란 성당 (Basilica Laterano) 문으로 보물을 가득 담은 자루들이 옮겨지는 모습을 보며 아퀴나스에게 이렇게 말했습니다. “여보게나, 이젠 교회가 ‘은과 금은 없어도’ 란 말을 하던 시대도 지나갔네. 저 보물들을 보게 “교황은 사도행전에서 베드로와 요한이 성전에 앉아 있는 앉은뱅이를 향하여 **“은과 금은 내게 없거니**

와 내게 있는 것으로 네게 주노니 곧 나사렛 예수 그리스도의 이름으로 걸으라"(행 3:6)고 말했던 것을 빗대어 말한 것이었습니다. 그러자 아퀴나스가 한숨을 쉬며 이렇게 대답했다고 합니다. "예, 그렇습니다. 그렇지만 교황님이시여 오늘날의 교회는 은과 금은 있지만 대신 앉은뱅이에게 '일어나 걸으라' 고 말할 수 있는 나사렛 예수 그리스도의 능력은 잃어버리고 말았습니다."

중세의 교황이 권력에 맛을 들이는 바람에 교회는 타락의 길을 갔고 그 때문에 종교개혁이 일어날 수밖에 없었는데 현재 한국교회가 그렇습니다. 교회는 물질적으로, 수적으로, 권력으로 부흥했는데 오히려 교회의 거룩함과 정직과 섬김과 가난은 오히려 더 줄어들고 있습니다.

기독교 윤리실천운동을 이끌었던 손봉호 교수는 오늘날의 한국 기독교를 가리켜 '기독교 역사상 가장 타락한 집단' 이라고 합니다. 교회마다 물질적인 문제나 성추문으로, 아니면 담임목사 자리를 두고 벌어지는 권력쟁탈전으로 몸살을 앓고 있습니다. 세상의 힘의 논리를 따라간 결과입니다. 교회의 순수함은 다 사라지고 그 열매를 누가 더 차지하느냐 에만 혈안이 되어 있습니다.

물질이 많아지면서 돈의 논리에 의해서 교회가 좌지우지 되고, 세상의 권력과 타협하면서 교회는 엄청난 힘을 가지면서 하늘의 능력을 상실하고 세상적인 힘을 의지하게 되었습니다. 우리는 힘의 논리를 숭상하고 있지는 않습니까? 군마를 타신 예수님을 믿고 싶고 자신 또한 그 군마에 함께 타서 세상을 호령하고 싶어 하지 않습니까? 주님은 거기에 행복이 있지 않다고 말씀합니다. 자기를 비우고 겸손한 데 행복이 있다고 말씀합니다. 예수님은 권력지향적인 우리를 낮추시려고 일부러 작은 나귀 새끼를 타셨는지 모릅니다.

호산나! 찬송하리로다

"많은 사람은 자기 겉옷과 다른 이들은 밭에서 벤 나뭇가지를 길에 펴며"(8) 사람들은 앞서거니 뒤서거니 하며 예수님을 대대적으로 환영하며 메시아로 찬양했습니다. **"앞에서 가고 뒤에서 따르는 자들이 소리 지르되 호산나 찬송하리로다 주의 이름으로 오시는 이여 찬송하리로다 오는 우리 조상 다윗의 나라여 가장 높은 곳에서 호산나"**(9,10)하며 그들은 다윗의 왕위를 계승한 정치적 메시아로 환영했습니다.

결국 주님께서 체포되신 후, 심문 받을 때는 십자가에 못 박으라고 동일한 소리로 군중 집회를 하는, 양떼에서 이리떼로 바뀌는 모습들이었습니다. 그들이 바라는 야망에 부응하지 않는다고 하루 아침에 돌변하여 십자가에 처형하라고 외쳤습니다.

예수님의 진정한 십자가의 사역을 이해하지 못하면 오늘 우리도 동일한 오류를 범하게 됩니다. 정말 여러분들이 예배하고 찬양하고 기뻐하며 신앙생활하는 의중이 무엇입니까? 여러분들의 야망을 이루기 위함입니까? 아니면 구원의 은혜에 감격하여 마음에서 우러나오는 찬양을 하기 위함입니까? 정말 십자가에서 우리를 구원하신 주님에 대한 감사와 기쁨이 있습니까? 히브리어(아람어) '호산나(הוֹשַׁעְנָא)' 란 의미는 '구하옵소서!' (Save us)란 뜻입니다. 우리 영혼을 구하고, 우리 가정을 구하고, 우리 교회를 구하고, 우리 민족을 구하여 달라는 의미가 담겨 있습니다. 주님께서 우리의 영역으로 입성하시는 이유는 우리를 구원하시기 위해서입니다. 주님의 오심의 목적을 바르게 이해하고 감사와 찬양의 제사를 올려 드리는 일에 우선순위를 두어야 합니다. 날마다 죄의 유혹과 쇠사슬로부터 구원해 달라는 요청의 기도와 함께 찬양의 삶을 사는 성숙한 그리스도인들이 되어야 합니다.

예수님의 예루살렘 입성시에 나귀 새끼를 타신 것은 구약의 예언의 성취라는 측면에서 대제사장들과 서기관들에게 고난과 죽음을 당하시리라고 예언한 것에 대한 겸손하신 주님의 태도를 보여줍니다. 전사나 영웅의 모습이 아닌 나약한 인간의 모습을 보여 주십니다. 힘이나 권력으로 백성 위에 군림하시기 위해 오신 것이 아니라 겸손과 온유로써 구원을 이루고 섬기기 위한 행차였음을 여실히 보여줍니다. 하나님의 나라는 재력이나 무력에 의해 건설되고 확장되는 것이 아니라 겸손함으로 이루어진다는 사실을 보여 주고 있습니다. 아무리 사람들이 환호성을 질러도 주님은 자신이 가고자 하는 길을 묵묵히 가셨습니다. 군중 심리에 의해서 우쭐대거나 자신의 존재를 잃어 버리는 어리석음을 범하지 아니하시고, 끝까지 목적을 이루기 위해 줄기차게 나아가셨습니다. 겸손은 다른 사람을 구원하기 위한 최상의 태도요, 삶을 승리로 이끈 비장의 병기입니다.

Chapter 23

사천명을 먹이신 예수님

(Jesus feeds the four thousand)?

막 11:15-19

그들이 예루살렘에 들어가니라 예수께서 성전에 들어가사 성전 안에서 매매하는 자들을 내쫓으시며 돈 바꾸는 자들의 상과 비둘기 파는 자들의 의자를 둘러 엎으시며 아무나 물건을 가지고 성전 안으로 지나다님을 허락하지 아니하시고 이에 가르쳐 이르시되 기록된 바 내 집은 만민이 기도하는 집이라 칭함을 받으리라고 하지 아니하였느냐 너희는 강도의 소굴을 만들었도다 하시매 대제사장들과 서기관들이 듣고 예수를 어떻게 죽일까 하고 꾀하니 이는 무리가 다 그의 교훈을 놀랍게 여기므로 그를 두려워함일러라 그리고 날이 저물매 그들이 성 밖으로 나가더라

예수님께서 행하신 성전 정화 사건은 사복음서에 다 기록이 되어 있는데, 시점이 공관복음서와 요한복음(2:12-19)이 다릅니다. 요한복음에 기록된 정화 사건의 시점은 예수님이 세례와 광야 시험 후 갈릴리로 갔다가 유월절을 맞이하여 예루살렘에 가서 발생한 초기 시점입니다. 공관복음서 (마 21:1-11; 눅 19:28-40)에서는 예수님

이 십자가를 지시기 위해 예루살렘입성 후 마지막 주간 중에 행한 것으로 기록되어 있습니다. 이러한 차이는 성전정화 사건이 예수님 공생애 초반부와 마지막 주간에 두번 일어났는데, 공관복음에서는 이 사건을 통해 제사장들과 서기관 그리고 바리새인들이 예수님을 죽이려고 결심하는 것을 강조하기 위해 마지막 주간에 일어난 사건으로 기록하였습니다. 요한복음에서는 **'아직 때가 이르지 못하였다'**(2:4)는 예수님의 말씀과 연관하여, 성전(하나님의 집)을 다시 세우는 사건에서 시작하여 공생애 활동이 시작되었다는 것을 강조하기 위해 사역 초기에 일어난 사건으로 기록하고 있습니다. 사역 초기와 말기에 일어난 이 사건이 얼마나 중요한가를 각 복음서 저자들은 놓치지 않고 기록하고 있습니다.

성전의 형편

예수님의 성전 척결의 발단은 성전 안에서 행해지고 있는 장사를 하며 시장처럼 변해버린 광경을 보시면서 일어났습니다. 왜 성전 안에 동물을 파는 사람들과 돈 바꾸는 사람들이 있었을까요? 유월절이 되면 절기에 참여하는 모든 백성들이 성전에서 하나님께 제사를 드려야 하기 때문입니다.

구약의 제사는 대부분 동물을 태워서 드려야 했습니다. 그런데 먼 곳에서 오는 경우, 동물을 데리고 오기가 여간 불편한 것이 아니었습니다. 그래서 성전에 와서 동물을 사서 제사를 드렸습니다. 또한 이스라엘 성인이라면 매년 오(五) 세겔(shekels)의 성전세를 내야 했는데 성전에서만 통용되는 돈을 따로 만들었습니다. 세상 돈은 더럽다고 생각했기 때문에 성전에 와서 성전 세겔로 환전해야 했습니다. 우리가 잘 아는 대로 모든 남자들은 유월절이 되면 예루살렘으로 올라갔습니다. 심지어 외국에 가 있는 사람들도 다 와서 함께 절기를 지켰습니다. 3대절기(유월절, 칠칠절, 초막절)에 이스라엘 남자는 하나님앞에 나오라는 말씀이 신명기 16장 16절에 기록되어 있습니다. 이 말씀이 지켜지지않다가 나라를 잃고, 다시 회복하는 과정에서 말씀회복운동이 일어났고, 이계명이 중요하게 여겨지면서 모든 유대인이 절기 때마다 예루살렘으로 오는 성지순례가 이루어졌습니다. 그러나 말씀회복에 대한 순수한 운동에서 점차 이 의식은 모든 유대인이 감당해야 할 의무(율법)가 되었습니다. 그러면서 발생하게 된 것이 제사드릴 제물(소, 양, 비둘기)을 파는 장사와, 성전세를 바꿔주는 환전 상인들이 성전에 생기게 되었고 점차 제물을 파는 장사는 제사장이 관리하고, 환전은 산헤드린 공회에서 관리하면서 금전적 이해관계(利害關係)가 성전을 두고 발생하게 되었습니다. 이스라엘의 순수한 신앙운동이 왜 율법과 의무만 남은 형식적인 종교가 되었을까요?

말라기서를 보면 하나님에 대한 사랑이 식은 백성들의 모습이 보입니다. 즉 사랑 없는 신앙은 죽어가는 신앙이요, 변질할 수밖에 없습니다. 그 주범은 다음과 같습니다.

1) 신앙의 편리주의입니다.

마땅히 각자가 제물을 준비해와야 하지만 멀리서 오는 사람들의 편리를 제공하다 보니 성전 뜰에 있던 우양의 시장이 성전 안으로 들어오게 되고, 세금 내는 것과 외국 돈 바꾸는 일을 위해서 환전소까지 성전 안으로 들어오게 되었습니다. 이것은 판매자들이 제사장들과 산헤드린 공회원들의 편리와 유월절을 지키기 위해 온 구매자인 백성들의 편리를 위한 것이었습니다. 아무리 편리한 것이 좋을지라도 말씀의 원리를 어기며 행하는 편법은 철저하게 배격되어야 합니다.

오늘날 현대문명은 모든 것이 자동화되어 사람들은 참으로 편하게 살고 있습니다. 깊은 사고를 하지 않아도 그냥 오토매틱으로 척척 일사천리로 다 실행이 됩니다. 문도 자동문, 밥도 버튼 하나만 누르면 자동으로 됩니다. 자동차 키도 자동으로, 미래의 컨셉카는 운전을 하지 않고 가만히 앉아만 있어도 자동으로 목적지까지 데려다 주는 시대가 곧 도래할 것이라고 합니다. 이러한 편리한 문화권 속에 살다 보니 신앙생활을 하는 것도 편하게 믿고, 편하게 천국에 가려고 합니다. 그러니까 십자가 없는 길을 택하며 희생 없이 편리주의로 살다가 적당히 천국에 들어가겠다는 것입니다.

이를 두고 독일의 신학자 본회퍼(Bonhoeffer)는 '값싼 은혜가 우리 교회의 가장 치명적인 원수다' 라고 십자가 없는 은혜의 잘못됨을 지적했습니다. 오늘 우리도 모르게 신앙생활을 너무 편하게 하려고 합니다. 하나님의 말씀에 기준한 삶 보다는 내가 삶의 기준이 되어 편한 대로 행동하고 넓은 길을 걸어 가고자 합니다. 특히 예배에 대해서 개인의 편리주의로 흘러가면 신앙이 변질되고 하나님을 기쁘시게 해드리는 예배가 내 편리주의로 흘러가게 됩니다.

2) 기복적인 물질주의입니다.

제물을 파는 자들은 제사 자체에는 관심이 없고, 오직 돈을 버는 일에만 혈안이 되어 있었습니다. '강도의 소굴(den of thieves)' 로 표현한 것을 보면 얼마나 심각한 상황이었는지를 생각해 볼 수 있습니다. 강도(??)는 폭행 또는 협박으로 다른 사람의 재산을 빼앗는 범죄자를 말하며, 노력하지 않고 남의 돈을 빼앗는 전문가를 지칭하는 말입니다. 자기의 욕망을 채우는 대명사가 바로 강도인데 한 두명이 아니고 소굴이 되었다고 했으니 대부분이 욕망만을 채우는 심각한 상태였음을 알 수 있습니다.

실제로 제사장들이 백성들이 하나님께 드릴 짐승을 가져오면 흠이나 점이 있다고 판명하여 돌려 보내면 그것을 뒷거래하여 착복하는 일들이 많이 있었고, 환전하는 사람들도 성전세를 내는 돈을 따로 만들어 이윤을 많이 챙기는 일들이 있었다고 합니다. 오늘날 이단들과 사이비 집단들 특히 최근에 물의를 일으킨 구원파의 유병언과 같은 사람들입니다. 간판은 교회이름을 걸어놓고 성도들의 주머니를 털어 결국 자신과 몇몇 사람들의 배만 채우는 행위를 하는 그런 집단을 강도의 소굴이라고 말하는 것입니다. 오늘 우리의 모습을 반추하는 교훈의 말씀입니다. 진정한 예배를 통한 헌신과 기쁨을 누리는 것 보다 기복적인 신앙으로 물질로만 나의 욕구를 채우려는 신앙생활은 그 당시 사람들과 별반 다를 바가 없습니다. 편리주의와 기복신앙(祈福信仰)은 우리 주님으로부터 내침을 받습니다. 교회 생활은 어렵고 힘들어도 헌신하면서 기뻐하고 보람을 느끼며 살아야 합니다.

성전 청결

예수님은 성전에 들어가서 매매하는 자들을 내어 쫓으시고, 환전상들과 비둘기 파는 자들의 상을 뒤집어 엎으셨습니다(15절). 주님께서는 잘못된 형식적인 종교행위에 대해서 단호하셨습니다. 그렇게 하신 이유를 몇 가지로 요약해 보면

첫째, 하나님의 뜻을 이루는 예수님의 사역의 본질을 우리에게 보여 줍니다. 사람들의 눈치를 보는 것이 아니라 하나님 아버지께서 어떻게 생각하실 가를 고려하여 행동하셨습니다.

둘째, 예수님의 순수한 신앙을 봅니다. 그 당시 누구도 잘못된 관행에 대해서 말하고 행동하지 않으려고 할 때에 성경 말씀을 따라 행동했습니다. 오랫동안 그렇게 해온 것에 대해서 다른 사람들은 미쳐 생각하지 못하고 있었습니다. 그냥 받아 들이고 수용하고 있었습니다. 얼마나 잘못된 것인가 조차도 알지 못했을 때 주님께서

는 순수한 신앙의 잣대로 그렇게 행동하셨습니다. 마치 루터가 중세의 부패한 가톨릭의 형태를 보고 분노하여 종교개혁을 일으킨 것과 같습니다.

셋째, 예수님의 사역의 궁극적인 목적을 간접적으로 보여주고 있습니다. 그는 십자가를 통해 사람들을 정결하게 하여 거룩한 공동체를 만드는 것이 목적이었습니다. 예수님의 사역은 죄로 더러워진 성전(하나님의 계신 곳)을 정화시키기 위함이며, 하나님에 대한 순수한 신앙의 본질을 훼손해서는 안 된다는 준엄한 심판의 의미를 알리기 위함입니다.

오늘 우리의 신앙생활과 교회생활의 현주소는 어디입니까? 우리 자신이 성전이고 예배당은 하나님께서 거하시는 성전인데, 주님께서 우리의 모습을 보실 때 어떻게 반응하시겠습니까? 우리는 바울이 고린도 교회 성도들에게 한 교훈을 가슴 깊이 새겨야 할 것입니다. **"너희가 하나님의 성전인 것과 하나님의 성령이 너희 안에 거하시는 것을 알지 못하느뇨 누구든지 하나님의 성전을 더럽히면 하나님이 그 사람을 멸하시리라 하나님의 성전은 거룩하니 너희도 그러하니라"**(고전 3:16,17). 우리가 깨끗하지 않고, 본질에 충실하지 못한 변질된 신앙생활을 하면 하나님께서 멸하시겠다고 했습니다. 개인도 가정도 교회도 하나님께서 마음껏 기뻐하시며 영광을 받으실 수 있는 처소로 만들어야 합니다.

기도하는 집

예수님은 성전을 정화하시는 일을 하시면서 성전이 무엇을 하는 곳인가를 상기시켰습니다. 우리가 '성전은 기도하는 집'이라고 하신 주님의 말씀을 이해하기 위해서는 성전의 성격을 좀 알아야 합니다.

이스라엘 백성들이 40년간 광야에서 생활할 때, 언제나 성막을 중심으로 열두 지파가 동서남북에 각 세 지파씩 진을 쳤습니다. 성막을 짓게 하신 하나님의 목적은 다음 구절에서 분명히 기록되어 있습니다. **"거기서 내가 너와 만나겠고, 내가 이스라엘 자손을 위하여 네게 명할 모든 일을 네게 이르리라"**(출 25:22). 성막의 가장 주된 목적은 '하나님의 임재와 인도하심'입니다. 즉, '하나님과의 동행'입니다. 광야에서의 삶은 성막에서 피어 오른 구름이 떠나면 출발하고, 구름이 머물면 한 달이고 일 년이고 머물렀습니다. 그래서 그들이 아침에 일어나 가장 먼저 하는 일은 성막을 바라보는 일이었습니다. 그것을 무시하고 "난 싫어 여기에 머무를 거야", "이제 구름을 따라 움직이는 일에 지쳤어. 내 마음대로 할 거야."라는 사람이 있다고 합시다. 이것은 하나님의 인도함을 거부한다는 말입니다. 그때부터 그 사람은 광야에서 홀로 악전고투하다가 죽는 수밖에는 없습니다.

성막은 훗날 가나안 땅 정착 후 솔로몬에 의하여 한 자리에 위치한 아름다운 성전이 되었습니다. 그런데 사람들은, 하나님의 성전을 하나님의 뜻을 묻고 하나님의 인도함을 구하는 대신, 하나님의 복을 팔고 사는 쇼핑몰로 만들어버렸습니다.

예수님께서 어느 날 청중들에게 이렇게 말씀하셨습니다. **"성전을 헐라. 내가 사흘 동안에 일으키리라"**(요2:19) 사람들이 그 말에 이렇게 대답했습니다. **"이 성전은 사십육 년 동안에 지었거늘, 네가 삼 일 동안에 일으키겠느뇨?"**(20절). 그 당시 종교 지도자들과 군중들은 예수님을 십자가에 처형해 버렸습니다. 그런데 예수님께서는 삼 일만에 부활하셨고, 하나님의 성전은 주후(主後) 70년경에 로마 티투스(Titus) 장군에 의해 철저히 파괴되었습니다. 돌 위에 돌 하나도 남지 않고 말입니다.

오늘 '하나님의 성전'을 승계한 곳이 곧 '교회'입니다. 그래서 '주님의 몸' 된 교회라고 말합니다. 이 교회 안에서 우리가 하나님의 인도하심을 받고, 영광스러운 하나님의 임재를 체험하게 됩니다. 공식적인 예배와 기도를 통해 주의 은혜를 입고 그분의 영광스러운 임재를 경험하며, 철저히 하나님의 백성으로 인도함을 받습니다. 기도가 없는 곳은 바로 강도의 소굴이 됩니다. 개개인이 교회에 와서 주님과 깊이 교제하면서 교회 본질의 모습으로 회복되는 것이 바로 역동적인 예배를 드리는 것입니다. 그러한 교회가 되기를 주님께서는 지금도 원하고 계십니다. 주님의 뜻을 따라 기도하는 곳이 될 때 교회는 원래의 모습을 되찾게 됩니다.

성전 정화 사건은 예수님의 획기적인 개혁운동이었습니다. 오랫동안 관행으로 여겨 왔던 성전의 제사의 참 의미와 알맹이가 다 빠진 의식주의는 말씀의 본질에서 많이 벗어나 있었으므로 주님께서는 그것을 바로 잡으려고 고군분투 하셨습니다. 역동성이 배제된 종교의식은 결국 영적 침체를 가져 오게 되고 신앙의 편리주의와 기복신앙을 낳게 됩니다. 하나님이 중심이 아니라 자기 자신이 중심이 되어 결국 바알(Baal)과 아세라(Asherah)를 숭배하는 이방종교처럼 변질해 버립니다. '내 집은 만민이 기도하는 집이라' 고 하신 하나님의 음성을 듣고 온 성도들이 기도하는 곳, 예배하는 곳의 중심이 되도록 교회의 본질을 회복하는 교회가 되기를 주의 이름으로 축복합니다.

Chapter 24

예수님의 권위

(The Jesus' authority)

막 11:27-33(마 21:23-32; 눅 20:1-8)

그들이 다시 예루살렘에 들어가니라 예수께서 성전에서 거니실 때에 대제사장들과 서기관들과 장로들이 나아와 이르되 무슨 권위로 이런 일을 하느냐 누가 이런 일 할 권위를 주었느냐 예수께서 이르시되 나도 한 말을 너희에게 물으리니 대답하라 그리하면 나도 무슨 권위로 이런 일을 하는지 이르리라 요한의 세례가 하늘로부터냐 사람으로부터냐 내게 대답하라 그들이 서로 의논하여 이르되 만일 하늘로부터라 하면 어찌하여 그를 믿지 아니하였느냐 할 것이니 그러면 사람으로부터라 할까 하였으나 모든 사람이 요한을 참 선지자로 여기므로 그들이 백성을 두려워하는지라 이에 예수께 대답하여 이르되 우리가 알지 못하노라 하니 예수께서 이르시되 나도 무슨 권위로 이런 일을 하는지 너희에게 이르지 아니하리라 하시니라

우리가 신앙 생활하는 가운데 올바른 믿음, 참 믿음을 가지는 것이 중요한데 그 믿음의 근거가 바로 신앙의 대상을 바르게 아는 데서부터 시작이 됩니다. 일반적으로 '아는 것이 힘이다' 라고 생각하고 있지 않습니까? 신앙의 대상을 바르게 아는 것은 믿음 생활에 정말 중요합니다. 성경을 기반으로 해서 믿는 종교가 넷인데, 유대

교, 천주교, 회교, 그리고 기독교인데 이렇게 다 나누어지게 된 배경에는 신앙의 대상에 대한 인식의 차이에서 비롯되었습니다. 유대교는 구약의 야웨(Yahweh) 하나님만을 믿습니다. 우리보다 더 철저하게 구약에 나타난 하나님만을 신앙합니다. 예수님과 성령님은 믿지 않습니다. 천주교는 하나님과 예수님을 믿지만 그 보다 마리아를 더 숭배합니다. 하나님과 인간 사이에 예수님 외에 다른 중보자들을 많이 숭상합니다. 회교(回教)도 마찬가지입니다. 이렇게 성경에서 말하는 삼위 하나님에 대한 인식이 잘못되어 있다 보니 신앙의 본질이 많이 변질되어 있습니다.

우리 기독교도 하나님을 믿는다고 하면서 삼위 하나님에 대한 올바른 지식과 앎이 선행되지 않으면 다른 종교들처럼 변질될 수밖에 없습니다. 사도 바울은 우리에게 **"우리가 다 하나님의 아들을 믿는 것과 아는 일에 하나가 되어 온전한 사람을 이루어 그리스도의 장성한 분량이 충만 한데까지 자라갈"**(엡 4:13) 것을 권면하고 있습니다.

'믿는 것' 도 중요하지만 '아는 일' 도 중요합니다. 신앙의 대상을 어떻게 알고 믿느냐가 너무나 중요합니다. 오늘 본문에 나타나는 사건은 바로 예수님에 대한 잘못된 인식에서 비롯된 한 사건을 소개하고 있습니다.

이 사건은 고난주간 화요일에 일어난 사건으로 마태복음과 누가복음에도(눅 20:1-8) 기록되어 있습니다. 예수님께서는 저녁이면 베다니(Bethany)에서 유하시다가 아침이 되면 다시 성전에서 말씀을 가르치시고 병든 자를 고치셨습니다. 화요일에 주님께서 성전에 들어가셔서 말씀을 가르치셨습니다. 말씀을 듣기 위해 수많은 인파가 모여들었고 주님은 이들에게 신적 권위로 말씀을 가르치며 능력을 행하셨습니다. 그런데 이런 모습이 기득권자들 특히 대제사장과 장로들의 분노를 일으키고 말았습니다.

권위에 대한 질문

당시의 유대교 최고회의를 산헤드린이라고 하는데 산헤드린 공회는 세 계급의 대표자들로 구성되어 있었습니다. 오늘 예수님 앞에 이 논객들은 최고회의가 파견한 공적 논객이었는지도 모릅니다. 그렇다고 하면 이들은 성경을 가진 유대민족의 최고 권위자들이요, 어떤 면에서는 그리스도를 가장 이해하기 쉬운 입장에 있는 전문가들이었습니다. 예루살렘성전은 이들의 전유물이었고 그들의 권위와 권력을 유지시켜 주는 곳이었습니다. 그러나 예수님의 등장으로 인해 기득권을 상실할 위험에 빠지게 되었습니다. 그래서 그들은 많은 무리들이 지켜보는 현장에서 예수님의 권위에 치명적인 손상을 가하여 잃어버린 기득권을 되찾고자 했습니다. 그래서 궁리한 끝에 예수님께서 무슨 권위로 이런 일을 행하는가 하는 질문을 던졌습니다. 즉 그 권위의 출처가 어디인가? 하는 점입니다. 그 질문이 바로 "당신은 무슨 권위로 이런 일을 합니까? 누가 당신에게 이런 권위를 주었습니까?"하는 것입니다. 즉 권위에 대한 질문입니다.

그들이 말한 권위는 엑수시아(εξουσια)로써 영향력을 주는 힘을 의미합니다. 그들이 말한 권위가 행사된 이런 일이란 무화과 나무 저주 사건, 성전정화사건, 치유사건(맹인 바디매오를 눈 뜨게 함), 가르침 등을 가리키는 말입니다. 돈으로 사람들의 환심을 사는 것이 아니라 진리의 말씀과 그의 행동을 통해 많은 청중들을 이끄시는 능력 등 이러한 일들을 한 것이 어떤 권위에서 비롯된 것이냐는 점입니다. 이런 것이 그들의 자리를 위협하는 한 요소라고 생각했습니다.

이들은 커다란 함정을 파놓고 예수님께 질문을 했습니다. 그 함정이 무엇입니까? 그것은 예수님께서 하나님께로부터 온 권위라고 대답하신다면 즉시 예수님을 신성모독죄로 고소할 것이고 또한 그 자리에서 표적을 보여달라고 요청할 것입니다. 만약 예수님께서 표적을 보여주시지 못하실때 예수님을 잡아 넣을 수 있는 구실이 생깁니다. 만일 인간의 권위로 그렇게 한다고 말하면 예수님의 사역은 그 시간으로 끝장이 나고 말 것입니다. 많은 무리들이 예수님을 등질 것이기 때문입니다. 또한 아무에게도 권위를 받지 않았다면 예수님께서 지금 행하는 일들은 거짓된 것이니 거짓 종교를 유포한 죄로 기소할 것이며 많은 사람들 앞에서 부끄러움을 당하게 될 것입니다. 이처럼 여러 함정을 파놓고 예수님에게 질문을 합니다. 그러나 예수님께서는 이 질문에 대해 응답하지 않으시고 오히려 다른 질문을 그들에게 던짐으로써 그들의 위선과 거짓을 폭로하셨습니다.

우리도 예수님에 대해서 진지하게 질문할 수 있고, 그렇게 해야 된다고 생각합니다. 그러나 그것이 예수님의 정체성을 흠집 내고, 비판하고 도전하고 궁지에 몰아 넣기 위한 것이어서는 안됩니다. 자신의 입지를 지키고 변호하기 위해 예수님을 비판하거나 도전하는 일은 신앙에 치명적인 손해가 됩니다.

예수님의 한 질문

예수님께서는 그들의 질문에 담겨있는 올무를 보셨습니다. 그리고 그 올무를 세례요한에 대한 반문으로 피하셨습니다. 언제나 주님께서는 직답을 피하시고 우회적인 대답을 통해서 그 함정을 벗어났습니다. 로마 정부에 세금을 바치는 것, 가이사(Caesar) 황제에게 세금을 내는 것이 옳으냐 그르냐에 대한 질문에도 직답을 피하시고 **'가이사의 것은 가이사에게, 하나님의 것은 하나님께 드릴 것'** (막12:13-17)을 말씀하시므로 그들의 올무를 무색하게 하셨습니다.

주님은 '세례요한이 무슨 권위로 그런 일을 했는지 너희가 먼저 말하면 나도 무슨 권위로 이러는지 대답하겠다' 고 했습니다. 그러면서 좀더 구체적으로 따져 묻기를 '그것이 하늘로부터 주어진 것이냐 아니면 사람들로부터 주어진 것이냐?' 는 것이었습니다. 그러자 대제사장들을 비롯한 대적자들은 이 질문 앞에 난처해졌습니다. 예수님께 씌우려던 올가미를 자기들이 뒤집어 쓰게 된 것입니다.

만일 '하늘로부터 주어진 것이요' 라고 말하면, '왜 너희는 세례요한을 배척했느냐' 고 따져 묻게 될 것입니다. 즉 하나님께서 보내신 사람을 배척하고 그것도 부족해서 머리를 잘라 죽였으니 엄청난 죄를 범한 것이 됩니다. 또한, '인간들로부터 주어진 것이었다' 고 말하면, 세례요한을 선지자로 믿고 있던 무리들로부터 어려움을 당하게 될 것입니다.

이렇게도 저렇게도 대답할 수 없는 진퇴양난(進退兩難)의 궁지에 빠진 이들은 모르쇠로 일관했습니다. '모르겠다' 는 대답은 사실상 직무유기에 해당합니다. 대사제들과 백성의 지도자들은 무엇이 하나님의 일이고 무엇이 아닌지를 분별하여 백성들에게 제시해야 하는 임무를 가진 사람들입니다. 그런데 그들이 세례요한의 권한에 대하여 아무 것도 모른다고 함으로써 자신들의 직무를 다하지 못함은 물론, 예수가 누구이며, 어떤 권한으로 지금까지 놀라운 행적을 해왔는지에 대하여 알 수 있는 기회를 놓치게 됩니다. 이렇듯 믿지 않는 이들에게는 예수님의 참된 정체성은 유보됩니다. 예수님의 대답은 적어도 말씀을 들으려 하고 받아들이려 하는 사람에게만 주어집니다. 정확한 정보에 의한 올바른 예수님에 대한 관을 확립하고 있어야 어떤 시험이나 이단의 유혹에도 흔들리거나 빠지지 않게 됩니다.

그들이 대답하지 않고 모르겠다고 하자 예수님께서는 "나도 말하지 않겠다"고 대답하셨습니다. 그러나 예수님께서 "나도 말하지 않겠다"고 하셨지만, 예수님은 이 논쟁을 통해서 하고 싶은 말씀을 다 하신 것이나 마찬가지며, 그에 대한 도전과 논쟁에 대한 종결이었습니다.

참 권위에 대한 회복

예수님께서는 당신의 이 모든 활동이 마치 세례요한의 모든 활동이 하늘로부터 얻은 권위로써 이루어졌던 것처럼 하나님께로부터 온 권위로써 이루어지고 있다는 말씀을 하고 계십니다.

예수님의 권위는 스스로 가진 권위이기도 하셨지만 지상 사역가운데 행하신 권위는 철저하게 하나님으로부터 주어진 신적 권위였습니다. 승천하시면서 예수님께서는 제자들에게 모든 민족을 제자 삼기 위해 복음을 전하라는 대 위임령(The great commandment)을 주시면서 예수님의 권위가 어디서부터 주어졌는가를 말씀하셨습니다. **"열한 제자가 갈릴리에 가서 예수께서 지시하신 산에 이르러 예수를 뵈옵고 경배하나 아직도 의심하는 사람들이 있더라 예수께서 나아와 말씀하여 이르시되 하늘과 땅의 모든 권세를 내게 주셨으니 그러므로 너희는 가서 모든 민족으로 제자로 삼아..**"(마 28:16-20).

하늘과 땅의 모든 권세를 하나님 아버지께서 그에게 부여해 주셨습니다. 그러므로 이 땅에 있는 모든 권위와 권세는 하나님께서 주시는 것이기 때문에 그 권세자들, 권위자들에게 복종해야 합니다. 거짓된 권위나 자기 스스로 만든 권위는 우리가 인정할 수 없지만 보편적인 권위, 즉 나라의 위정자들, 학교의 교수나 교사, 회사의 리더들, 그리고 목회자들과 가정의 부모들의 권위는 인정을 해야 합니다. 그렇지 않으면 우리가 안정된 삶을 살지 못하고 모든 질서가 파괴되면서 혼란을 가져오게 됩니다. 군에서도 권위자에게 절대 복종하지 않으면 지위계통이 엉망 진창이 되어 전시가 되면 통제 불능이 됩니다. 그것을 너무 과하게 남용하므로 구타나 폭력사태가 벌어지기도 하지만 온당한 권위는 세워 주어야 자신이 편하고 소기의 목적을 달성할 수 있습니다.

그렇다면 우리 주님께서 가지신 권위는 어떤 권위이겠습니까? 한마디로 말하면 하늘과 땅의 권위이지만 구체적으로 살펴보면,

첫째, 죄사함의 권위입니다.

사람들이 한 중풍 병자를 예수님께 데리고 왔습니다. **"사람들이 데리고 오거늘 예수께서 저희의 믿음을 보시고 중풍병자에게 이르시되 소자야 안심하라 네 죄사함을 받았느니라"** (마 9:2)고 하셨을 때 서기관들은 예수님의 선언에 대해서 신성모독이라고 생각했습니다. 그때 예수님께서 **"그러나 인자가 세상에서 죄를 사하는 권능이 있는 줄을 너희로 알게 하려 하노라 하시고 중풍병자에게 말씀하시되 일어나 네 침상을 가지고 집으로 가라"** 고 하셨습니다.(마 9:1–6).

사람들은 죄를 지은 사람들을 정죄하거나 심판하지만 우리 주님께서는 죄를 용서하시고 특별 사면을 내리시는 분입니다. 간음하다가 잡힌 여인도 사면을 받았습니다. 나도 너의 죄를 정죄하지 아니

하노니 다시는 죄를 범하지 말라고 하셨습니다. 우리도 죄인이지만 주님의 권위를 인정할 때 죄사함받게 되는 줄 믿습니다. 아무리 흉악한 죄를 지었어도 주님께서 흘리신 보혈은 용서하지 못할 죄가 전혀 없습니다. 흰 눈처럼 희게 씻으시고 깨끗하게 하십니다. 이것이 주님의 죄사함의 권위입니다.

둘째, 사랑의 권위입니다.

자신의 생명까지 내어 주시므로 사람을 섬기고 치유하는 사랑의 권위자가 바로 예수님입니다. 사도 요한은 예수님의 사랑에 감복하여 그의 사랑을 전하는 전령자가 되었습니다. 예수님의 사랑의 권위에 감복한 사람만이 사랑을 전하고 실천할 수 있습니다. 사랑은 힘이 없는 것처럼 보이지만 이 세상의 어떤 권력이나 힘보다 강합니다. 우리가 예수님을 사랑하는 이유도 조건 없이 우리를 사랑하기 때문입니다. 예수님의 사랑에는 보이지 않는 힐링의 에너지가 담겨 있습니다. 모든 것을 완전하게 하시는 예수님의 사랑의 권세입니다.

셋째, 왕의 권위입니다.

한 국가를 다스리는 왕의 권위도 대단합니다. 그러나 예수님께서는 온 우주를 다스리는 왕이십니다. 빌라도가 '네가 유대인의 왕이냐' 하고 물었을 때 '너 말이 옳도다' 라고 했습니다. 이것은 한 나라의 왕이라는 말이 아니라 유대인들 조차도 나의 왕권 밑에 통치를 받아야 한다는 말입니다. 세상, 즉 로마의 왕이 영원한 것이 아니라 십자가로 이루어지는 하나님의 나라가 영원하고 그 나라의 왕이신 그분이 영원하다는 것을 의미합니다. 온 우주의 주인이신 그리스도이기에 왕이십니다.

하나님의 성전에서 일했던 대제사장들과 종교 지도자들은 자신들의 권위를 우선으로 생각하므로 예수님의 권위를 인정하고 싶어하지 않았습니다. 그래서 예수님께서 지니신 권위의 출처가 어디서 비롯되는지를 말해 달라고 했습니다. 그러나 평범한 사람들은 삶을 변화시키는 능력을 가지신 예수님의 권위에 순종하였습니다.

진정한 권위는 '거역할 수 없는 아름다움'이라고 정의할 수 있는데 그것은 마치 인간 내면의 성소에서 뻗어 나와 몸을 비추는 햇살과 같습니다.(칼릴 지브란(Kahlil Gibran))

그런 사람들은 아무 말 없이 옆에 있기만 해도, 스쳐 지나가기만 해도 아름다운 권위의 향기를 맡을 수 있습니다. 예수님의 권위아래 있는 사람들은 예수님으로부터 죄사함과 사랑과 통치를 받으면서 보호와 인도를 받습니다. 예수님은 하나님께서 부여해 주신 하늘과 땅의 권세를 가지고 이 땅에서 그 권위를 섬김으로 드러내셨습니다.

Chapter 25

포도원 소작인 비유

(The tenants of vineyard)

막 12:1-12(마 21:33-46; 눅 20:9-19)

예수께서 비유로 그들에게 말씀하시되 한 사람이 포도원을 만들어 산울타리로 두르고 즙 짜는 틀을 만들고 망대를 지어서 농부들에게 세로 주고 타국에 갔더니 때가 이르매 농부들에게 포도원 소출 얼마를 받으려고 한 종을 보내니 그들이 종을 잡아 심히 때리고 거저 보내었거늘 다시 다른 종을 보내니 그의 머리에 상처를 내고 능욕하였거늘 또 다른 종을 보내니 그들이 그를 죽이고 또 그 외 많은 종들도 더러는 때리고 더러는 죽인지라 이제 한 사람이 남았으니 곧 그가 사랑하는 아들이라 최후로 이를 보내며 이르되 내 아들은 존대하리라 하였더니 그 농부들이 서로 말하되 이는 상속자니 자 죽이자 그러면 그 유산이 우리 것이 되리라 하고 이에 잡아 죽여 포도원 밖에 내던졌느니라 포도원 주인이 어떻게 하겠느냐 와서 그 농부들을 진멸하고 포도원을 다른 사람들에게 주리라 너희가 성경에 건축자들이 버린 돌이 모퉁이의 머릿돌이 되었나니 이것은 주로 말미암아 된 것이요 우리 눈에 놀랍도다 함을 읽어보지도 못하였느냐 하시니라 그들이 예수의 이 비유가 자기들을 가리켜 말씀하심인 줄 알고 잡고자 하되 무리를 두려워하여 예수를 두고 가니라

농경사회에는 소작제도가 보편화 되어 있었습니다. 땅을 많이 소유하고 있는 분들과 그렇지 못한 분들이 한 부락과 지역에서 공존하고 있었습니다. 농사를 지어 생계를 유지했으므로 농토는 생명과

직결되어 있었습니다. 다른 어떤 것으로 가족의 생계를 이어갈 수 없는 터라 토지가 없는 사람은 많은 토지를 소유하고 있는 사람들의 농토를 빌려서 농사를 지을 수밖에 없었습니다. 땅 주인과 소작인이 계약을 맺어 한해 농사를 지으면 얼마의 세를 주거나 받았습니다. 지금 같으면 렌탈 사업이라고 할 수 있습니다. 돈이 많은 사람이 물건을 사서 그렇지 못한 사람에게 빌려주고 한 달에 얼마의 렌탈 비를 받는 것과 같은 원리입니다.

함께 읽은 오늘 본문인 '포도원 소작인'의 비유는 마태복음 21장과 누가복음20장에도 기록이 되어 있는 유명한 비유입니다. 이 비유의 앞장(11장)에는 나귀 새끼를 타고 예루살렘에 입성하신 예수님께서 성전에 들어가셔서 성전을 청결하게 하셨습니다. 예수님께서는 장사하는 자들을 내쫓으시면서 **"내 집은 기도하는 집이 되리라 하였거늘 너희는 강도의 소굴을 만들었도다"**라고 책망하셨습니다. 대제사장들과 서기관들과 백성의 지도자들은 예수님의 그러한 언행에 몹시 화를 내면서 예수님을 죽이려고 음모를 꾸몄습니다. 마가복음 11장 27절~33절에 보면, 그들은 예수님에게 강력히 항의했습니다. 예수님의 권위에 도전을 했습니다. **"당신이 무슨 권위로 이런 일을 하는지 이 권위를 준 이가 누구인지 우리에게 말하라"**고 요구했습니다. 예수님은 세례요한의 권위도 인정하지 않았던 그들에게 즉답을 피하시고 이어서 포도원 농부 비유를 말씀하셨습니다. 권위의 문제를 제기하는 유대 교권자들에게 즉답을 피하셨지만, 포도원 농부 비유를 통해 우회적으로 대답해 주셨습니다.

오늘 본문 바로 뒤 문맥을 보면, 유대 교권자들이 어떤 반응을 보였는지를 알 수 있습니다. 오늘 본문 12절에 **"서기관들과 대제사장들이 예수께서 하신 이 비유는 자기들을 가리켜 말씀하심인 줄 알고 즉시 잡고자 하되 무리를 두려워하더라"** 여기서 '잡고자 했다'는 말은 예수님을 체포해서 죽이려고 했다는 의미입니다. 당시 종교지도자들은 예수님의 말씀을 듣고 회개하기 보다는 예수님을 죽이려고 했습니다. 결국 그 주 금요일에 예수님을 잡아 십자가에 못 박아 죽이고 말았습니다. 그들은 백성을 두려워했지만, 정작 하나님을 두려워하지 않았습니다. 그들은 백성의 눈치는 볼 줄 알았지만, 정작 하나님을 의식하지 않았습니다.

이제 비유의 내용을 살펴보도록 하겠습니다. 한 사람이 있었습니다. 그는 포도원을 만들고 그것을 농부들에게 임대를 주었습니다. 그리고 타국에 가서 오래 거주했습니다. 때가 되자 농부들에게 세를 받기 위해 종을 보냈습니다. 그런데 농부들이 세를 주지 않고 종을 때리고 빈손으로 돌려보냈습니다. 주인은 다른 종을 보냈습니다. 그런데 농부들은 여전히 세를 내지 않고 종을 때리고 능욕하고 빈손으로 돌려보냈습니다. 주인은 또 다른 종을 보냈습니다. 역시 농부들은 세를 내지 않고 종에게 폭행을 하고 내쫓아버렸습니다.

결국 주인은 사랑하는 아들을 보냈습니다. 그런데 소작인들은 아들이 상속자이기 때문에 죽이고 포도원을 차지해버렸습니다. 이런 상황이 지속되자 포도원 주인은 직접 와서 농부들을 진멸하고 포도원을 다른 사람들에게 맡겼습니다. 이것이 바로 예수님께서 말씀하신 포도원 농부 비유입니다. 아마 이런 일이 그 사회속에서 흔한 것은 아니지만 있었을 것으로 예상이 됩니다.

이 비유에서 포도원 '주인' 은 하나님을 가리키고, '농부들' 은 유대인들을 포함한 유대 교권자들을 가리키고, 포도원 주인이 보낸 '종들' 은 선지자들을 가리키고, '아들' 은 바로 예수 그리스도를 가리킵니다. 예수님께서는 하나님의 아들이십니다. 하나님은 주의 종들을 인정하지 않고 심지어 아들을 죽인 유대 교권자들을 심판하시고, 포도원을 다른 사람들에게 주십니다. 여기서 '다른 사람들' 은 이방인들을 가리킵니다. 우리는 이 비유 속에 담긴 놀라운 비밀들을 발견할 수 있습니다.

모든 소유주 – 하나님

하나님께서는 모든 것을 창조하시고 우리에게 일을 맡겨 주신 주인이심을 나타냅니다. 농부들이 열심히 일하면 먹고 살수 있도록 배려하시는하나님의 모습을 봅니다. 그리고 한 두 번이 아니라 세 번씩이나 용서하고 사람들이 올바른 태도를 보이고 하나님을 섬기도록 인내하시는 분이십니다. 하나님께서는 우리에게 최소한의 것을 요구하시고 최선을 다하시기를 원하십니다. 본문 2절에 **"때가 이르매 포도원 소출 얼마를 바치게 하려고 한 종을 농부들에게 보내니."** 하나님께서는 우리에게 많은 것을 요구하시지 않습니다. '소출 얼마'

즉 지극히 작은 것을 요구하십니다. 하나님께서 요구하시는 '소출 얼마' 는 우리가 당연히 감당해야 될 몫입니다. 왜냐하면 포도원 주인이 농부들에게 세를 줄 때에 '소출 얼마' 를 내기로 계약했기 때문입니다.

유대법에 의하면, 주인과 소작인의 관계에서 반은 주인이 가지고 반은 소작인이 가지게 되어 있었습니다. 따라서 50:50으로 계약을 하는 것이 그 당시 일반적인 룰이었습니다. 그런데 포도원 주인은 '소출 얼마' 만 받겠다고 계약을 했습니다. 그만큼 포도원 주인은 농부들이 충분히 먹고 살 수 있도록 최대한 배려를 했음을 알 수 있습니다. 우리 하나님은 가난한 분이 아니십니다. 가진 것이 없어서 우리에게 '얼마' 를 요구하시는 것이 아닙니다. 부요하시고 충만하신 분이십니다. 그래서 '소출 얼마' 마저도 우리에게 다 주실 수 있지만, 최소한 그것을 요구하시는 것은 '하나님은 포도원의 주인이시고 농부들은 소작인에 불과하다' 는 사실을 일깨워주는 것이 었습니다. 하나님께서 우리에게 주신 것을 다 하나님의 것으로 인정하시기를 원하십니다.

하나님이 우리에게 주일성수를 요구하시는 것도, 하나님이 우리에게 십일조를 요구하시는 것도, 하나님이 우리에게 봉사를 요구하시는 것도, 하나님이 우리에게 전도를 요구하시는 것도, 하나님이 우리에게 새벽예배를 요구하시는 것도, 최소한의 요구인 줄 믿습니다.

하나님이 우리에게 주신 것은 '전부' 인데 비해, 우리가 하나님에게 드리는 것은 아주 '조금' 혹은 '얼마' 입니다. 어떤 사람은 하나님께 '조금' 드려놓고 '많이' 드린 것으로 착각합니다. 하나님 앞에 인색하면 안 됩니다. 하나님께서도 우리에게 요구하시는 최소한의 '얼마'를 드릴 줄 아는 자가 되기를 원하십니다.

예를 들면 십일조를 드릴 때에도 1/10이 하나님의 것이기 때문에 드리는 것이 아니라 모든 것이 다 하나님의 것이라는 믿음으로 1/10을 드려야 합니다. 교회에 와서 봉사를 할 때에도, 직분자라면 마땅히해야 할 일입니다. 공로로 여겨서도 안 되고, 자랑해서도 안 됩니다. 마땅히 드려야 할 것, 마땅히 해야 할 일을 하지 않는 것이 바로 죄입니다.

하나님께서는 오래 동안 기다셨습니다. 한번, 두번, 세번 그리고 아들까지 보내면서 농부들의 마음이 바뀌고 잘 할 수 있을 것으로 기대했습니다. 여기서 우리는 하나님의 인내 즉 오래 참으심을 알 수 있습니다. 한 두번 잘못한다고 바로 심판하시는 분이 아니라 여러 번 기회를 제공하시는 분이십니다. 만일 하나님이 우리처럼 조급함을 가지고 계신다면 여기에 앉아 있을 분들이 아무도 없을 것입니다. 그분의 오래 참으심이 우리 편에서는 회개의 기회가 됩니다. 그 기회는 마냥 있는 것이 아니기 때문에 자신을 성찰해 보고 하나님의 오래 참으시는 사랑에 의지하여 그리스도의 보혈 앞에 철저히 잘못을 내려놓고 용서를 구하고 사죄의 은총을 누리는 삶을 살아야 합니다.

반드시 오래 참은 후에는 결판의 날, 심판의 날이 오는데 선악간에 그 행위에 대한 보상이 따르게 됩니다. 소작인들처럼 아들이 온 일이 최후 통첩임에도 불구하고 욕심에 사로잡혀 살해하는 행위는 절대 용서 받을 수 없게 되고 결국 저주의 심판을 면하지 못하게 됩니다.

탐욕의 소유자 – 인간

본문 2–6절에 보면, 포도원 주인은 세를 받기 위해 농부들에게 종들과 아들을 보냈습니다. 주인은 한두 번 보내고 끝내지 않았습니다. 본문 2절에 종을 보냈고, 4절에 다른 종을 보냈고, 본문 5절에 세 번째 종을 보냈고, 본문 6절에 최후에 아들을 보냈습니다. 그런데 여기서 놓칠 수 없는 아주 중요한 사실이 있습니다.

대부분 학자들은 이 부분을 해석할 때 주인이 처음에 한 종이 빈손으로 돌아오자마자 곧바로 두 번째 종을 보낸 것이 아니라고 말합니다. 그 다음 해에 두 번째 종을 보냈다는 사실입니다. 즉 포도원을 만들고 나서 3년째 되는 해에 처음으로 종을 보냈고, 4년째에 다시 다른 종을 보냈고, 5년째에 세 번째 종을 보냈고, 그리고 마지막으로 6년째에 아들을 보냈습니다. 포도원 주인은 은혜도 모르는 농부들에 대해 오래 참고 기다렸음을 알 수 있습니다.

아들을 보내면서 포도원 주인은 농부들에 대해 마음속에 이런 기대를 갖고 있었습니다. 본문 6절에 **"포도원 주인이 이르되 어찌할까 내 사랑하는 아들을 보내리니 그들이 혹 그는 존대하리라 하였더니"** 포도원 주인은 그동안 종들을 보내면서 '내가 보낸 종이니까 농부들이 말을 잘 들을 꺼야' 라고 생각했습니다. 그런데 농부들은 주인의 생각과는 달리 종들을 때리고 능욕하고 폭행을 했습니다. 그래서 결국 아들을 보내면서 종들은 신분상 무시했지만 아들은 존대하고 잘 대우하리라 기대했습니다. 그 기대와는 다르게 농부들은 주인의 아들을 보자 상속자로 알고 무참히 죽여버렸습니다.

여기서 우리는 농부들의 주인에 대한 배신과 탐욕이 빚어낸 결과가 얼마나 참혹한가를 볼 수 있습니다. 인간은 다 죄인이며 그 속에 잠재하고 있는 이기심과 욕심은 말로 다할 수 없습니다. 욕심을 버리면 행복하게 살 수 있습니다. 돈에 대한 욕심, 재산에 대한 욕심, 자녀에 대한 욕심, 회사에서 가지는 탐욕이 결국 죄를 불러오고 치명적인 결과를 낳게 됩니다. 성경은 **"오직 각 사람이 시험을 받는 것은 자기 욕심에 끌려 미혹됨이니 욕심이 잉태한즉 죄를 낳고 죄가 장성한 즉 사망을 낳느니라"** (약1:14,15) 고 했습니다.

요한일서2장16절에서 말하듯 사람의 마음 속에는 누구나 '육신의 정욕, 안목의 정욕, 이생의 자랑' 이 세 가지의 욕망을 품고 있습니다. 그것은 아담과 하와가 범죄한 이후로 우리의 본성이 되었습니다. 살아가면서 경험하는 바는 타락한 본성인 욕망이 여전히 우리 마음의 한 자리를 차지하고 있다는 사실입니다. 그러다 때때로 우리가 보고 듣는 것들을 통하여 악한 영은 우리의 마음 속에 여전히 도사리고 있는 이 욕망을 건드립니다. 이 욕망은 우리에게 대단한 힘을 가진 본성이 되었기에 한 번 움직여서 그 욕망이 활성화가 이루어지면 우리는 한동안 그 죄의 생각에서 빠져나오기 힘든 상황에 빠집니다.

그러므로 허황된 욕심과 부질없는 욕망에 사로잡혀 불행한 삶을 살지 말고 나에게 없는 것을 욕심내기 보다 내가 가진 것을 소중히 여기고 그것에 감사하며 자족하는 것이 훨씬 바른 삶인 것을 기억하고 살아가는 삶이 되어야 합니다.

머릿돌 – 예수 그리스도

농부들의 탐욕에 의해서 무참히 살해 당하신 예수님을 오늘 본문 10절은 시편 11편22절을 인용하여 건축자의 버린 머릿돌로 표현합니다. 비록 집 주인 되신 하나님께서는 예수님을 십자가에 버리셨지만 모든 인류 구원을 위한 주춧돌, 머릿돌이 되게 하셨다는 말씀을 하고 있습니다 .여기서 주님은 비유적으로 하나님이 자신을 버리셨음을 시사하시는데 하나님께서 자신을 십자가에 버리심으로 구원의 주님이 되어 인간 탐욕으로 죽은 자들을 구원해 내는 반석이 되게 하셨습니다. 그리스도께서 '머릿돌' 로 불리시는 데는 두 가지 이유가 있습니다. 첫째, 그분께서 놓으신 기초는 튼튼하여 그분 위에 서 있는 이는 거짓과 속임수에 넘어 가거나 박해의 폭풍에 흔들리는 일이 없기 때문입니다.둘째, 사악한 자들은 그분 안에서 완전하게 파멸하기 때문입니다.

돌과 부딪히는 것은 산산 조각나지만 돌은 멀쩡합니다. 돌 위에 떨어지면 스스로 부서지고 맙니다. 그들의 파멸은 돌의 힘이 그렇게 하는 것이 아니라, 그 위에 떨어진 그들의 연약함이 그들을 그렇게 만듭니다.

사도 바울은 모퉁이 돌이라는 표현을 빌려 다음과 같이 말했습니다."여러분은 사도들과 예언자들의 기초 위에 세워진 건물이고, 그리스도께서는 바로 모퉁이 돌이십니다. 그리스도 안에서 전체가 잘 결합된 이 건물이 주님 안에서 거룩한 성전으로 자라납니다. 여러분도 그리스도 안에서 성령을 통하여 하나님의 거처로 지어지고 있습니다"(엡2:20–22). (공동번역서)

정말 주님께서는 숨을 거두시면서 십자가 위해서 **'엘리 엘리 라마 사박 다니'** 하시면서 하나님께서 자신을 버리셨음을 절규하셨습니다. 그러나 완전히 버림받은 것이 아니라 결국 삼일 만에 부활하심으로 교회(하나님의 집)의 머릿돌이 되어서 튼튼한 집(하나님의 나라 공동체)를 이루셨습니다. 그분을 믿고 따르면 결국 사망에서 벗어나 영생의 축복을 누리게 됩니다. 알면서도 독생자 예수 그리스도를 이 땅에 보내신 하나님의 마음과 그리스도의 버림 당하심은 바로 삼위 하나님의 놀라운 사랑의 표현이요, 행동입니다. 어떤 것으로도 설명할 수 없는 비밀이요, 신비입니다.

하나님께서는 이 세상을 창조하시고 모든 것을 그분의 소유로 삼으셨습니다. 신명기 10장 14절에 **"하늘과 모든 하늘의 하늘과 땅과 그 위의 만물은 본래 네 하나님 여호와께 속한 것이로되"** 라고 기록하고 있는데, 하늘과 하늘 위의 하늘, 땅과 땅 위의 모든 것이 다 우리의 아버지이신 하나님의 것입니다. 시편 24편 1절에 **"땅과 거기에 충만한 것과 세계와 그 가운데에 사는 자들은 다 여호와의 것이로다"**라고 기록하고 있습니다. 땅과 그 안에 가득 찬 것이 모두 다 주님의 것, 온누리와 그 안에 살고 있는 모든 것도 주님의 것입니다. 하늘과 땅의 주인은 하나님이십니다.

시편 50편 10절-12절에 **"이는 삼림의 짐승들과 뭇 산의 가축이 다 내 것이며 산의 모든 새들도 내가 아는 것이며 들의 짐승도 내 것임이로다 내가 가령 주려도 네게 이르지 아니할 것은 세계와 거기에 충만한 것이 내 것임이로다"**라고 기록하고 있습니다. 숲 속의 뭇 짐승이 다 나의 것이요, 수많은 산짐승이 모두 나의 것이 아니더냐? 산에 있는 저 모든 새도 내가 다 알고있고, 들에서 움직이는 저 모든 생물도 다 내 품 안에 있다. 내가 배고프다고 한들, 너희에게 달라고 하겠느냐? 삼림의 모든 짐승이며 뭇 산의 새들이 다 하나님의 것입니다. 이 모든 것을 전능하신 이가 지으신 것입니다. 뿐만 아닙니다. 세계와 거기 충만한 것이 다 하나님의 것입니다.

지금도 모든 것이 다 하나님의 손안에 있으며 다스림을 받고 있습니다. 그분께서 아담에게 모든 것을 위탁하여 경영하게 하신 것과 같이 지금도 모든 것을 우리에게 맡겨 주셨습니다. 욕심 부리지 말고 요구 하시는 것을 그냥 드리면 됩니다. 과도한 욕심과 탐욕으로 자기의 것으로 삼으려고 하면 하나님의 미움을 받습니다. 결국 끝까지 하나님께 드리지 않거나 나누지 않으면 심판을 받게 됩니다. 그리스도께서 우리의 탐욕을 위해서 십자가에서 죽으신 것을 생각하고 교회의 머리 되신 주님을 인정하고 믿고 순종하고 따르는 주의 백성들이 되어야 하겠습니다.

Chapter 26

가이사의 것, 하나님의 것

(Caesar's & God's)

막 12:13-17(마 22:15-22; 눅 20:20-26)

그들이 예수의 말씀을 책잡으려 하여 바리새인과 헤롯당 중에서 사람을 보내매 와서 이르되 선생님이여 우리가 아노니 당신은 참되시고 아무도 꺼리는 일이 없으시니 이는 사람을 외모로 보지 않고 오직 진리로써 하나님의 도를 가르치심이니이다 가이사에게 세금을 바치는 것이 옳으니이까 옳지 아니하니이까 우리가 바치리이까 말리이까 한대 예수께서 그 외식함을 아시고 이르시되 어찌하여 나를 시험하느냐 데나리온 하나를 가져다가 내게 보이라 하시니 가져왔거늘 예수께서 이르시되 이 형상과 이 글이 누구의 것이냐 이르되 가이사의 것이니이다 이에 예수께서 이르시되 가이사의 것은 가이사에게, 하나님의 것은 하나님께 바치라 하시니 그들이 예수께 대하여 매우 놀랍게 여기더라

포도원의 악한 소작인에 대한 비유는 예수님의 권위에 도전하고 새로운 하나님 나라 건설을 못 마땅하게 여기던 예수님 당시의 종교지도자들에게 대한 예수님의 우회적 책망이었습니다. 이러한 책망에 대한 미움 감정이 그 당시 예민한 사안인 세금문제로 도화되었습니다. 사실 악한 포도원 농부비유에서 바닥까지 깨진 제사장들

과 서기관들과 장로들은 헤롯 열심당과 합세하여 이제는 종교적인 문제가 아니라 정치적인 논쟁으로 비화하기 위해 포기하지 않고 예수님을 함정에 빠뜨려 백성들의 지지를 끊고 파멸로 몰아넣기 위한 꼼수를 쓰고 있었습니다.

본문 속에 나타난 그들의 속셈의 함정은 지금까지의 그 어떤 논쟁이나 술수보다 가장 위험한 논쟁이 아니었을까 생각합니다. 왜냐하면 정치권력과 관련된 논쟁이기 때문입니다.

예수님을 십자가에 처형하기 위해 정치범으로 몰아 붙일 때도 군중 선동죄와 세금문제를 죄목으로 고소했습니다. **"우리 백성을 미혹하고 가이사에게 세금 바치는 것을 금하며 자칭 왕 그리스도라 하더이다"**(눅23:2). 이 문제는 초대교회가 당시 가이사의 권력을 어떻게 보고 로마 황제가 요구하는 사회적 의무를 어떻게 받아들여야 하는가의 문제와 관련되어 있습니다. 오늘 우리에게도 동일하게 직면하는 예민한 문제라고 할 수 있습니다.

바리새인과 헤롯당

이 뜨거운 논쟁을 촉발시킨 것은 바리새인과 헤롯당 일파였습니다. 분명 본문 앞에 예수님께서 비유로 말씀하신 것에 대한 앙심을 품고 던진 질문이었습니다. 이들의 질문은 올바른 하나님의 뜻을 묻는 순수한 의도가 아니었습니다. 13절에서는 **"책잡으려 하였다"**고

하고 15절에서는 **"예수님을 시험하려 하였다"**는 데서 잘 알 수 있습니다. 함정에 빠뜨려서 사회적으로 매장을 시켜야 되겠다고 마음을 먹고 고안해 낸 것이었습니다. 오늘 본문을 보면 그들이 데려온 사람 중에는 로마제국에 충성하는 헤롯 당원들까지 있었습니다. 그들이 머리를 짜내 가져온 질문은 **"가이사에게 세금을 바치는 것이 옳습니까, 옳지 않습니까?"** 였습니다.

그 당시 유대인들은 이방인인 로마 황제에게 세금을 바치는 것을 매우 혐오스럽고 반신앙적이라고 생각하였습니다. 유대역사가 요세푸스(Josephus)는 그의 글에서 열심당들이 로마에 항거했던 이유를 다음과 같이 적고 있습니다. '로마인들에게 세금을 바치고 하나님 외에 어떤 유한한 통치자를 인정하는 것은 범죄라고 선언함으로써 갈릴리 주민들에게 반역을 촉구하였다.' 이러한 유대인들의 생각을 따라 만약에 예수님이 세금을 바치지 말라고 한다면 이번에는 로마 당국의 심기를 건드리게 됩니다.

참으로 난감한 상황에서 예수님은 지혜롭게 대답을 하셨습니다. 예수님은 질문한 그들에게 데나리온 하나를 가지고 오라고 하였습니다. 그들이 어디서 데나리온 하나를 가지고 왔는데 이것은 사실 유대인들의 경건에 반하는 행동이었습니다. 왜냐하면 로마의 화폐인 데나리온을 유대인들은 우상취급을 하였기 때문입니다.

당시 티베리우스(Tiberius) 황제가 발행했던 은화를 보면 전면에 황제의 얼굴상이 새겨져 있었습니다. 인물상 주위에는 '황제 티베리우스, 신적인 아우구스투스의 존엄한 아들' 이라 새겨져 있습니다. 뒷면에는 '최고의 대사제' 라는 문구와 함께 신들의 보좌에 앉은 황태후의 모습이 새겨져 있었습니다. 우상을 극도로 싫어했던 유대인들은 성전세를 낼 때도 로마 화폐는 금지하였습니다. 이런 우상의 화폐를 성전 경내로 들여오는 것은 불경한 행위였습니다.

예수님은 그들에게 **"이 형상과 글이 누구의 것이냐?"**고 물었습니다. 그들이 가이사의 것이라 대답하자 주님은 그렇다면 **"가이사의 것은 가이사에게, 하나님의 것은 하나님에게 바치라"**(17절)고 말씀하셨습니다.

'가이사의 것은 가이사에게' 라는 말은 이 세상적인 것은 그 주인인 가이사에게 돌려주라는 의미입니다. 가이사의 것에 대한 인정이라고도 볼 수 있고, 한편으로는 경멸의 의미가 담겨 있다고도 볼 수 있습니다. 어떤 분들은 '가이사의 것은 가이사에게', '하나님의 것은 하나님에게' 사이에 '카이: και(and or but)' 라는 접속사가 있는데 이것을 and가 아니라 but으로 해석해야 한다고도 말합니다. 그렇게 되면 강조점은 뒤에 있습니다. "가이사의 것은 가이사에게 그러나 하나님의 것은 하나님께 돌려라." 가이사의 것을 가이사에게 돌리는 것에 대해서 예수님은 별 관심이 없고 하나님의 것을 하나님께 돌리는 것에 예수님은 더 관심이 있습니다. 그런데 유대 지도 세력들은 하나님의 것을 자기 임의나 욕심을 따라 처리하고, 성전은 강도의 소굴로 만들고 말았습니다.

예수님의 대답은 각자가 나름대로 해석할 여지를 주었습니다. 바리새파를 중심한 보수적인 성향의 우파들은 '그는 이 대답으로써 혁명에 반대했다.' 고 해석했을 것입니다. 열심당 성향의 좌파들은 '이 말씀은 황제의 머리에 있는 왕관을 내리치는 곤봉과도 같다.' 고 해석했을 것입니다. 예수님의 관심은 하늘에 있는데 그들의 관심은 땅에만 있었습니다. 자기들에게 좋을 대로 아전인수격으로 해석했습니다. 그래서 예수님의 십자가의 죄목에는 로마의 세금징수에 반대했다는 죄가 추가되었습니다. 그 당시에 이 세금 문제는 좀 심각한 현안이었습니다. 그럴 수밖에 없었습니다. 가령 일제 강점기 때 우리나라 국민들이 일본에 세금 내는 일을 거부한다면 일본이 이를 가만 두겠습니까? 반대로 민족의 지도자가 일본에 세금을 내야 한다고 말하면 어떻게 되겠습니까? 그는 친일로 낙인 찍히고 아마 민족적으로 매장될 것이 뻔한 일입니다.

예수님이 그런 난처한 입장에 처한 것입니다. 이스라엘 백성들은 지금 힘이 없어 세금을 내고는 있지만 정말 내고 싶지 않은 것입니다. 더군다나 그들은 하나님의 선민입니다. 그런 그들이 이방 나라에 세금을 바친다는 것은 정말 수치스러운 일이 아닐 수 없습니다. 오죽 했으면 유대인들 중에서 가장 멸시 받는 자들이 세리였겠습니까? 그들에게 세리는 그야말로 반민족주의자요, 매국노와 같은 사람들이었습니다. 이런 상황에서 예수님이 말 한 마디 잘못했다가는 완전히 매장될지도 모를 일이었습니다.

가이사의 것

'가이사의 것은 가이사에게' 라는 말씀은 단순히 더러운 재물은 원주인에게 돌려주라는 식으로 해석할 수만은 없습니다. 사도 바울은 로마서 13장에서 **"권세들에게 복종하라 권세는 하나님으로부터 나지 않음이 없나니"**(롬 13:1)라고 말씀한 바 있습니다. 권세를 거스르지 말라(롬 13:2)고 하며 세금도 정당하게 바칠 것을 요구합니다(롬 13:6-7). 칼빈(Calvin)의 태도는 더했습니다. '국가 질서를 전복하려는 자는 하나님에 대한 반역자이기도 하다. 왜냐하면 제후와 당국에 대한 복종은 하나님께 봉사하고 하나님을 경외하는 것과 분리될 수 없기 때문이다.' 다만 '하나님의 권리와 제후의 권리가 갈등을 일으키면 교회 쪽에 복종해야 한다.' 는 단서를 달기는 했지만 말입니다.

말틴루터 (MartinLuther)는 두 왕국설을 주장했습니다. '그리스도의 왕국에서 인간 영혼의 내적 통치에 관여하시는 하나님께서는 세상의 왕국 안에서 지배자들에게 주신 칼을 통하여 질서를 유지하신다. 그러므로 하나님의 이중적 통치는 동시적 사건이 된다. 하나님은 그리스도의 왕국에서는 구원자로서 역사하시고 세상 왕국에서는 창조자와 보존자로서 역사하십니다. 따라서 그리스도의 왕국은 사랑과 신앙이 지배하고 세상 왕국은 정의가 지배한다. 그리스도의 왕국은 모든 것이 자발적인데 반해 세상 왕국은 법과 정의를 보존하기 위해 강압적인 힘이 수반되고 보복과 징벌이 행사된다.'

세상 왕국을 하나님의 위임을 받은 기관으로 격상시켰습니다. 이런 논리의 연장 선상에서 루터는 세상 권력에 저항하는 독일농민전쟁을 반대하기도 했습니다.

성경 시대나 종교개혁의 시대는 모두 왕이나 귀족이 다스리던 봉건시대입니다. 지금은 민주주의 시대이기 때문에 다른 해석들이 가능합니다. 주권이 왕이 아니라 국민에게 있고, 전쟁이 아니라 투표를 통해서 권력을 교체할 수도 있기 때문입니다. 그러나 국가의 역할과 한 국가의 시민으로서 신앙인의 역할에 대한 의무는 여전히 유효합니다. 그래서 우리는 세금을 내야하고, 국가에서 요구하는 의무를 지켜야 합니다. 국민으로부터 위임된 권력을 존중하고 그들을 위해서 기도해야 합니다. 하나님께서는 타락한 세상에서 최소한의 평화와 정의를 위해서 국가를 세우시고 그 권위를 인정하셨습니다. 이것이 '가이사의 것은 가이사에게' 라는 말씀의 의미입니다.

초대 교부 유스틴(Justin)은 로마에 의해서 순교를 당했지만 그는 이렇게 말했습니다. '우리는 한분이신 하나님을 섬기고 경외합니다. 그러나 현세의 일에서는 기꺼이 그대에게 봉사합니다. 우리는 그대를 황제요 통치자로 인정할 뿐 아니라 그대에게 통치권과 더불어 건전한 정신이 깃들기를 기도합니다.' 우리는 나라를 위해서 기도하고 시민으로서의 의무를 다하여야 합니다. 이것이 하나님이 원하시는 바입니다.

하나님의 것

그러나 '가이사의 것'은 절대적인 것이 아니고 '하나님의 것'에 의해서 제약을 받습니다. 가이사의 것이 따로 있고 하나님의 것이 따로 있는 것이 아닙니다. 모든 것은 하나님의 것입니다. 이것은 성경전체의 결론입니다. 영국의 성경신학자 톰 라이트(Tom Light)는 이 구절을 주석하며 이렇게 말합니다. '기독교 사상은 언제나 이 세상과 거기 속한 모든 것을 한분이신 하나님께서 창조하셨다고 보았다. 따라서 세상만사가 그분의 주권적이고 구원하시는 통치 하에 있다.' 국가가 행하는 권력은 하나님이 특정 목적을 위하여 위임해 준 것입니다. 그래서 바울은 정치권력을 향해 **"하나님의 사역자"**(롬 13:4), **"하나님의 일꾼"**(롬 13:6)이라 부르고 있습니다. 선한 일을 위하여, 악을 징벌하고 정의를 세우기 위하여, 귀중한 생명을 보호하고 평화를 위하여 하나님은 국가라는 제도를 허락하시고 권위를 주셨습니다.

그러므로 세상의 권세가 이런 하나님의 뜻과 말씀을 떠나 임의로 주관하고 불의를 행할 때는 비판의 대상이 됩니다. 그것은 하나님께 돌려야 마땅한 '하나님의 것'을 침범한 것이 되기 때문입니다. 오늘 현대 사회에서 행해지는 불의나 전쟁이나 가난한 자에 대한 문제가 특히 그렇습니다.

국가에 대한 충성에도 한계가 있습니다. 물론 우리는 국가가 하나님의 뜻에 순종할 때 그 국가를 존경하고 충성해야 할 것입니다.

국가가 위기를 당하면 목숨을 바쳐서 싸울 '호국 기독교'의 길도 마다하지 않아야 합니다. 그것은 이 땅의 약하고 가난한 생명들을 살리기 위한 노력이기 때문입니다. 그러나 우리 국가가 제국주의가 되어 전쟁을 일삼고 다른 나라를 침략한다면 그런 조국은 버려야 합니다. 그것은 하나님의 정의와 사랑과 평화에 어긋나기 때문입니다.

3세기의 교부 터툴리안(Tertullian)은 로마 제국 군대가 되는 것을 거부하며 이렇게 역설한 바 있습니다. '법정에조차 가지 않으려는 평화의 아들이 어찌 전투에 참여하겠는가? 자기 자신에게 가해진 불공평한 가해조차 보복하려 하지 않는 이가 어찌 족쇄, 감옥, 고문, 처벌과 관계를 맺겠는가? 예수 이외의 그 누구를 위해 보초를 서겠는가?'

우리가 북한 체제를 비판하는 이유도 여기에 있습니다. 민주화와 인권보다는 독재와 주민 대다수를 반인권과 빈곤으로 몰아가기 때문입니다. 우리는 동일한 기준으로 우리 사회에서도 이런 독재와 반인권의 길을 가는 것에 반대합니다. 대한민국이 강한 것은 민주주의를 하고 있기 때문이고 저는 민주주의가 하나님 나라에 가장 가까운 정치체제라 믿습니다.

국가가 민주주의를 수호하고 약하고 가난한 자들을 위해서 노력한다면 우리는 어떤 기도나 노력이나 헌신도 아끼지 말아야 합니다. 그러나 국가가 불법과 독재의 길을 가고, 가난한 자보다는 소수의 부유한 자들을 위한 정치를 하거나, 가난한 자의 목소리를 외면한다면 우리는 그에 대해서 비판하고 옳은 길을 가도록 촉구해야 합니다. 이것이 바로 하나님의 것은 하나님에게 바치라는 뜻입니다.

우리는 여기서 우리의 소속감에 대해서 정확하게 하는 것이 중요합니다. 언제나 우리는 누구인가를 물어야 합니다. 우리의 시민권은 이 세상 나라에 있지 않습니다. 대한민국에 있지 않습니다. 우리의 시민권은 하늘에 있습니다. **"오직 우리의 시민권은 하늘에 있는지라 거기로서 구원하는 자 곧 주 예수 그리스도를 기다리노니"** (빌3:20) 이 말씀의 의미는 대한민국 시민으로서의 의무나 권리를 포기하라는 뜻이 아닙니다. 그것을 상대화하라는 것이고, 땅의 일에 지나치게 연연해하지 말라는 뜻입니다.

우리는 세상의 도성에 살고 있지만 신의 도성을 향하여 가고 있는 나그네입니다. 세상일에 일희일비(一喜一悲)하지 마십시오. 우리의 관심사가 달라야 합니다. 어거스틴(Augustine)은『신의 도성』을 쓰면서 우리의 목표가 로마의 성공과 번영이 아니라 하늘나라의 입성임을 밝혔습니다. 그래서 하늘나라 시민들은 삶의 양식이 다릅니다. 로마인들은 돈을 모으고, 별장을 짓고, 전쟁에서 이기는 것을 귀하게 여기는데 기독교인는 이것을 하찮게 여긴다고 어거스틴은 말하였습니다. 오히려 이웃을 사랑하고, 겸손과 자선을 실행하고 하나님께 의존하는 삶을 가장 소중하게 여긴다고 하였습니다.

무엇보다 하나님께 돌려야 할 것은 우리 자신입니다. 오늘 본문으로 설교하며 어거스틴이 남긴 말씀입니다. '우리는 하나님의 금고에서 잃어버린 하나님의 은화입니다. 그대는 하나님의 형상을 지니고 있기에 황제의 은화보다 훨씬 낫습니다. 황제가 자신의 초상을 찾듯, 하나님께서는 당신의 은화를 찾으러 오셨습니다. 황제에게는 돈을 돌려주고, 하나님께는 여러분 자신을 돌려드리십시오.'

마땅히 돌려드려야 할 것 중 가장 소중한 것은 우리 자신입니다. 황제의 화폐에 황제의 초상이 새겨져 있듯 우리 안에는 하나님의 형상이 새겨져 있습니다. 잃어버린 하나님의 형상을 예수 그리스도 안에서 다시 회복하는 것, 그것을 아름답게 가꾸어 원주인이신 하나님께 돌려드리는 것이 마땅히 우리가 해야 할 바입니다. 세상에는 잃어버린 하나님의 은화들이 많습니다. 이들을 다시 하나님께로 돌려드리는 것, 이것이 선교요 우리가 마땅히 해야 할 바입니다.

Chapter 27

부활 논쟁

(The issue of resurrection)

막 12:18-27(마 22:23-33; 눅 20:27-40)

부활이 없다 하는 사두개인들이 예수께 와서 물어 이르되 선생님이여 모세가 우리에게 써 주기를 어떤 사람의 형이 자식이 없이 아내를 두고 죽으면 그 동생이 그 아내를 취하여 형을 위하여 상속자를 세울지니라 하였나이다 칠 형제가 있었는데 맏이가 아내를 취하였다가 상속자가 없이 죽고 둘째도 그 여자를 취하였다가 상속자가 없이 죽고 셋째도 그렇게 하여 일곱이 다 상속자가 없었고 최후에 여자도 죽었나이다 일곱 사람이 다 그를 아내로 취하였으니 부활 때 곧 그들이 살아날 때에 그 중의 누구의 아내가 되리이까 예수께서 이르시되 너희가 성경도 하나님의 능력도 알지 못하므로 오해함이 아니냐 사람이 죽은 자 가운데서 살아날 때에는 장가도 아니 가고 시집도 아니 가고 하늘에 있는 천사들과 같으니라 죽은 자가 살아난다는 것을 말할진대 너희가 모세의 책 중 가시나무 떨기에 관한 글에 하나님께서 모세에게 이르시되 나는 아브라함의 하나님이요 이삭의 하나님이요 야곱의 하나님이로라 하신 말씀을 읽어보지 못하였느냐 하나님은 죽은 자의 하나님이 아니요 산 자의 하나님이시라 너희가 크게 오해하였도다 하시니라

부활(죽었다가 다시 사는 것)에 대한 관심은 옛날이나 지금이나 여전히 반신반의입니다. 시대의 환경에 따라서 그 강도가 조금 강하고 약할 뿐이지 죽음 이후의 삶에 대해서 모든 사람들이 궁금해

하면서 그리워합니다. 왜냐하면 이 땅이 영원한 안식처가 아니고 영원한 존재로 지음 받은 인간이 영광스러운 삶을 살 수 있는 다음 세계가 있기 때문입니다. 하나님께서 인간을 창조하실 때 영원한 존재로 만드셨기 때문에 종교마다 표현은 다를 지 모르나 모든 사람들의 마음 속에 담고 있는 숙제입니다.

불교의 중요한 교리 중에 하나는 윤회설입니다. 전생에 좋은 일을 한 사람은 인간으로 태어나고 그렇지 못하면 벌레나 짐승으로 태어난다고하며 살생을 금합니다. 그들의 교리를 자세히 들여다 보면 이율배반적인 요소가 함축되어 있는 것을 발견하게 됩니다. 윤회와 열반 혹은 극락세계는 허구입니다. 돌고 도는 세상인데 극락이 어디 있습니까? 그들은 부활을 믿지 않습니다. 유교에서도 다음 세상에 대해 언급하는 것을 보면 사람은 죽으면 끝나는 것이 아니라 영혼이 존재하기 때문에 제사를 드려야 한다고 합니다. 철학자들도 사람이 이 세상에서 선하게 살면 유토피아에 들어갈 수 있다며 절대 경지를 이야기 합니다. 물질을 최고로 추구하는 유물론을 신봉하는 사람들 외에는 모두가 영혼불사의 진리를 받아들이고 있습니다.

그러나 기독교는 부활의 진리를 절대적인 것으로 받아 신봉하고 있습니다. 사도 바울도 부활이 없다면 우리가 믿는 믿음과 복음을 전하는 모든 것이 다 헛된 것이라고 부활장인 고전 15장 14절~16절에서 강하게 말씀하고 있습니다. 심지어는 부활이 없다면 그리스도의 부활도 없었을 것이라고 했습니다. 그러나 그리스도의 부활이 확실한 사실이기 때문에 그의 부활과 같이 우리 모두도 부활해서 그리스도께서 예비하고 계신 처소에서 영생을 누리게 됩니다.

오늘 본문은 가이사에게 세금을 내는 것이 가한지 불과한지에 대한 질문 후에도 다른 종파인 사도개인들이 와서 예수님과 부활에 관해서 논쟁을 벌입니다. 우리는 하나님을 믿는다라고 하면서 성경에 대해서 예수님에 대해서 하나님에 대해서 무지한 관계로 다양한 신앙의 칼라를 가지고 있는 이단들을 보게 됩니다.

중생에 대한 거듭남의 확실한 체험을 가져야 구원 받는다는 구원파의 사람들, 꼭 세례보다 침례를 받아야 구원 받는다는 침례교파 사람들, 십사만 사천의 무리 속에 들어가야만 신천신지에 들어간다는 신천지 교도들, 지금도 유월절을 지켜야만 구원 얻고, 안식일을 지켜야 한다는 하나님의 교회 사람들과 안식교도들, 너무나 다양한 사람들이 각기 자기 나름대로의 칼라를 가지고 살아가고 있습니다.

예수님 당시도 부활에 대해서는 크게 두 가지 견해를 가진 종파가 있었습니다. 엄격한 삶의 규율을 강조하면서 부활과 내세의 소망을 추구한 바리새파와 영적인 것과 부활을 믿지 않는 사두개파가 있었습니다. 바리새파들은 '분리자' 라는 뜻으로 그 자신들을 이교도나 세리, 세속적인 정치인들과 분리했고 엄격하게 율법을 준수했습니다. 사두개파들은 부유한 귀족층과 제사장등과 같은 상류층 사람들이었고, 동족들을 업신여겼으며 세상과 적당히 타협했고 헬라 문화를 수용하고 지지했습니다. 정치적이었고, 현실주의자들로 모세오경만 경전적인 권위로 인정하고 죽은 자의 부활도 없고 천사와 악마도 없고 내세의 기쁨이나 슬픔까지도 없다고 부인하는 자들이 었습니다.

앞 부분에서는 당시 정치적으로 예민한 이슈를 가지고 온 사람들인 바리새인과 헤롯당 사람이라면 본문에는 자기들이 믿지 않고 있는 부활에 대한 정당성을 확보하기 위해 계대 결혼에 대한 결혼제도의 풍습을 가지고 와서 예수님에게 질문을 하면서 논쟁을 벌이고 있는 사두개인들이었습니다. 논쟁의 핵심이 무엇이며 논쟁 속에 숨어있는 의도들을 살피면서 우리에게 주시고자하는 부활의 진실성과 올바른 신앙의 참된 자세를 배우고자 합니다.

계대 결혼

사두개인들의 질문은 부활이 없다고 확신하는 가운데서 나온 것입니다. 그들의 믿는바가 정당하다는 것을 주님 앞에서 증명하여 모든 사람들에게 그들의 주장이 옳음을 전하고 싶어합니다. 그들은 가장 좋은 예인 신명기 25장 5절~7절에 있는 계대 결혼제도를 들어 질문합니다.

신명기 25장 5, 6절에는 **"형제들이 함께 사는데 그 중 하나가 죽고 아들이 없거든 그 죽은 자의 아내는 나가서 타인에게 시집가지 말 것이요 그의 남편의 형제가 그에게로 들어가서 그를 맞이하여 아내로 삼아 그의 남편의 형제된 의무를 그에게 다 행할 것이요 그 여인이 낳은 첫 아들이**

그 죽은 형제의 이름을 잇게 하여 그 이름이 이스라엘 중에서 끊어지지 않게 할 것이니라"라고 기록하고 있습니다.

계대 결혼은 그 당시에 가문을 이어가는 하나의 좋은 전통으로 자리잡고 있었던 것 같습니다. 모세를 통해서 하나님께서는 종족의 번식과 특별히 장자권을 이어가는 하나의 수단으로 말씀하신 것인데, 아브라함은 그 당시 말씀 즉 율법을 받기 전이었지만 하나님께서 자기에게 약속하신 자녀를 얻기 위해서 사라가 아기를 낳지 못했을 때 하갈을 통해서 자식을 얻기 원했습니다.

그 이후에 야곱의 열두 아들 중에 유다가 가나안 여인 수아라고 하는 여성과 결혼을 하여 세 아들을 얻었습니다. 장자가 엘이고, 둘째가 오난, 막내가 셀라입니다. 먼저 엘이 다말이라는 여성과 결혼을 했는데 자식이 없이 죽게 되어 다말은 시동생 오난과 결혼을 하여 살게 되었습니다. 그러나 오난은 자식 얻는 것을 부담으로 여겨 씨를 이어가는 일을 회피하게 되었습니다. 그래서 하나님께서 오난도 죽게 했습니다(창 38:2-11). 가정이 참 불행해지는 것을 성경은 말하고 있습니다.

형이 자식이 없어 죽으면 동생이 형수와 함께 사는 제도를 계대결혼(繼代結婚-Serialmarriage)이라고 합니다. 그리고 우리는 룻이 돌아왔을 때 그녀에게 자식이 없자 기업 무를 자인 보아스가 대신하여 그 가문의 계보를 이어갑니다. 과거에 우리나라는 본처가 아이를 낳지 못하면 첩을 얻어 대를 이어가도록 했고, 지금은 대리모제도를 통해서 자녀를 낳아 가계를 이어가고 있는 것과 흡사하다고 할 수 있습니다. 그 제도의 핵심은 대가 끊어지지 않게 지속시키는 것입니다.

사두개인들은 이러한 결혼제도를 들고 나와 예수님을 랍비라고 존경하여 부르면서 "모세가 우리에게 써주기를 사람의 형이 자식이 없이 아내를 두고 죽거든 그 동생이 형을 위하여 후사를 세울지니라 하였나이다"라고 논쟁을 시작했습니다. 이것은 사실입니다. 구약성경 모세의 율법에는 형수가 미망인이 되면 동생이 그 형수를 데리고 사는 일에 대해서 말씀하고 있습니다. 두 가지 이유 인데 하나는 자손을 계승시켜 가문의 대를 이어가도록 하기 위함이고, 다른 하나는 그 당시 여인들에게는 사회보장이 전혀 없었기 때문에 미망인이 되면 완전한 절망적인 삶의 처지가 될 수밖에 없어서 돌봐주기 위해서였습니다. 그래서 동생들이 대신 돌보는 그러한 제도가 있었습니다. 그런데 둘째가 죽고, 셋째가, 넷째가, 다섯째가, 여섯째가 죽고. 그래서 칠 형제와 더불어 이 여인이 살았다고 가정을 합시다. 그러면 부활의 때 도대체 이 여자는 누구의 아내가 된다는 말입니까? 이런 괴상한 질문을 사두개인들이 예수님 앞에 던졌습니다.

오해의 결과

그러나 예수님은 그것이 말도 안 되는 질문이라고 일축하지는 않으셨습니다. 바로 이 질문에 대한 대답의 기회를 통해서 부활의 오해를 풀고 진정한 부활의 정체성을 가르치는 기회로 삼고자 하셨습니다. 저는 오늘 이 시대에도 수많은 사두개인들과 같은 신자들이 존재한다고 생각합니다.

성도라고 하는 어떤 분들 중에는 교회에 출석하면서 현실적이고 합리적인 것은 받아들이지만 초월적이고 영적인 것은 믿으려 하지 않습니다. 천국에 관한 설교나 천사들, 성령에 관한 영적인 것을 전하면 관심 밖에 두고 꾸벅꾸벅 조는 것을 봅니다. 현실적인 비지니스나 성공 그리고 행복한 삶에 대해서 이야기하면 귀가 번쩍 하는 성도들이 늘어가고 있습니다. 부활 신앙이 없습니다. 영적인 일에 별 관심이 없습니다. 생명과 직결되는 부활을 얘기하는 데도 관심이 없습니다.

사두개인들처럼 하나님을 믿는다고 말하면서도 부활에 대한 신앙의 고백이 없는 사람들, 왜 그럴까요? 도대체 왜? 사두개인들은 하나님을 믿고, 종교적인 계율 앞에 익숙하고, 심지어는 모세의 율법을 공부하면서도 부활을 부인하고 부활에 대한 오해를 하고 있었던 걸까요? 그 원인이 어디에 있었겠습니까?

그들이 영적인 것, 부활에 대한 오해를 하는 이유는 성경을 믿지만 내용에 대해서 잘 모르고 있었기 때문입니다 부활을 오해한 이유를 예수님은 두 가지로 말씀하셨습니다. 첫째, 성경도 모르고 둘째, 하나님의 능력도 모르므로 오해했다고 했습니다(24절). 사두개인들은 앞에서 잠깐 언급했지만 본래 제사장 가문의 출신들이었습니다. 아주 종교적인 가문의 출신들이고, 물론 하나님을 믿는 사람들이었습니다. 또 상류계층의 사람들이었습니다. 로마와 결탁해서 친 로마적인 경향을 갖고 기득권을 행사하고 있었던 아주 부유 계층에 속한 소수 계급들이었습니다. 그들은 세속적인 마인드에 취해 있었고, 현실주의적인 사고방식들을 가지고 있었습니다. 그러니 부활을 믿지 않고 다른 사람들이 영적인 것이나 부활에 대해서 이야기하면 싫어하는 종교형식주의자들이었습니다. 그들이 들고 나온 모세의 글, 즉 율법에 대해서도 그 진의를 알고자 한 것 보다는 부활이 없다는 것을 변증하는 방편으로 하나님의 말씀을 이용했습니다.

사두개인들은 토라(Tora), 소위 모세오경을 존중하고 있었습니다. 그러나 그 밖의 성경들은 인정하지 않았습니다. 그러면서 그들은 말하기를 "모세오경에 보면 부활에 대한 직접적인 언급이 없지 않습니까? 무엇을 근거로 부활을 믿어야 합니까?" 그 당시 사두개인들의 항변이었습니다. 모세오경에 부활 신앙에 대한 언급이 없다니 예수님의 대답은 이러했습니다. 26절, 27절이 예수님의 대답이었습니다. **"죽은 자의 살아난다는 것을 의논할진대 너희가 모세의 책 중 가시나무 떨기에 관한 글에 하나님께서 모세에게 이르시되 나는 아브라함의 하나님이요 이삭의 하나님이요 야곱의 하나님이로라 하신 말씀을 읽어보지 못하였느냐 하나님은 죽은자의 하나님이 아니요 산자의 하나님이시라 너희가 크게 오해하였도다 하시니라 모세를 통해서 계시된 하나님, 가시떨기 나무 가운데 계시되신 하나님, 스스로 말씀하시길 나는 아브라함의 하나님, 이삭의 하나님, 야곱의 하나님이라."** 말씀하시면서 **"나는 산자의 하나님이라"**고 선언하셨습니다. 그러나 아브라함과 이삭과 야곱은 죽었습니다. 죽음으로 끝났다면 어떻게 하나님을 죽은 자의 하나님이지, 산 자의 하나님이라고 주장할 수가 있습니까? 하나님은 아브라함의 하나님, 이삭의 하나님, 야곱의 하나님이어서 산 자의 하나님이십니다. 이것은 중요한 전제가 있는데 부활과 내세의 소망입니다. 여기서 우리는 살아계신 자들의 하나님이라는 고백이 지금도 가능할 수 있다는 것입니다. 부활을 전제로 하지 않을 때 아브라함의 하나님, 이삭의 하나님, 야곱의 하나님, 산 자의 하나님, 이것은 말도 안 되는 고백입니다. 성경은 이 말씀 속에서도 부활을 전제하고 있습니다. 예수님께서 이렇게 부활에 대한 대답을 하신 것입니다.

사실 우리가 믿음의 조상인 아브라함의 생애의 행적들을 들춰보면 첫 믿음의 사람으로서 부활 신앙에 대한 고백들로 넘쳐나는 것을 볼 수가 있습니다. 예컨대, 하나님이 아브라함에게 자식을 약속했습니다. 그런데 자식을 얻을 수 있는 인간적인 능력이 상실되었습니다. 사라의 태는 이미 생산 능력을 잃어버렸습니다. 나이가 백 살이 되어 아브라함 자신도 불가능했습니다. 그러나 하나님께서 나타나셨습니다.

"나는 아직도 너에게 아들을 줄 계획이 있다." 아브라함은 그 사실을 믿었고, 사라는 장막 뒤에서 웃었습니다. 그러나 주께서 말씀하셨습니다. 전능한 나에게 능치 못할 일이 있겠느냐? 이때 비로소 그의 신앙이 회복되었습니다. 하나님에 대한 신앙, 하나님께서 아들을 주시리라는 그 신앙이 회복되었습니다. 이미 사라의 태는 죽어 있었습니다. 자식의 생산 능력에 관한 한 육체는 죽은 것이었습니다. 그러나 하나님께서 말씀하셨을 때 하나님을 신뢰했습니다. 드디어 하나님께서 사라의 태를 열어 주셨고 하나님의 때에 그에게 새로운 생명을 주셨습니다. 이것은 일종의 부활신앙의 승리라고 할 수가 있습니다.

이것을 신약성경의 기자가 어떻게 기록하고 있는가를 로마서 4장에서 한번 찾아보면 17절에 **"기록된 바 내가 너를 많은 민족의 조상으로 세웠다 하심과 같으니 그가 믿은 바 하나님은 죽은 자를 살리시며 없는 것을 있는 것같이 부르시는 이시니라 아브라함이 바랄 수 없는 중에 바라고 믿었으니 이는 네 후손이 이같으리라 하신 말씀대로 많은 민족의 조상이 되게 하려하심을 인함이라"** 그리고 19,20절에 **"그가 백 세나 되어 자기 몸의 죽은 것 같음과 사라의 태의 죽은 것 같음을 알 고도 믿음이 약하여지지 아니하고, 믿음이 없어 하나님의 약속을 의심치 아니 하고 믿음에 견고하여져서 하나님께 영광을 돌리며 약속 하신 그것을 또한 능히 이루실 줄을 확신하였으니"** 이것이 바로 부활신앙입니다. 이 사실을 지적하면서 바로 이 아브라함의 부활신앙이 오늘 우리의 부활 신앙의 근거가 되는지를 어떻게 설명합니까? 24절에서 어떻게 선포합니까? **"의로 여기심을 받을 우리도 위함이니 곧 예수 우리 주를 죽은자 가운데서 살리신 이를 믿는 자니라"** 바로 아브라함의 이 부활신앙이 바로 우리들의 부활 신앙의 근거가 되었다는 사실을 여기서 우리는 볼 수가 있습니다. 이 부활 신앙이 이삭을 번제로 드리라고 했을 때 순종으로 나아가는 근거가 되었습니다.

히브리서 11장 18, 19절에 **"그에게 이미 말씀하시기를 네 자손이라 칭할 자는 이삭으로 말미암으리라 하셨으니, 저가 하나님이 능히 죽은 자 가운데서 살리실 줄로 생각한지라 비유컨대 죽은 자 가운데서 도로 받은 것이니라"** 아브라함은 이 아들을 통해서 계속 자손이 번성하되 하늘의 별같이 바닷가의 모래 알 같이 축복된 자손들이 번성할 것이라는 약속을 받았습니다. 그런데 하나님께서 아브라함에게 네 아들을 죽음의 제단 위에 올려 놓으라고 하셨습니다. 이것을 어떻게 해결했습니까? 하나님께서 일단 명령하셨으니까 아들을 번제단 위에 올려 놓아야 했습니다. 하나님의 약속이 계속 유효하고 많은 자손들이 계속 번성하기 위해서는 아들을 죽음의 제단 위에 바치지만 그 아들이 어떻게 돼야 합니까? 다시 살아나야 합니다. 이 사실을 아브라함은 믿었습니다.

영안이 열린 성도들의 고백이 창세기 1장부터 계시록 22장까지 부활에 관한 증언, 부활 신앙으로 넘쳐나고 있습니다. 내가 성경을 읽으면서도 나는 부활의 신앙을 가지지 못하고 있다면 원인은 하나인데 성경을 제대로 읽지 못했기 때문입니다. 예수님의 말씀처럼 하나님의 말씀에 대해서 무지했기 때문입니다.

무지와 불신

부활을 믿지 못하는 사람은 궁극적으로 하나님을 못 믿는 사람입니다. 사두개인들은 하나님을 믿는다고 주장하면서 제사장 일을 하고 있었고, 종교의식을 집행하기도 했습니다. 그러나 부활 신앙이 없었기 때문에 하나님의 전능하심을 믿지 못했습니다. 만일 그들의 말대로 하나님을 믿는다면 하나님의 능력을 믿어야 합니다. 하나님의 능력은 어떤 능력입니까? 창세기 1장 1절에 **"태초에 하나님이 천지를 창조하시니라."** 여기에 기록된 '창조'란 어휘는 무(無)에서 유(有)를 창조한다는 'Ex nihilo fit' 즉 'Be out of nothing' 입니다. 아무것도 없는 절대의 무로부터 유를 창조했다는 것이고, 하나님께서 이 절대의 무 가운데서 유를 창조하시고 만물을 창조하셨다면 죽은 자를 하나 살리는 것쯤이야 식은 죽 먹기 보다 더 쉽습니다.

일본의 유명한 과학자요, 신앙인이었던 우찌무라 간조라는 선생에게 어느 날 캠퍼스의 어떤 대학생이 접근했습니다. 선생님! 저는 성경을 믿고 싶은데요, 그런데 성경에서 예수가 물 위를 걸어갔다든지 또 죽었다가 살았다든지 그것들만 빼놓고 믿으면 안됩니까? 왜 비이성적이고 비상식적인 것을 믿도록 강요하십니까?

그때 선생님은 빙그레 웃으면서 이 학생에게 이런 말을 했다고 합니다. 학생! 창세기 1장 1절을 알아요? 성경에 첫장 첫 문장을 알고 있어요? "태초에 하나님이 천지를 창조하시니라"하는 말씀 아닌가요? 맞아요. 하나님께서 천지를 창조하신 것, 무에서부터 유를 창조했다는 것 그것이 기적이지요. 성경은 기적으로 시작되어요. 그리고 학생, 성경에 마지막 장 마지막 줄을 아나요? 마지막장 마지막절은 **"아멘, 주 예수여! 오시옵소서. 주 예수의 은혜가 모든 자들에게 있을지어다"**(계 22:21,22)라는 말씀이지요. 예수님께서는 영광 가운데 구름 타고 다시 오시죠. 부활하셨고 승천하시는 예수님, 역사속에 다시 귀환하셔서 만물을 심판하세요. 그것이 기적이죠. 초자연적인 사건이죠. 선생이 말하기를 그래 성경에서 기적을 다 빼고 믿는다면 성경에 뭐가 남는 줄 아나요? 성경의 양쪽 겉 표지만 남아요.

성경은 기적의 책입니다. 초자연적이신 하나님, 전능하신 하나님, 그 하나님의 행적을 증언하고 있는 책으로 우리는 믿고 있습니다. 믿는 사람은 부활 신앙을 죽음의 위협 앞에서도 고백할 수 있고, 순교의 자리에도 기꺼이 나아가게 될 줄 믿습니다.

우리가 부활 후에는 천사와 같이 되는데, 그 의미는,

첫째로, 저는 부활의 몸, 부활체라는 것은 우리의 개인성이 보존된다는 의미라고 생각합니다. '천사들과 같으니라' 이 말을 잘못 오해해서 천사가 된다는 것으로 오해하지 마십시오. 천사가 된다는 말이 아니고 천사들과 같이 영적인 존재가 된다는 말입니다. 신령한 존재, 영원 불사하는 존재가 됩니다.

두번째로, 부활체는 영원성을 갖게 됩니다. 죄로 말미암아 부패한 인간의 육체는 반드시 죽어야 합니다. 우리는 순간적인 육체를 갖고 있기에 결국은 죽어야 합니다. 그러나 부활할 때 입는 몸은 영원합니다. 그런 점에서 천사와 같다고 말씀하십니다. 그러나 이 말의 뜻을 잘 이해해야 합니다. 제도로써의 결혼제도, 이것이 전제하는 중요한 사건 하나가 있습니다. 결혼제도를 왜 하나님께서 제정하셨을까요? 종족을 보존하고 번식시킴으로 자손을 계승하기 위해서입니다. 그런데 우리가 부활체를 얻게 되면 영원히 죽지 않습니다. 그러니까 결혼의 중요한 목적이 없어집니다. 죽기 때문에 그것을 계승하기 위해서 결혼하고 자식을 낳는데 부활체를 갖게 되면 그 몸은 죽지 않는 몸입니다. 영생체가 되어 불사하게 되는 몸입니다.

세번째로, 인격의 완성체를 말합니다. 인격이란 지식과, 감정과 의지의 세 요소의 결정체입니다. 하나님께서는 인격적 존재이시기 때문에 지식과 감정과 의지를 갖고 계십니다. 마찬가지로 천사도 인격적인 존재입니다. 또한 우리가 부활해서 새로운 몸을 입어도 우리는 인격체를 갖게 됩니다. 그러나 지금 우리가 가지고 있는 지정의의 인격이라는 것은 죄로 말미암아 상당히 오염되어 있기 때문에 제대로 판단하지 못하고, 성숙한 감정으로 느끼지 못하고, 그리고 결단하지 못합니다. 그러나 그날에 부활하므로 완성된 인격체를 가지면 하나님을 사랑하고 성도들을 사랑하면서 멋지게 살게 됩니다.

참으로 어리석고 안타깝게도 사두개인들은 부활을 믿지 못했습니다. 그러기에 성경도 믿지 못하는 사람들로 증명되었고, 나아가서는 하나님의 능력을 못 믿는 어리석은 사람들이 되었습니다. 그들은 가장 잘 믿을 수 있는 위치에 있었지만 믿지 못하고 가장 잘 믿는 것처럼 가식적으로 살았습니다. 실상은 오해로 가득 찬, 불신으로 가득 찬 사람들이었습니다. 왜 그렇게 되었을까요? 자기가 정한 기준으로 믿었기 때문입니다. 자기가 정한 기준으로 성경을 보고, 자기가 정한 기준으로 하나님을 이해하였습니다. 자기라는 테두리를 벗어나지 못해서 그 지경이 되었습니다.

어쩌면 더 많은 사두개인들이 오늘날 교회 안에 존재하고 있는지 모릅니다. 나도 내 멋대로 믿는 사람인지 모릅니다. 믿음의 방법을 내가 정해 놓는 경우가 있습니다. 스스로 울타리를 치고 그 속에서 노닐면서 믿음이라고 착각하고 있는지 모릅니다. 오해 속에서 즐기는 상태에서 깨어나야만 합니다. 거기에서 벗어나지 못하면 믿음이라는 것은 미신의 수준을 벗어나기 힘들게 됩니다.

성경을 제대로 깨닫지 못하고, 바로 믿지 못하면 필연적으로 따라오는 결과가 있습니다. 그 결과는 반드시 하나님에 대해서도 오해하고 잘못 믿게 되어 있습니다. 사두개인들은 성경 속에 파묻혀 살면서도 성경을 똑바로 몰랐습니다. 하나님의 집에서 하나님께 제사 드리는 것이 전문이었으면서도 하나님을 몰랐습니다. 그리하여 부활에 대해서도, 천국에 대해서도 시종일관 오해 속에 있었습니다.

하나님께서는 산 자의 하나님이십니다. 사두개인들처럼 성경과 하나님의 능력을 오해하면 안됩니다. 오해하면 축복과 은혜가 없습니다. 성경과 하나님은 우리의 믿음의 대상입니다. 믿고 섬겨 부활의 능력을 누리십시오. 부활 신앙은 우리를 세속화하는 일에 방패 역할을 하며, 세상적인 것에서 초월하게 하는 힘을 가지고 있습니다. 현실에 너무 집착하는 나머지 하나님의 섭리를 잊어 버리지 못하도록 우리를 그리스도에게 묶어두는 사슬이 부활 신앙입니다. 그리고 현실을 타개하는 에너지가 바로 부활 신앙입니다. 아무리 어려워도 다시 회복시킬 능력의 하나님을 붙잡게 만듭니다. 우리를 좌절하게 만들고, 무기력하게 하는 여러 가지 복잡한 일이 많이 있습니다. 그러한 장애물을 뛰어 넘을 수 있도록 하는 것이 바로 부활 신앙입니다.

부활 신앙을 갖도록 하는 유일한 통로는 성경을 깊이 있게 이해하고 섭렵하는 것과 성경 속에 나타나는 하나님의 능력을 삶 속에서 경험하는 것입니다. 하나님은 껍데기 신앙을 가지고 살아가는 종교 형식자들도 싫어하지만 너무 현실에 집착하여 영적인 세계와 하나님의 나라를 사모하지 않는 현실주의자들도 싫어하십니다. 안과 밖이 같고, 현실과 천국을 함께 소유하고 살아가는 건강한 신자들이 되기를 바라십니다. 이 일을 위해서 하나님이신 그리스도께서 오셔서 이 세상을 힘있게 사시면서 죽음으로 부활하신 것입니다.

Chapter 28

가장 큰 계명 [1]

(The greatest commandment)

막 12:28-34(마 22:34-40; 눅 10:25-28)

서기관 중 한 사람이 그들이 변론하는 것을 듣고 예수께서 잘 대답하신 줄을 알고 나아와 묻되 모든 계명 중에 첫째가 무엇이니이까 예수께서 대답하시되 첫째는 이것이니 이스라엘아 들으라 주 곧 우리 하나님은 유일한 주시라 네 마음을 다하고 목숨을 다하고 뜻을 다하고 힘을 다하여 주 너의 하나님을 사랑하라 하신 것이요 둘째는 이것이니 네 이웃을 네 자신과 같이 사랑하라 하신 것이라 이보다 더 큰 계명이 없느니라 서기관이 이르되 선생님이여 옳소이다 하나님은 한 분이시요 그 외에 다른 이가 없다 하신 말씀이 참이니이다 또 마음을 다하고 지혜를 다하고 힘을 다하여 하나님을 사랑하는 것과 또 이웃을 자기 자신과 같이 사랑하는 것이 전체로 드리는 모든 번제물과 기타 제물보다 나으니이다 예수께서 그가 지혜 있게 대답함을 보시고 이르시되 네가 하나님의 나라에서 멀지 않도다 하시니 그 후에 감히 묻는 자가 없더라

본문말씀은 율법을 가르치고 기록, 보존하는 랍비 중의 한 서기관이 예수님을 찾아와 던진 질문에 대한 대답과 서기관의 반응 그리고 예수님의 최종적인 반응에 대해서 말씀하고 있는 내용입니다. 유대인들의 '모든 계명'에는 모세의 십계명을 세세히 규정한 613가지의 계명(미츠밧: '하라'는 명령 248개와 '하지 말라'는 명령

365개로 나눌 수 있음)이 있었고, 다윗시대에 와서는 시편 15편에 볼 수 있듯이 613개에서 11개로 축소시켰으며 이사야 시대에 와서는 (이사야 33:15) 6개로 축소시켰습니다. [즉, 1) 의롭게 행하는 사람 2) 정직하게 말하는 사람 3) 착취로 돈을 벌지 않는 사람 4) 뇌물을 받지 않는 사람 5) 살인하자는 소리를 듣지 않으려고 귀를 막는 사람 6) 악한 일을 보지 않으려고 눈을 감는 사람 이런 사람은 높은 곳에 올라가 살 것이라고 했습니다.]

미가 선지자는 이 여섯 계명을 셋으로 축소시켰습니다(미 6:8). 1) 정의를 실천하는 일 2) 기꺼이 은혜에 보답하는 일 3) 조심스럽게 하나님과 함께 살아가는 일 이밖에 무엇이 더 있겠느냐? 하는 내용입니다.

이것을 다시 이사야 선지자는 두 가지로 축소하였습니다(이사야 56:1.)1) 너희는 바른 길을 걷고 2) 옳게 살아라 하는 것으로 축소시켰습니다. 서기관이 던진 질문은 여러 개의 계명으로 머리가 복잡했던 것 같고 유대인들의 신앙생활 중에서도 가장 큰 이슈 중에 하나였던 것 같습니다.

이 질문에 대해 예수님은 두 가지 큰 계명을 들어 그것을 하나로 만들어 대답해주셨습니다.

첫째, 신명기 6장 4절 쉐마의 말씀에 나오는 **"이스라엘아 들으라 우리 하나님은 오직 유일한 여호와이시니"** 이 구절은 유대교의 신앙과 자녀교육의 핵심구절입니다. 이것은 하나님은 유일신이시며, 다른 신은 없다는 유대교 신앙의 기초요 근간입니다.

둘째, **"네 이웃을 네 몸과 같이 사랑하라"**는 레위기 19장 18절을 인용하여 대답해 주셨습니다. 그러나 이 구절의 본 의미는 자기 이웃 유대인들을 뜻한 말이었으나 예수님께서는 이 구절을 인용하여 모든 사람에게 확대시켜 구별 없는 이웃으로 말씀하셨습니다. 즉, 예수께서 하신 대답은 하나님을 사랑하고 사람을 사랑하는 것이 가장 으뜸 계명이라는 것이며, 하나님을 사랑하고 있다는 유일한 증명은 다른 사람을 사랑하고 있다는 것을 실행함에 있다는 것이었습니다.

하나님 사랑

주님께서 쉐마의 말씀 중에 하나님 사랑을 언급하신 것은 이스라엘 백성들이 이 말씀을 너무 잘 알고 있었기 때문에 간단하게 그 말씀을 인용하셨습니다. 수직적으로 하나님을 사랑하지 않고는 인간관계에 있어서 그 누구도 진실되게 사랑할 수 없습니다.

마음을 다하고 목숨을 다하고 뜻을 다하는 사랑은 바로 인격적인 사랑을 말합니다. 사랑도 여러 가지가 있고, 그 질도 각각 다릅니다. 부부의 사랑, 부모님의 사랑, 스승의 사랑, 친구의 사랑, 나라 사랑 등, 사랑의 대상은 다르고 그 강도(强 度)도 다릅니다.

우리가 가장 순수하고 깊이 사랑해야 할 대상은 하나님입니다. 하나님의 사랑과 비슷한 것이 바로 부모님의 사랑입니다. 하나님께서 그 사랑의 본질을 우리에게 보여 주셨는데 그것이 바로 예수님을 십자가에 내어 주심으로 우리를 구원하시고 영원한 생명을 주신 것입니다. 사도 요한은 예수님을 통해 그 사랑의 성질을 깨닫게 되어 이렇게 말씀하고 있습니다. 요한1서 4장 10절 말씀에 **"사랑은 여기 있으니 우리가 하나님을 사랑한 것이 아니요, 오직 하나님이 우리를 사랑하사 우리 죄를 위하여 화목제로 그 아들을 보내셨음이니라"** 고 했습니다.

하나님께서 우리를 위해서 사랑의 모델을 제시해 주셨기 때문에 우리는 그냥 따라 하면 됩니다. 다른 사람으로부터 먼저 사랑을 받으려고 하지 말고, 내가 먼저 사랑하는 것이 진짜 사랑입니다. 내가 유익을 받으려고 사랑하는 것이 아니라 내 것을 주려고 하는 것이 순수한 사랑입니다. 하나님을 사랑하는 것도 인격적으로 내가 이제 하나님을 사랑해야 하고 좋은 것을 하나님께 드려야 합니다. 그것이 물질이면 물질로, 시간이면 시간으로, 심지어 자녀이면 자녀로, 생명이면 생명으로 하나님께 기꺼이 드리는 것이 하나님을 사랑하는 것입니다.

사랑은 자로 재듯이 하는 것이 아니라 무조건 적으로 따지지도 말고 묻지도 말고 그냥 하는 것입니다. 요즘은 보험도 묻지도 않고 따지지도 않는데 하나님을 사랑하는 보험은 더더욱 그렇게 해야 합니다. 그것이 참 사랑입니다. 하나님은 유일하신 분이십니다. 다른 여러 분이 있으면 그렇게 사랑도 나누어 해야 하지만 유일하신 하나님, 우리를 사랑하시고 구원하신 아버지 하나님을 먼저 사랑해야 합니다.

하나님께 대한 사랑을 구체적으로 어떻게 할 수 있겠습니까?

본질적인 면에서는 십계명1계(誡)~4계(誡)에서 그 방법을 소개하고 있습니다.

첫째 계명은 대상입니다. "너는 나 외에는 다른 신들을 네게 두지 말라" 아무나 섬기지 말고 하나님만 섬기라는 뜻입니다.

둘째 계명은 방법입니다. "너를 위하여 우상을 만들지 말고" 나를 사랑하고 내 계명을 지키는 자에게는 천대까지 은혜를 베풀어 주신다고 하셨습니다. 절대 우상 섬기지 말라고 했습니다.

셋째는 태도입니다. "너는 네 하나님 여호와의 이름을 망령되게 부르지 말라" 함부로 하나님의 성호를 이용하지 말라는 것입니다.

넷째는 날짜입니다. "안식일을 기억하여 거룩하게 지켜라"하나님의 창조의 기념일인 안식일, 곧 일곱째 날을 거룩하게 지키는 것이 하나님을 사랑하는 것임을 말씀하셨습니다. 정한 날짜와 시간을 지키는 것은 중요합니다. 그것이 시간의 거룩입니다. 가정과 교회 같은 장소의 거룩도 있고, 도덕적, 윤리적인 사람의 거룩도 있는데 시간의 거룩은 안식일과 연관되어 있는 중요한 거룩입니다.

아주대 병원 원목으로 사역하시는 손덕식 목사님은 사모님과 데이트를 할 때 하루는 식당에 약속을 하고 기다리는데 6시간 가까이 되어도 오지 않았습니다. 그 때는 핸드폰이 없을 때라 전화도 할 수 없고 그 여인을 너무 사랑하는 나머지 끝까지 기다리고 있는데 6시간이 지나서 나타났습니다. 사모님이 묻기로 어떻게 6시간이 지났는데도 기다리고 있느냐고 했더니 나는 당신을 사랑하기 때문에 6

시간이 아니라 6년을 기다릴 수도 있다고 했답니다. 그 때부터 좀 못 마땅하게 생각하고 절교하려고 했던 사모님이 적극적으로 사랑하게 되어 결혼을 했답니다.

사모님은 너무 가난하고 좋은 학교를 나오지 않은 목사님을 탐탁찮게 생각했던 것입니다. 이렇게 사람은 사랑하는 사람이 생기면 시간을 내어 주어도 아깝지 않습니다. 유대인들은 십계명의 말씀을 지키는 것이 하나님을 최고로 사랑하는 것으로 여기고 지금도 안식일을 거룩하게 칼날처럼 지키고 있습니다.

여호와 하나님을 전인격적으로 사랑하라고 했으니 그 방법을 우리가 찾아 봅시다. 남녀가 사랑을 하고 부부가 사랑을 하고 부모가 자식을 사랑을 할 때의 구체적인 방법에서 그 힌트를 찾을 수 있지 않겠습니까?

첫째, 서로 만나서 교제하는 것을 최고의 즐거움으로 여깁니다. 사랑이 식으면 두 사람의 관계가 소원해집니다. 성도가 하나님을 전인적으로 사랑하는 것은 바로 하나님과의 교제인 기도를 즐기는 것입니다.

둘째, 상대방을 위해서 헌신하고 희생하는 것입니다. 부모님들은 자식을 위해서 모든 것을 다 바쳐 희생합니다. 그 이유는 자식을 사랑하기 때문입니다. 젊음도, 시간도, 물질도 자식을 위해 다 사용합니다. 성도들도 하나님을 위한 희생을 최고의 즐거움으로 알고 헌신하는 것이 하나님을 사랑하는 표현입니다.

셋째, 전혀 조건이나 형편을 고려하지 않습니다. 사랑을 하게 되면 앞을 보지 못하는 시각 장애인도 모든 것을 갖춘 사람으로 여기고 사랑하게 됩니다. 강영우박사의 부인 석은옥 여사는 자기가 이화여대를 다시면서 장애인 학교에 다니고 있는 시각 장애인 강영우 박사를 사랑하여 가정을 이루어 위대한 인물로 만들었습니다.

넷째, 함께 하는 것을 최고의 즐거움으로 여깁니다. 시간가는 줄 모르고 같이 있기를 좋아합니다. 하나님 사랑하는 태도도 주님과 함께 있는 것을 좋아합니다. 예배하고, 기도하고, 경건의 시간(QT)을 우선적으로 여깁니다.

서기관이 예수님을 시험하려고 던진 질문에 대한 예수님의 답변은 정말 놀라웠습니다. 율법 조항 613개 가운데 무엇이 더 중하고 덜 중한지에 대한 논쟁을 뛰어넘어 모든 계명의 본질인 '사랑'을 말씀하셨기 때문입니다. '마음과 뜻과 정성을 다하여' 하나님을 사랑하는 것은 육신의 감각과 정신적 감성과 의지를 모두 동원해 하나님을 사랑하는 것입니다. 그리고 하나님을 사랑하기에 하나님께서 주신 나 자신도, 하나님께서 지으신 내 이웃도 사랑하는 것입니다.

에릭 프롬은 '꽃을 사랑한다고 말하면서도 꽃에 물을 주는 것을 잊어버린 여자로 본다면, 우리는 그녀가 꽃을 사랑한다고 믿지 않을 것이다. 사랑은 사랑하고 있는 자의 생명과 성장에 대한 우리의 적극적인 관심인 것이다. 이러한 적극적 관심이 없으면 사랑도 없다'라고 했습니다. 그렇습니다. 사랑은 행동으로 반드시 표현되어 한다는 말씀입니다. 서기관은 놀랍게도 열린 마음으로 예수님 말씀을 용기 있게 동의했고 진리로 인정했으며, 자기들이 생명처럼 여기는 모든 번제물과 기타 제물보다 사랑이 더 중요하다는 것을 인정했습니다. 하지만 행동은 뒤 따르지 못했습니다. 예수님의 지적은 바로 사랑이 빠진 예배와 헌물은 별 가치가 없다는 것입니다. 그러므로 진리를 깨닫고 겸손히 받아들여 그 말씀대로 순종하며 살아가는 것이 참 그리스도인의 모습이요 천국의 삶입니다.

Chapter 29

가장 큰 계명 [2]

(The greatest commandment 2)

막 12:28-34(마 22:34-40; 눅 10:25-28)

서기관 중 한 사람이 그들이 변론하는 것을 듣고 예수께서 잘 대답하신 줄을 알고 나아와 묻되 모든 계명 중에 첫째가 무엇이니이까 예수께서 대답하시되 첫째는 이것이니 이스라엘아 들으라 주 곧 우리 하나님은 유일한 주시라 네 마음을 다하고 목숨을 다하고 뜻을 다하고 힘을 다하여 주 너의 하나님을 사랑하라 하신 것이요 둘째는 이것이니 네 이웃을 네 자신과 같이 사랑하라 하신 것이라 이보다 더 큰 계명이 없느니라 서기관이 이르되 선생님이여 옳소이다 하나님은 한 분이시요 그 외에 다른 이가 없다 하신 말씀이 참이니이다 또 마음을 다하고 지혜를 다하고 힘을 다하여 하나님을 사랑하는 것과 또 이웃을 자기 자신과 같이 사랑하는 것이 전체로 드리는 모든 번제물과 기타 제물보다 나으니이다 예수께서 그가 지혜 있게 대답함을 보시고 이르시되 네가 하나님의 나라에서 멀지 않도다 하시니 그 후에 감히 묻는 자가 없더라

예수께서 '하나님 사랑'과 '이웃 사랑'이라는 두 가지 계명이야말로 가장 중요한 계명이라고 이야기하자, 자기들만이 옳고, 자기들만이 선택받았고, 자기들만이 거룩하다고 믿으며 사랑해야 할 이웃들을 배타적으로 '걸러 냈던' 율법 교사는 마음이 찔렸습니다. 그 마음의 찔림을 해소하고 자기를 합리화하여 옳게 보이는 방법으

로 다음과 같이 질문합니다. **'내 이웃을 내 몸과 같이 사랑하라'** 하신 계명의 '이웃의 범위'를 확 줄여 **"그러면, 내 이웃이 누구입니까?"**(눅 10:29-37)

율법 교사는 자신의 박학다식한 지식으로 하나님이 요구하시는 '이웃 사랑'의 계명에서 '이웃'이 누군지 모르지 않았을 것입니다. 그러나 이미 목숨처럼 지켜 온 자신들의 종교적 순결과 거룩함을 더럽히고 혼잡스럽게 할 미개한 이방인들과 이교도들까지 사랑하고 친절을 베풀 책임이 생기도록 이웃의 범위를 넓힐 수는 없었습니다.

이때 예수님은 한 아름다운 이야기를 들려주며 대답해 주셨습니다. 바로 선한 사마리아인의 비유를 말씀하셨습니다.

> "어떤 사람이 예루살렘에서 여리고로 내려가다가 강도들을 만났다. 강도들이 그 옷을 벗기고 때려서, 거의 죽게 된 채로 내버려 두고 갔다. 마침 어떤 제사장이 그 길로 내려가다가 그 사람을 보고 피하여 지나갔다. 이와 같이, 레위 사람도 그 곳에 이르러 그 사람을 보고, 피하여 지나갔다. 그러나 어떤 사마리아 사람은 길을 가다가, 그 사람이 있는 곳에 이르러, 그를 보고 측은한 마음이 들어서, 가까이 가서, 그 상처에 올리브기름과 포도주를 붓고 싸맨 다음에, 자기 짐승에 태워서, 여관으로 데리고 가서 돌보아 주었다. 다음 날, 그는 두 데나리온을 꺼내어서, 여관 주인에게 주고, 말하기를 '이 사람을 돌보아 주십시오. 비용이 더 들면, 내가 돌아오는 길에 갚겠습니다' 하였다.

너는 이 세 사람 가운데 누가 강도 만난 사람에게 이웃이 되어 주었다고 생각하느냐? "그가 대답하였다. "자비를 베푼 사람입니다." 예수께서 그에게 말씀하셨습니다. **"가서, 너도 이와 같이 하여라."**(눅 10:29-37)

이야기에 나오는 선한 사마리아인은 자칫하면 자신도 위험에 빠질 수 있는 상황에서, 왜냐하면 대개 강도가 급습한 지역은 2차, 3차로 강도들이 출몰할 수 있는 여리고 골짜기였는데도, 아무런 조건도, 피해자의 종교도, 성별도, 민족도 따지지 않고 '순수한 인간애'로 자신이 할 수 있는 모든 것을 다하여 그를 치료하고 보호해 주었습니다.

정말 우리의 이웃은 누구이며 우리가 어떻게 사랑할 수 있겠습니까? 하나님의 사랑이 근거가 될 때 이웃을 사랑할 수 있기 때문에 둘째는 … 하시면서 이웃을 사랑해야 할 것을 우리에게 주문하셨습니다.

이웃 사랑

예수님께서는 가장 큰 계명을 하나만 이야기 하지 않으시고 둘째는.. 하시면서 이웃을 네 몸과 같이 사랑하라고 하셨습니다(31절). 수직적인 관계에서만 사랑을 실천하는 자가 아니라 수평적인 관계에서도 사랑하는 것이 바로 완전한 사랑임을 강조하셨습니다. 십계명도 두 돌판으로 위로 하나님을 섬기며 사랑해야 할 5계명(부모님을 공경(恭敬)하라는명령도 포함하고 있음)을 주시고 6계명부터는 부정적인 명령으로 이웃을 사랑해야 할 것을 명하셨습니다. 예를 들면, 살인하지 말라는 것은 이웃을 사랑하라는 것이고, 간음하지 말라는 것도 이웃을 사랑하라는 것이며, 도적질하지 말라는 것도 이웃 사랑을 실천하라는 계명입니다.

'네 자신과 같이' 라는 말은 두 가지로 해석할 수 있는데 하나는 우리가 우리 자신을 끔찍이 사랑하는 것과 같은 동일한 사랑으로 이웃을 사랑하라는 의미가 있고, 다른 하나는 네 자신을 사랑하지 못하는 사람도 있으니 자신을 사랑하라는 의미도 있습니다.

갈라디아서 5장 14절은 **"온 율법은 네 이웃 사랑하기를 네 자신과 같이 하라 하신 한 말씀에서 이루어졌나니"**라고 기록하고 있는데, 이 명령의 최고의 실천 자는 바로 예수 그리스도이십니다. 주님께서는 자신을 사랑하면서 우리와 같이 죄와 허물로 가망성이 없던 자들을 위해 십자가에서 목숨을 던져 주셨습니다. 친구를 위하여 목숨을 버리는 것보다 더 큰 사랑이 없다는 말씀이 바로 이 말씀의 의미입니다.

야고보서 2장 8절~9절 **"너희가 만일 성경에 기록된 대로 네 이웃 사랑하기를 네 몸과 같이 하라 하신 최고의 법을 지키면 잘 하는 것이거니와 만일 너희가 사람을 차별하여 대하면 죄를 짓는 것이니 율법이 너희를 범법자로 정죄하리라"** 야고보 선생은 이웃을 사랑하는 것이 '최고의 법' 이라고 표현하면서 사람을 차별하는 것도 이웃사랑에 역행하는 것임을 지적하고 있습니다.

그러면 우리가 이웃을 자신과 같이 사랑해야 하는데 구체적으로 어떻게 사랑해야 하겠습니까? 이것에 대해서 예수님께서 그 방법을 제시하고 계십니다.

> 마태복음 25장 34절~40절 "그 때에 임금이 그 오른편에 있는 자들에게 이르시되 내 아버지께 복 받을 자들이여 나아와 창세로부터 너희를 위하여 예비된 나라를 상속받으라 내가 주릴 때에 너희가 먹을 것을 주었고 목마를 때에 마시게 하였고 나그네 되었을 때에 영접하였고 헐벗었을 때에 옷을 입혔고 병들었을 때에 돌보았고 옥에 갇혔을 때에 와서보았느니라 이에 의인들이 대답하여 이르되 주여 우리가 어느 때에 주께서 주리신 것을 보고 음식을 대접하였으며 목마르신 것을 보고 마시게 하였나이까 어느 때에 나그네 되신 것을 보고 영접하였으며 헐벗으신 것을 보고 옷 입혔나이까 어느 때에 병드신 것이나 옥에 갇히신 것을 보고 가서 뵈었나이까 하리니 임금이 대답하여 이르시되 내가 진실로 너희에게 이르노니 너희가 여기 내 형제 중에 지극히 작은 자 하나에게 한 것이 곧 내게 한 것이니라"

1) '주릴 때' – 가난하게 되고 먹을 것이 없을 때를 가리킵니다. 오늘 우리 주위에는 가난한 자들이 많이 끼니를 거르는 자들이 있습니다.
2) '목마를 때' – 기갈로 인하여 물이 없이 사는 사람들이 이 지구

상에는 너무 많습니다. 그래서 우물을 파 주는 사역을 하고 있습니다. 냉수 한 그릇이라도 대접하는 자는 하늘상을 잊지 않을 것이라는 주님의 말씀이 의미가 있습니다.

3) '나그네 되었을 때' – 외롭고 거처할 곳이 없는 사람들을 두고 하는 말입니다. 고향을 떠나 타지나 타국에서 와 있는 사람들입니다.
4) '헐벗었을 때' – 날씨는 추운데 입을 옷이 없는 사람들, 불쌍한 사람들입니다.
5) '병들었을 때' – 질병으로 인하여 고통 당하는 분들입니다. 병원에 누워 오랫동안 투병하는 사람들입니다.
6) '옥에 갇혔을 때' – 핍박을 받는 사람이나 죄를 지어 감옥에 있는 사람들을 두고 하시는 말씀입니다.

이렇게 **"지극히 작은 자(소자)에게 한 것이 곧 내게 한 것이니라"**는 말씀은 하나님의 사랑과 이웃사랑을 동일 선상에 놓고 행하라는 깊은 의미가 함축된 말씀이며, 하나님 사랑과 이웃 사랑은 불가분리의 관계에 있다는 것을 강조하신 것입니다.

그러므로 로마서 13장 10절에 **"사랑은 이웃에게 악을 행치 아니하나니 그러므로 사랑은 율법의 완성이니라"**라고 했으니 하나님 사랑보다 하나님이 주신 말씀을 이웃에게 실천하는 것이 곧 율법의 완성이 됩니다. 우리 주님이 말씀으로 오셨지만 결국 십자가를 지심으로 율법 전체를 완성했는데 그 결정체가 바로 사랑입니다. **"우리가 아직 죄인 되었을 때에 그리스도께서 우리를 위해 죽으심으로 우리에게**

대한 자기의 사랑을 나타내셨느니라"(롬 5:8)고 했습니다. 모든 율법의 완성이 바로 이웃 사랑에서 종결됩니다. 이웃 사랑의 실천이 없으면 진정한 사랑의 실천가가 아님을 분명히 하고 있습니다. 위로 하나님을 사랑하고 아래로 이웃을 자신과 같이 사랑하는 자가 바로 모든 계명을 완성하신 예수님의 삶을 본받아 사는 천국 시민입니다.

복음 병원을 설립한 장기려 박사는 이웃사랑을 실천한 의사였습니다. 그는 가난하고 병든 사람의 친구가 되었고, 의술을 통해 예수님처럼 이웃사랑을 실천하여 봉사의 노벨상이라고 하는 막사이 상을 수상했습니다. 어려운 형편에 지병으로 병원에서 수술을 받고 완치가 되어 갈 때 입원비가 모자라 걱정하는 환자에게는 입원비를 할인해서 받기도 하고 전혀 돈을 낼 형편이 못 되는 환자에게는 야간에 도주를 하도록 권했다고 합니다. 지금은 아예 입원비를 내지 않으면 수술을 하지 않을 뿐 아니라 입원까지 거절당하는 것과는 너무나 대조적입니다. 모든 병원과 의사가 다 그런 것은 아니지만 아직도 그리스도의 심장을 가진 분들은 여전히 이웃 사랑을 남 몰래 실천하고 있는 것을 볼 수 있습니다.

한상익이라는 의사도 어려운 형편에 있는 환자들에게는 어떤 수술이든지 단 돈 만원만 받고 해 주었습니다. 그는 '의사는 생명을 살리는 직업이지 돈을 벌기 위한 것이 아니다' 라고 했습니다. 현재 우리나라에는 돈이 없어서 병원에 가지 못하는 사람이 10%가 넘는다고 합니다. 의료 분야만 아니라 모든 분야에 우리가 사랑으로 자기의 재능을 기부한다면 작은 물방울이 모여 시내를 이루고 결국 바다를 형성하는 것과 같이 우리의 사랑의 작은 행동들이 온 세상을 사랑의 나라로 바꿀 것입니다.

천국이 가깝다는 의미

우리는 지식과 감정과 의지의 인격을 가지고 하나님을 사랑하고 이웃을 사랑해야 합니다. 왜냐하면 하나님께서는 인격적 존재이시기 때문입니다. 우리가 그리스도 안에서 의와 진리와 거룩함으로 회복된 완전한 인격을 가지고 하나님을 사랑하고 이웃을 사랑하면서 살 때 천국에서도 그러한 사랑으로 서로 사랑하며 살게 될 것이기 때문에 질문을 가지고 온 서기관이 지혜롭게 대답하는 태도를 보시고 "네가 하나님의 나라에서 멀지 않도다"(you are not far from the kingdom of God)라고 하셨습니다. 천국시민의 삶의 본질이 바로 사랑이기 때문에 진정한 사랑을 알고 실천하면 천국의 삶을 살게 되고 죽어서도 사랑의 나라의 백성이 되기 때문에 거리의 문제가 아니라 그 사람의 마음의 상태를 두고 하신 말씀입니다. 믿음도 중요하고 소망도 든든해야 하지만 사랑이 최고이기에 사랑을 이 땅에 실천하는 사람은 천국의 삶을 사는 것이라고 말씀하신 것으로 받아 들입니다. 사도 바울이 말씀한 믿음, 소망, 사랑 이 세 가지는 항상 있을 것인데 그 중에 제일은 사랑이라는 말이 바로 이 말씀의 의미가 아닐까 생각합니다.

아직 완전히 전인적으로 하나님을 사랑하지 못하고, 이웃 사랑을 실천하고 있지는 못하지만 그렇게 할 날이 멀지 않았다는 희망적인 말씀을 통해 서기관이 그것을 더 잘 실천하고 행하기를 바라는 마음에서 그렇게 말씀하신 것입니다.

우리도 완전하지는 못하지만 조금씩 더 사랑함으로 천국의 삶을 누릴 수 있는 가능성을 보시고 사랑의 나라 천국으로 한발자국씩 우리를 이끄시는 주님의 마음을 느끼게 됩니다. 천국의 소망, 그리스도께서 사랑을 실천하는 자들에게 주실 상급을 바라 보지 않으면 이 땅의 삶에만 집중하고 하나님 사랑과 이웃 사랑을 실천할 수 없습니다. 그러나 그 소망이 뚜렷한 사람은 예수님께서 말씀하신 최고의 법을 실천하면서 하루 하루 살아갑니다.

가정이나 교회 그리고 직장 생활 가운데 모든 인간관계에 있어서 사랑의 본질을 바르게 알고 실천하는 사람은 천국을 이미 맛보고 천국을 누리며 사는 사람입니다. 주님께서 보시고 너는 '하나님의 나라에서 멀지 않도다' 라고 칭찬해 주실 것입니다. 그렇기 때문에 우리는 희망의 끈을 놓지 않고 흉내라도 내면서 하나님을 사랑하고 이웃을 사랑하기 위해 몸부림 칩니다.

알베르트 까뮈(Albert Camus)의 소설『전락:La chute』에서 변호사 클라망스 (Clamence)는 어떤 소녀가 세느 강에 빠져 자살하는 장면을 목격하고 그 소녀를 구할 수도 있었지만 외면하고 그 자리를 뜹니다. 그 후 그는 죄의식에 사로잡히게 되고, 그의 삶은 순식간에 황폐해지는데, 소설 말미에서 남자는 이렇게 기도합니다. "오소녀여, 우리 두 사람을 구할 수 있게 다시 물에 빠져다오." '우리 두 사람' 그렇다 우리 모두는 서로의 관계를 통해 하나님과 연결되는 하나님의 형상을 한 생명체입니다.

'원숭이 효과(Monkey Effect)' 라는 것이 있는데 원숭이들은 고구마를 좋아합니다. 산기슭에 있는 고구마 밭에 원숭이들이 떼로 몰려와 고구마를 넝쿨째로 파내어서는 먹어 치우곤 합니다. 농민들에겐 큰 골칫거리가 아닐 수 없습니다.

한번은 한 원숭이가 고구마를 개울물에 씻어 먹었습니다. 그런 모습을 지켜 본 다른 원숭이들이 흉내를 내어 같이 물에 씻어 먹었습니다. 그렇게 하는 원숭이들이 자꾸 늘어나게 되었습니다. 그렇게 늘어나는 숫자가 어느 단계에 이르게 되면 물리학에서 말하는 임계점을 넘어서게 되었습니다. 임계점을 넘어서는 단계에 이르게 되면 그런 모습을 보지 못한 먼 곳에 있는 다른 원숭이들도 고구마를 씻어 먹게 됩니다. 이런 현상을 일컬어 "원숭이 효과"라 합니다.

이런 현상이 원숭이에게만 일어나는 현상이 아니라 사람들에게도 그대로 적용됩니다. 한 사람이 한 곳에서 선한 일을 계속하게 되면 주위의 사람들이 그런 일을 본받아 하게 됩니다. 하나님 사랑과 이웃 사랑의 실천도 나 하나로 그치는 것이 아니라 다른 사람들에게 전이가 되어 계명 순종의 미덕이 온 공동체에 다 퍼지게 됩니다. 가정에서 쉐마를 통해 하나님을 사랑하고 경외하면서 이웃을 우리 자신처럼 사랑하는 행위가 요원의 불길처럼 번져서 하나님의 나라가 더 확장되고 견고해지기를 간절히 소망합니다.

Chapter 30

그리스도의 정체성

(The identity of Christ)

막 12:35-37(마 22:41-46; 눅 20:41-44)

예수께서 성전에서 가르치실새 대답하여 이르시되 어찌하여 서기관들이 그리스도를 다윗의 자손이라 하느냐 다윗이 성령에 감동되어 친히 말하되 주께서 내 주께 이르시되 내가 네 원수를 네 발 아래에 둘 때까지 내 우편에 앉았으라 하셨도다 하였느니라 다윗이 그리스도를 주라 하였은즉 어찌 그의 자손이 되겠느냐 하시니 많은 사람들이 즐겁게 듣더라

예수님을 바르게 아는 것은 너무나 중요합니다. 우리가 예수님께서 그리스도 되심을 믿기 전에는 잘 알지 못하지만 일단 믿고 나면 그분을 알아가야 합니다. 사도 바울은 하나님의 아들이신 예수님을 믿는 것과 아는 것에 하나가 되어 그리스도의 장성한 분량에 충만한데까지 성숙해 가야 할 것을 말씀하고 있습니다(엡 4:13). 예수님을 정확하게 아는 것은 신앙의 토대가 됩니다. 예수님을 바르게 알지 못하면, 고 문선명 교주를 재림주라고 믿고 따르면서 헛된 삶을

살게 되고, 신천지 교주, 이만희나 JMS교주 정명석, 그리고 자신을 성령이라고 주장했던 하나님의 교회의 교주 고 안상홍을 성령님으로(지금은 그의 아내 장길자가 성령님) 고백하며 이단에 빠져 가정이 파탄이 나고, 패가망신하게 됩니다.

예수님 당시에도 메시아를 대망하고 있었지만 이미 오셔서 하나님의 아들로 메시아 되심을 증거해도 모르고 그를 미워하고 죽이려고 한 사람들이 많았습니다. 그래서 예수님께 불필요한 질문을 통해서 그를 곤경에 빠뜨리려고 했습니다. 우리가 앞에서 여러 논쟁에 대해서 살펴 보았지만 정말 예수님이 누구신지를 모르는데서 온 무지의 소치였습니다(예수님의 권위에 대한 것, 가이사에게 세금을 바치는 문제, 그리고 부활에 대한 질문, 더 나아가 가장 큰 계명이 무엇인가에 대한 질의등).

이러한 논쟁 이후에 주님은 도리어 서기관들에게 자신, 즉 메시아에 대한 정체에 대한 질문과 대답을 하시는 것을 본문을 통해서 볼 수 있습니다. 주님은 너희들이 나에게 대해서 그렇게 생각하고 곤궁에 빠뜨리려고 하는데 나는 바로 너희들이 기다렸던 메시아라는 사실을 알려 주고 있습니다.

서기관들의 메시아관

예수님께서 살아계시던 그 당시에 유대인들 사이에는 메시아에 대한 대망론이 팽배해 있었습니다. 왜냐하면 로마가 유대나라를 지배하고 있었고, 로마의 심한 압박과 착취가 극에 달해 있었기 때문에 메시아가 오시면 로마 총독 정치의 압제자들을 몰아내고 이스라엘 나라의 주권을 되찾아 자유와 해방을 가져올 것이라고 믿었기 때문입니다. 이스라엘 사람들의 마음속에는 다윗 왕에 대한 존경심과 자부심이 대단했습니다. 아브라함을 믿음의 조상으로 여기며 자부심과 긍지를 가지고 '우리는 아브라함의 자손이다' 라고 자랑했으며, 그 다음에는 다윗 왕의 치적을 그리워하면서 다윗의 자손으로 메시아가 오리라고 소망 중에 바라고 있었습니다. 이스라엘의 2대 왕이었던 다윗의 화려한 통치처럼 이스라엘이 회복될 것을 꿈꾸며 살아왔습니다.

지금도 그 사상과 믿음은 변함이 없는데, 아브라함의 혈통을 중요시하고, 메시아가 오면 다윗의 왕통을 이어 오시므로 화려한 회복을 기대하면서 그들의 국기 가운데 6각형의 다윗의 별을 그려 놓고 있습니다.

사실 다윗의 자손 메시아가 오면 그들이 바라는 로마의 압제로부터 주권회복과 해방이 주어지기 때문에 그들의 기대에 딱 맞는 것입니다. 그런데 선지자들의 글에는 유대인들이 이해할 수 없는 내용들이 나타나고 있습니다. 그것은 메시아 즉 그리스도가 인간이 아니라는 것입니다. 그분은 태초부터 계신 분이요 고난의 종으로 오신다는 것입니다. 이것은 유대교의 지도자들인 서기관들이나 율법사 그리고 제사장들도 이해할 수가 없었습니다. 그리하여 그들은 다윗과 같은 정치적 영웅이 와서 진정한 회복을 가져올 것이라고 생각했습니다.

오늘 본문에 나타난 말씀처럼 "서기관들이 그리스도(메시아)를 다윗의 자손이라 하느뇨?"라고 기록하고 있습니다. 그들은 예수님을 성경에서 하나님 아버지께서 말씀하시는 메시아로 올 것을 믿지 않고 현실적으로 자기에게 필요한 메시아를 기대하고 있었습니다. 윤리적이고 도덕적인 면에서 말씀을 잘 지킨다고 했지만 로마의 폭정 아래 시달리고 있는 이스라엘 백성들은 정치적으로 로마의 속박에서 벗어나게 하고 진정한 메시아 왕국을 건설할 메시아를 기대했습니다. 그러므로 예수님이 고난의 종으로, 십자가를 통해 인류를 구원하실 것을 그토록 이야기해도 믿지 않고, 자신이 하늘로부터 온 메시아라는 사실을 이야기 할 때 오히려 신성모독이라고 정죄하고 핍박했습니다.

현대인들도 예수님을 믿으면서 서기관들과 그 당시 사람들처럼 자기의 입맛에 맞는 예수님을 믿고 잊지 않나하는 생각을 지울 수가 없습니다. 우리의 영혼 구원을 위해 메시아로 오신 예수님이 아니라 삶의 질을 높여주고 부유하게 하실 복 방망이와 비슷한 예수님을 믿고 있지는 않는지 궁금합니다. 윤리와 도덕적 관점에 선하게 착하게 사는 윤리적 모델로서의 그리스도를 믿는 사람들이 많습니다. 정치적으로 압박 받는 나라는 예수님을 '해방 예수'라고 하며 정치적으로 참 해방을 주는 선동자로 믿고 있는 경우도 있습니다. 특히 독재정권이나 전제주의 국가에서 민중들이 자유를 갈구할 때 해방자, 예수님으로 믿고 따르는 자들이 있습니다.

그 대표적인 예가 바로 남미의 브라질 아르헨티나 같은 나라들입니다. 그 해방신학(혹은 민중신학)의 영향으로 인하여 60년대 후반부터 80년대까지 우리나라도 교회 다니는 청년들(386세대)이 예수님을 나를 죄에서 구원해 주실 메시아로 받아들이지 않고, 이 세상과 사회의 부조리하고 모순된 부패와 체제를 전복시키고 새로운 사회를 가져오는 사회 혁명가로 이해했습니다. 젊은이들을 선동하고 힘을 결집하여 정부에 항거하고 부조리한 사회 체제의 전복을 위해서 데모하고 분신자살까지 하게 되었습니다. 그들이 독재와 부조리 앞에 항거한 사실 때문에 사회가 많이 민주화 된 것은 사실이지만 그들이 목표로 했던 유토피아가 이 땅에 건설된 것은 아닙니다. 더더욱 하나님의 평화롭고 공의가 강물처럼 흐르는 정의로운 나라는 세워지지 않았습니다. 그 나라는 그리스도께서 다스릴 영원한 나라에서 완성됩니다.

다윗의 메시아관

이러한 관점에서 자신을 이해하고 있는 서기관들에게 예수님께서는 시편 110편 1절에 나오는 다윗의 시를 인용하셨습니다. **"여호와께서 내 주께 이르시되 내가 네 원수를 네 발 아래 둘 때까지 내 우편에 앉았으라 하셨도다"** 이것을 다시 쉽게 번역을 하면 '여호와 하나님께서 예수님께 너의 원수를 너의 발 아래 둘 때까지 내 우편에서 너는 통치할 것이다' 라는 말씀입니다. 그러니까 여기의 핵심은 서기관들이 생각하고 있는 인간 다윗의 자자손손으로, 혈통적 왕으로 오셔서 세상 나라를 해방하는 통치자가 아니라 하나님의 보좌 우편에서 영원토록 온 우주를 다스릴 만 왕의 왕이라는 사실입니다.

물론 유대인들에게 현실적으로 절박한 것은 로마의 속국에서 벗어나 독립하는 것이었습니다. 유대인들에게는 잃어버린 주권을 찾는 것 보다 당장 중요한 것은 없습니다만 하나님께서 더 중요한 것은 인류가 죄로부터 자유함을 얻고 하나님의 나라가 속히 이 땅에 임하는 것이었습니다. 다시 말하면 그리스도의 통치, 의와 진리와 거룩함으로 새사람을 입은 자들이 그리스도안에서 참 평안을 누리고 죄와 사탄의 쇠사슬로부터 벗어나는 일이었습니다. 다윗도 성령 안에서 자신의 혈통적으로 메시아가 오실 것이지만 그 메시아는 세상적인 통치를 위해서 오시는 분이 아니고, 하나님께서 다스리시고 세우실 하나님의 왕국을 건설하기 위해 오실 분으로 이해했습니다. 그것은 인간적으로 이해할 수도 없고, 이해될 수도 없는 진리입니다. 그러나 성령이 그에게 부음 바 되니 언제인지는 모르지만 장차오실 메시아는 바로 하나님나라를 다스리는 영원한 왕이시라는 사실을 믿고 바라고 있었습니다. 이것이 우리가 이 세상에서 누리는 소망이며, 이 소망은 바로 다윗이 가졌던 성령께서 보여주시는 믿음으로만 받아들일 수 있는 것입니다. 그러므로 믿음은 성령에 의해 주어지는 선물이며 그 믿음으로 우리가 바라는 모든 것이 실상이 되고, 보지 못하는 것들의 증거로 드러나는 것입니다(히 11:1).

오늘 우리는 정치적인 부분에 관심도 가져야 하지만 더 중요한 것은 그리스도께서 다스리실 하나님의 나라를 기대하며 소망하며 살아야 합니다. 우리가 믿고 있는 그리스도는 바로 불공평한 세상을 물리적으로나 권력으로 바로 세우는 분이 아니라 다시 오심으로 인하여 새로운 왕국을 세우실 분이십니다. 요셉의 아들로 오셨지만 혈통적으로나 사람의 뜻에 의한 왕이 아니라 하나님께로부터 보내심을 받아 인류의 죄를 위해 오신 영원한 메시아이십니다.

우리는 그분께서 다시 오셔서 우리가 영원토록 살 하나님의 나라로 인도하는 것을 믿음으로 바라보며 고대하는 신앙을 가져야 하겠습니다. 그렇지 않으면 우리의 신앙생활도 생활의 안정과 평안을 추구하는 현실적 종교인으로 전락하고 말 것입니다. 2010년에 성도들을 대상으로 여론조사를 했는데 신앙생활의 주된 목적이 무엇이냐는 질문에 '마음의 평안을 얻기 위하여' 가 38.8%로 나타났고 그 다음에 '구원, 즉 영생을 얻기 위해서' 가 31.6% '건강, 재물, 성공 등 축복을 받기 위해서' 가 18.5% 순으로 나타났다고 합니다.

신앙생활의 주된 목적이 세상 사람들이 추구하는 현실적인 평안과 안전을 위한 것이어서는 안됩니다. 왜 이러한 통계가 나오느냐 하면 그리스도에 대한 바른 신앙고백이 없기 때문입니다.

예수님의 자기 정체성

예수님은 시편 말씀을 통해 영원한 통치자로서의 자신의 정체성을 말씀하시고 난 후에 다윗이 그리스도를 주라고 고백했다면 어떻게 자손이 되겠느냐 하시면서 그 당시 종교지도자들과 유대인들이 가진 메시아 관을 교정시켜 주셨습니다. 다시 말하면 인간적 메시아를 신적인 그리스도로 돌려 놓으셨습니다. 이기적인 민족주의를 전 세계적인 복음의 통치로 회복시켜 놓으셨습니다. 그리고 예수님은 서기관들의 위선에 대해 책망하셨습니다. 본질을 놓쳐 버리고 비 본질을 붙잡고 본질처럼 행동하고 종교 생활하는 그들을 꾸짖고 책망하셨습니다.

주님께서는 이 세상에 계시는 동안 자신의 정체성을 잘 알고 계셨고, 아버지 하나님께서 보내신 그 뜻을 조금도 어김없이 행했던 분이셨습니다. 세상의 안락함을 좇아 살지 않았으며, 인기에 영합하지 않았고, 세상적인 출세나 명예를 위해 살지 않았습니다. 진정으로 그리스도를 바르게 이해하는 그리스도인들도 우리 주님처럼 그렇게 살기 위해 노력하고 있습니다. 이 세상이 전부인 것처럼 살아가는 어리석음에서 벗어나 영원한 하나님의 나라를 소망 가운데 바라보며 그 분의 통치하심에 만족하는 삶을 사는 것이 너무나 중요하고 시급합니다. 그리스도의 메시아 되심의 바른 이해는 바로 현실의 나의 삶과 너무나 직결되는 문제입니다. 이 땅에 나의 눈을 고정시키며 나의 유익을 위해 사느냐 아니면 주님의 통치를 바라며 믿음으로 사느냐 하는 것은 예수님을 어떤 분으로 믿고 따르느냐에 따라 판가름 납니다.

예수님은 가이사랴 빌립보 지역에서 제자들에게 자신을 사람들이 누구라고 생각하고 있느냐라는 질문을 하시고 난 다음에 너희들은 나를 누구라고 생각하느냐 하시면서 자신의 정체성에 대한 질문을 했습니다. 그 때 베드로가 **"주는 그리스도시요 살아계신 하나님의 아들이니다"**(마 16:16)라고 진솔하게 고백했을 때 **"바요나 시몬아 너가 복이 있도록 이를 네게 할게 한 이는 혈육이 아니요 하늘에 계신 내 아버지시니라 또 내가 네게 이르니 너는 베드로라 내가 이 반석 위에 내 교회를 세우리니 음부의 권세가 이기지 못하리라 내가 천국 열쇠를 네게 주리니 네가 땅에서 무엇이든지 매면 하늘에서도 매일 것이요 네가 땅에서 무엇이든지 풀면 하늘에서도 풀리리라"**(마 16:17-19)라고 하셨습니다. 그리스도에 대한 올바른 고백은 주님을 기쁘시게 합니다. 이러한 진정한 고백 위에 주님의 건강한 교회가 세워질 때 성장하고 부흥합니다.

오늘날 우리는 너무나 복잡한 종교 다원주의 시대에 무엇이 옳고 그런 것인가에 대한 절대적인 진리가 훼손된 시대에 살고 있습니다. 우리의 신앙을 붙잡아 주는 버팀목은 바로 그리스도를 바르게 믿고 고백하면서 그분을 따라 사는 삶입니다.

우리는 예수님을 믿으면서 그분의 정체성을 어떻게 이해하고 있습니까? 너무 피상적으로 그 분을 알고 있지는 않습니까? 여러분들의 현실적 필요를 채워주실 분으로만 믿고 고백하고 있지는 않습니까? 현실 너머에 계시는 영원한 통치자, 만왕의 왕(The king of kings)으로 고백하고 그분이 다스릴 그리스도의 왕국을 소망 가운데 바라보면서 현실의 어려움을 극복하고 승리하는 삶을 살아내야 합니다. 현실적 축복에만 집착하면서 예수님을 바라보면 마치 진흙 속에 빠진 사람이 허우적 될수록 더 깊은 진흙 속에 빠져 들어가는 것 같은 꼴이 될 수 있습니다. 베드로처럼 '주님 당신은 우리가 대망하는 진정한 그리스도이십니다' 라고 고백하면서 하나님 나라의 영광을 꿈꾸며 그리스도의 통치를 바라며 살 때 진정한 평화의 나라, 기쁨의 나라의 즐거움이 바로 여러분들의 것이 될 것입니다.

Chapter 31

서기관, 부자, 과부

(The scribes, rich man, poor widow)

막 12:38-44

예수께서 가르치실 때에 이르시되 긴 옷을 입고 다니는 것과 시장에서 문안 받는 것과 회당의 높은 자리와 잔치의 윗자리를 원하는 서기관들을 삼가라 그들은 과부의 가산을 삼키며 외식으로 길게 기도하는 자니 그 받는 판결이 더욱 중하리라 하시니라 예수께서 헌금함을 대하여 앉으사 무리가 어떻게 헌금함에 돈 넣는가를 보실새 여러 부자는 많이 넣는데 한 가난한 과부는 와서 두 렙돈 곧 한 고드란트를 넣는지라 예수께서 제자들을 불러다가 이르시되 내가 진실로 너희에게 이르노니 이 가난한 과부는 헌금함에 넣는 모든 사람보다 많이 넣었도다 그들은 다 그 풍족한 중에서 넣었거니와 이 과부는 그 가난한 중에서 자기의 모든 소유 곧 생활비 전부를 넣었느니라 하시니라

예수님께서는 그 당시 랍비로 자처하면서 존경만 받기를 원했던 서기관들의 잘못된 형태를 지적하면서 그들을 삼가야 한다고 말씀하십니다. 이어서 부자와 과부의 헌금에 대한 태도에 대해서 말씀하시면서 그들의 외형적인 태도보다는 마음의 문제를 중요하게 여기시는 것을 볼 수 있습니다.

사람들은 외모를 보면서 다른 사람들을 평가합니다. 하나님께서는 **"사람은 외모를 보거니와 나 여호와는 중심을 보느니라"**(삼상 16:7)고 하셨습니다. 하나님께서는 외모 속에 감추어진 마음 상태를 보시고 판단하시는 분이십니다. 외형적인 것에 의해서 속지 말고, 마음 속에 있는 보화와 같은 진심과 속내를 볼 수 있는 믿음의 눈을 가져야 현명하게 판단하고 더불어 함께 살아갈 수 있습니다. 외모를 보고 판단하다가 코 다치는 일이 많습니다. 예수님께서 세 종류의 사람에 대해서 말씀하신 내용들이 무엇인가를 함께 생각하면서 은혜를 나누고자 합니다.

서기관들

먼저 서기관에 대해서 예수님께서 가지셨던 생각에 대해서 살펴보고자 합니다. 본문 38,39절에 보면 예수님 당시 로마의 지배 아래 있으면서도 유대 지도자들은 사회적으로 엄청난 특권을 누리고 있었던 것을 볼 수 있습니다. 마치 북한 사회에서 노동자 천민계급(프롤레타리아)들은 배급을 받아야 연명하지만 지도층인 부르조아들은 호의호식(好衣好食)하면서 특권을 누리는 것과 비슷한 상황이었습니다. 어떤 나라든지 마찬가지라고 생각이 됩니다. 소위 하이칼라들은 어떤 정치적, 문화적 종교적 구조를 가지고 있더라도 특권의식을 가지고 호화로운 생활을 하기 마련입니다. 서기관들은 평민들과는 다르다는 특권의식을 가지고 다음과 같은 행동을 했습니다.

첫째, 긴 옷을 입고 다녔습니다.

서기관들은 남들은 입을 수 없는 종교 지도자라는 신분을 드러내는 긴 성복를 입고 다녔습니다. 이들은 신분상으로 다른 사람으로부터 구별되었습니다. 지금의 성공회나 러시아 정교회 그리고 신부나 수녀 그리고 불교에서는 스님들이 입고 다니는 성의나 법복과 같은 것이었습니다. 사회적으로는 군인들의 군복이나 병원에 의사나 간호사들이 입는 가운과 같은 것입니다. 긴 옷이 정확하게 무슨 옷인지는 잘 알 수 없으나 그러한 옷을 입은 이유는 다른 사람들과 분리되고 자기들의 권위를 확대시키기 위해서였습니다. 그것은 명예와 독특성을 갈망하는 교만, 그리고 자신과 지위를 과시하는 오만을 드러낸 것입니다. 더욱 나쁜 것은 그들이 성전에서 멋지게 늘어진 긴 겉옷을 입었으므로, 자기 자신들을 여호와 하나님 앞에서 높인 것입니다. 그러나 그들이 인상적인 외형을 가졌다 해서 예수님으로부터 숨길 수는 없었습니다(막12:1,2). 예수님께서는 그들의 거짓된 마음을 꿰뚫어 보셨습니다.

둘째, 시장에서 문안 받기를 좋아했습니다.

시장에서도 사람들은 서기관들과 랍비들을 최우선적으로 대우했고, 특별 대우를 한 것 같습니다. 사람들이 많이 모이는 곳에서 바리새인들과 서기관들은 동일하게 평민들로부터 경의를 받으며 인정을 받으려고 했습니다. 사람의 인정에는 한계가 있습니다. 상석도 더 높은 사람이 오면 내려가야 합니다. 여기에 매이면 열등감에 쌓이기 쉽습니다. 자기를 알아주지 않는 세상을 향해 분노하기 쉽습니다. 사람의 인정을 원하다 보면 외식도 하게 되고, 결국 거짓 행세도 하게 됩니다. 나의 본래 모습은 그것이 아닌데 사람들에게 꾸미려고 하니 거짓으로 치장하게 됩니다. 자신에 대한 당당함을 잃어버립니다. 다른 사람의 시선이 주가 되고 자기는 노예가 됩니다. 자기답지 못한 것은 우리 안에서 불편한 감정을 만들어냅니다. 사람의 영광을 하나님의 영광보다 더 사랑하고(요 12:43), 사람들로부터 받는 과찬을 더 좋아하는 그들을 예수님은 질책하고 계십니다. 속 사람의 성숙함을 바라시는 예수님의 심정을 엿 볼 수 있습니다. 종교 형식주의에 빠지면 나 자신도 별 볼일 없이 그러한 모습으로 다른 사람들 앞에 나타나게 됩니다. 문안 받는 것 좋은 일이지만 남을 더 귀하게 여기고 대접할 줄 아는 성숙한 모습이 더 아름답습니다.

셋째, 높은 자리에 앉기를 좋아했습니다.

회당의 윗자리 즉 상석과 잔치의 윗자리까지 높은 자리라면 어디든지 앉아서 서포트 라이트를 받기를 좋아 했습니다. 예수님께서는 윗자리에 앉지 말라고 말씀하셨습니다. 왜냐하면 그 사람보다 더 높은 신분의 사람이 오면 밑으로 내려 앉아야 하기 때문입니다(눅

14:10). 이것은 늘 대우와 존경을 받아야 식상이 풀리는 아주 나쁜 습관들이었습니다. 우리들도 종종 그렇습니다. 누가 나를 알아주지 않으면 섭섭하지 않습니까? 누가 저에게 '목사님' 하고 부르는 순간 저는 갑자기 존재가치가 올라가는 것 같습니다. 회당의 상석은 토라를 보관한 상자 맞은편에 위치하고 있습니다. 이 자리는 명망가나 공적인 인물이 앉는 곳입니다. 잔치에 가서도 상석을 찾습니다. 잔치자리의 상석은 주인의 옆자리입니다. 교회 안에도 중직자의 장립 순으로 피택 순으로 기록하지 않는 것에 민감합니다. 철저하게 서열대로 앉기를 원합니다. 사회는 어떤 모임을 하면 계급이나 지위의 높은 사람들의 순으로 강단을 중심으로 좌우편에 앉습니다. 그것이 자기의 신분을 드러내는 하나의 표이기도 합니다. 하지만 교회는 그렇지 않습니다. 섬기는 자가 되고 종이 되는 것이 곧 신분의 상승입니다(막 9:35; 10:31; 12:43-44).

넷째, 과부의 가산을 삼켰습니다.

고아와 과부 그리고 객들은 아무런 행정적이고 법적인 보호를 받을 수 없는 사회적 약자였기 때문에 하나님께서 그들을 특별히 보호하고 돌보아 주어야 할 것을 말씀하시면서 심지어는 하나님은 그들의 하나님이라고 까지 하셨습니다. 이사야 선지자는 **"가난한 자를 불공평하게 판결하며, 과부에게 토색하고 고아의 것을 약탈하는 자는 화 있을진저 벌하시는 날과 멀리서 오는 환난 때에 너희가 어떻게 하려느냐?"**(사 10:2,3)고 경고하고 있습니다. 본문에는 '가산'으로 번역되어 있는데 '집'을 삼켜 버립니다. 강도나 도둑은 보이는 악당이지만 이들은 보이지 않는 강도들입니다. 의로운 체, 경건한 체하며 결과적으로 가난한 자의 재산을 강탈해갑니다. 이런 악이 치명적인 것은 자기 스스로도 악인지 모르고 있기 때문입니다. 주님은 **"그 받는 판결이 더욱 중하리라"**(40절)고 경고하십니다. 장차 있을 심판에 대해서 앞당겨서 미리 보여줍니다. 그래야 각성하기 때문입니다. 현재의 달콤함에 속지 마십시오. 신앙인들은 하나님의 시선을 느끼며 사는 사람들입니다. 사람의 시선보다 하나님의 시선을 더 두려워하는 사람들입니다.

마지막으로, 외식적인 기도를 드렸습니다.

기도하는 자체를 꾸짖은 것이 아니라 기도는 누구든지 해야 할 의무였습니다. 그러나 그들은 외식적인 기도에 익숙했고, 다른 사람들에게 보이기 위해 오랫동안 길게 기도했습니다. 기도는 길고 짧음의 문제가 아니라 어떤 자세를 가지고 하나님께 아뢰는가가 중요합니다. 솔직하게 목회자의 한 사람으로서 성도들에게 바라는 것은 길게 기도하는 외식적인 기도자라도 좀 보았으면 하는 마음입니다. 현대인들은 너무나 기도하지 않기 때문입니다. 지금 주님께서 우리를 보시면 기도를 너무 하지 않는 것에 대해서 책망하시고 꾸짖을 것이라고 여겨집니다. 이러한 서기관들의 다섯 가지 잘못에 대한 판단은 안 좋은 것으로 결말이 나고 말 것입니다.

오늘 우리는 서기관과 같이 공명심과 접대 그리고 위선적인 신앙의 껍데기들을 다 벗고 솔직하고 진솔하며 정직한 그리스도인의 삶의 모습을 유지해야 합니다.

부자들

오늘 본문말씀에서 가장 인상적인 구절은 41절입니다. **"예수께서 헌금함을 대하여 앉으사 무리가 어떻게 헌금함에 돈 넣는가를 보실새"** 주님은 의도적으로 헌금함 맞은편에 앉으셔서 사람들이 어떻게 헌금하는지 지켜보고 계셨습니다. 성전 안에는 헌금함이 있었습니다. 그것이 나팔 모양으로 되어 있었던 모양입니다. 넣기는 쉽고 빼기는 어렵게 만든 구조입니다. 당시는 동전만 있었기에 누가 어느 만큼의 헌금을 하는가 금방 알 수 있습니다. 높은 가치의 동전을 많이 넣는 경우 사람들에게 금세 알려지고 칭찬이 쏟아집니다. 예수님이 그것을 일일이 보고 듣고 계셨습니다. 저 부자는 많이 넣었군, 저 사람은 인색하군, 저 사람의 헌금은 소리도 나지 않을 정도로 가벼워. 제가 여러분이 헌금 내는 것을 앞에서 감시하고 있다고 생각해 보십시오. 아마 작은 헌금은 하기 어려울 것입니다.

단순한 한 장면이지만 저는 매우 중요한 태도라고 생각합니다. 하나님께서 지금 하늘 보좌 위에서 우리 한 사람 한 사람의 행동을 지켜보고 계십니다. 내가 모르게 행동했으니까 아무도 모를거라 생각하지 마십시오. 사람의 눈에만 좋게 보이고 하나님의 눈은 의식하지 않는 어리석은 사람이 되지 마십시오. 누구의 시선을 의식하며 살고 있는가 이것이 중요합니다.

믿지 않는 사람들도 '양심의 소리' 운운합니다. 하늘을 우러러 한 점 부끄러움이 없는 삶에 대해서 말을 합니다. 신앙인들은 양심 정도가 아니라 '하나님 앞에서'(Coramdeo)라는 자세로 살아가야 합니다. 사람을 속일 수는 있어도 하나님은 속일 수 없고 또한 속지도 않습니다. 열 길 물속은 알아도 한 길 사람 속은 알 수 없습니다. 그러나 하나님께서는 우리의 은밀한 것을 아시고 머리털까지 헤아리고 계십니다. 이것은 우리에게 경고가 됩니다. 사람들은 칭찬하고 있지만 실은 나는 그런 칭찬을 받을 위인이 못됨을 하나님께서 더 잘 알고 계십니다. 반대로 위로가 되기도 합니다. 사람들은 외면하고 오해하고 무관심하지만 하나님만은 내 중심을 이해하고 계심을 믿기 때문입니다.

여기에 부자는 많은 액수의 돈을 헌금 궤에 넣었습니다. 사람들의 관점에서는 엄청난 액수를 하나님께 드린 것입니다. 하지만 예수님은 그 부자와 다른 사람이 드린 헌금 총액보다 가난한 과부가 드린 헌금이 더 많다고 평가하셨습니다. 자기의 기준이나 다른 사람들의 시선이 아니라 그 중심과 마음이 어떠한가가 액수보다 훨씬 중요하다는 사실을 주님께서는 말씀하셨습니다. 우리는 액수에 대해서 참 민감하지만 예수님께서는 헌금하는 사람의 마음의 태도를 더 중요하게 여기십니다. 마음과 정성을 다하고 뜻을 다하여 최선의 헌금을 드릴 수 있다면 주님의 긍정적인 평가를 우리도 받게 될 것입니다.

가난한 과부

예수님 당시에 사람들은 아마 화려한 옷을 입고 와서 많은 헌금을 하는 부자를 보며 환호하며 주목했을 것입니다. 그러나 오늘 본문에서 주님께서는 연보궤 맞은 편에 앉으셔서 가난한 한 여인이 두 고드란트를 넣는 것을 보시고 귀중하게 여기셨습니다. 렙돈(고드란트-로마 동전의 명칭)은 이스라엘 화폐 중에 가장 작은 화폐입니다. 그 당시 한 고드란트는 참새 5마리를 살 수 있는 돈이었고, 장정이 하루 먹을 수 있는 끼니에 해당하는 금액이라고 합니다. 우리나라 현재의 화폐 단위로 따지면 오천 원 정도 되는 액수라고 할 수 있을 것입니다. 그것을 하나만 넣은 것이 아니고 둘을 넣었습니다. 두 개가 있으면 유혹이 되지 않습니까? 하나만 내고 다른 하나는 자기를 위해서 사용하길 원하지 않습니까? 그런데 이 여인은 둘 다 넣었습니다. 예수님을 그것을 알아보았습니다. 그리고는 이런 평가를 내렸습니다. **"이 가난한 과부는 헌금함에 넣는 모든 사람보다 많이 넣었도다 그들은 다 그 풍족한 중에서 넣었거니와 이 과부는 그 가난한 중에서 자기의 모든 소유 곧 생활비 전부를 넣었느니라"**(막 12:43-44)

부자들은 겉으로 보기에는 많은 헌금을 한 것 같지만 그 돈을 내었다고 하여 자기 생활에 조금도 불편할 것이 없습니다. 그러나 과부는 자기 생활비 전부를 넣었습니다. 작을지 모르지만 이 돈이면 하루를 버틸 수 있는 분량입니다. 그러나 하나님을 위해서 아낌없이 헌신하였습니다. 세상은 부자의 헌금을 더 크게 생각할 것입니다. 그러나 하나님은 과부의 헌금을 더 크게 생각했습니다.

이 여인의 자세는 하나님 앞에서 자신의 할 도리를 믿음으로 감당하는 것을 보여주고 있습니다. 우리가 알다시피 이 여인은 자신을 사람들에게 나타내지 않기를 원했습니다. 그녀는 사람들의 눈을 의식하지 않았기 때문에 두 렙돈이라도 헌금을 바칠 수 있었고, 그것이 전 재산이었음에도 불구하고 하나님께 자신의 모든 것을 드리는 신앙 고백으로 바쳤습니다. 그녀는 하나님께 예배하는 자로서 그분께만 드리기를 바랐습니다. 사람들에게 보이려는 신앙을 철저하게 배제하였습니다. 그녀는 자기 자신을 전부 하나님께 드렸습니다.

우리가 이런 하나님의 눈을 가질 수 있기를 바랍니다. 진심을 알아볼 수 있는 눈 말입니다. 큰 것에 현혹되지 않고 작은 것의 가치를 알고 그것을 외면하지 않는 눈 말입니다. 이런 눈이 사라지면서 우리의 삶이 각박해졌습니다. 모두가 큰 것, 높은 것, 많은 것, 힘있는 것만 좋아하고 인정하는 사회가 되었습니다. 진심의 소리를 들을 수 없으면 세상이 답답해집니다. 작은 것이 작은 게 아닙니다. 그 사람에게는 인생의 전부입니다. 과부에게는 생활비 전부였습니다. 이런 작은 것들은 수도 없이 더 많습니다. 작은 것이 더 많은데 작은 것을 무시하면 결국 많은 사람을 불행으로 몰게 됩니다. 작은 것을 무시하면 큰 것도 죽습니다. 장애인이나 약자에 대한 배려는 작을지 모르지만 이것을 무시하면 결국 공동체나 사랑이라는 큰 가치를 잃어버리게 됩니다. 중소기업은 작지만 이것을 무시하면 대기업의 생태계도 위험하게 됩니다. 작은 진실을 외면하면 결국 큰 진실을, 더 나아가 진리를 놓치고 말게 될 것입니다.

신앙적인 눈을 가졌다는 것은 작은 것의 가치를 알아볼 수 있는 눈을 가지고 있다는 것입니다. 가인과 아벨 사건에서 보면 하나님이 이렇게 말씀합니다. 창세기 4장 10절입니다. **"네가 무엇을 하였느냐 네 아우의 핏소리가 땅에서부터 내게 호소하느니라"** 가인은 남몰래 아벨을 죽였다고 하였지만 하나님은 그 핏소리가 땅에서부터 내게 소리치고 있다고 합니다. 하나님의 귀입니다. 우리 사회에서도 가난한 자의, 힘없는 자의 소리를 크게 들을 수 있기를 바랍니다. 눈에 보이지 않지만 그것을 더 소중하게 생각할 수 있는 가치관을 가질 수 있기를 바랍니다.

가난한 과부는 생활비 전부를 바쳐 헌신했습니다. 액수보다 더 중요한 것은 마음입니다. 하나님이 무엇이 부족하여 물질을 탐내겠습니까? 그러나 하나님이 탐내는 것이 있습니다. 그것은 여러분의 마음입니다. 하나님을 사랑하는 마음, 하나님께 헌신하는 마음입니다. 부자의 헌금에는 다 마음이 없다고 생각하지 마십시오. 오히려 부유해지면 더 헌금하기 어려워집니다. 100만원 벌 때 10만원 십일조 할 수 있습니다. 그러나 100억을 벌 때 10억을 헌금하려면 쉽지 않습니다. 10억이라는 가치가 커 보이기 때문입니다. 그런데도 불구하고 십일조를 한다면 그것은 하나님을 향한 사랑이 그 안에 있기 때문입니다. 반대로 작은 헌금이 무조건 옳은 것은 아닙니다. 생활비 전부를 드리는 가난한 과부도 있지만 아까워서 인색해서 조금만 내어놓는 가난한 자도 있습니다. 하나님은 액수보다는 마음을 받습니다. 여러분의 중심을 받습니다.

어려운 상황 가운데서도 드린 헌금에는 마음이 담겨 있습니다. 사도 바울은 마게도냐 교인들의 헌금에 대해서 이렇게 칭찬한 적이 있습니다. **"환난의 많은 시련 가운데서 그들의 넘치는 기쁨과 극심한 가난이 그들의 풍성한 연보를 넘치도록 하게 하였느니라 내가 증언하노니 그들이 힘대로 할 뿐 아니라 힘에 지나도록 자원하여"**(고후 8:2-3) 사도 바울이 입이 마르도록 칭찬하고 있습니다. 하나님도 그러하실 것입니다. 가난하다고 하여 헌금을 못하는 것은 아닙니다. 가난한 다른 이웃을 사랑하는 마음이 그들로 하여금 힘에 지나도록 생활비를 쪼개어 드린 것입니다. 그런 헌금과 헌신일수록 더 소중합니다.

주님을 향한 헌신이 좋은 것은 사람은 모르지만 주님께서는 우리 마음을 알아주십니다. 사람은 반응이 없을 때가 많지만 주님께서는 반드시 보답해주십니다. 우리가 헌신한 것보다 더 많은 것을 우리에게 채워주십니다.

사도 바울이 참 연보의 정신을 이렇게 기록하고 있습니다. **"할 마음만 있으면 있는 대로 받으실 터이요 없는 것을 받지 아니하시리라 이는 다른 사람들은 평안하게 하고 너희는 곤고하게 하려는 것이 아니요 평균케 하려 함이니 이제 너희의 유여한 것으로 저희 부족한 것을 보충함은 후에 저희 유여한 것으로 너희 부족한 것을 보충하여 평균하게 하려 함이라"** (고후 8:12-14)

"각각 그 마음에 정한 대로 할 것이요 인색함으로나 억지로 하지 말지니 하나님은 즐겨내는 자를 사랑하시느니라"(고후 9:7)

연보와 헌금에 대한 올바른 자세를 가지고 드리는 물질은 그 액수의 적고 많음에 관계없이 하나님께서 기뻐 받으시고 칭찬해 주십니다.

우리는 대접받고 외형적으로 인정받는 것에 만족하면서 자신을 속이고 살지는 않습니까? 종교생활로 주위 사람들에게 인정받으며 스스로 만족하는 삶을 살 수 있습니다. 하지만 우리 주님은 당신께서 친히 보여 주신 겸손과 종의 모습으로 섬길 것을 요구하고 계십니다. 섬김을 받는 자리보다 섬기는 종의 자세는 나와 다른 모든 사람을 유쾌하게 하고 신바람나는 신앙생활을 하도록 하는 강력한 능력이 됩니다.

헌금에 있어서는 액수의 많고 적음이 중요할 수 있지만 금액못지않게 드리는 마음의 태도가 훨씬 중요하다는 사실을 예수님께서 말씀하고 계십니다. 우리는 헌금을 하지 않고 신앙생활을 할 수 없습니다. 여러 가지 종류의 헌금을 매주하지만 어떤 자세로 하고 있는가를 깊이 생각하면서 풍족한 중에도 적게 드리는 자세를 벗어나(많이 드리면서 인정받지 못하는 그리스도인이 아니라) 구차한 중에서도 많이 드렸다는 예수님의 칭찬을 들을 수 있는 헌금이 되었으면 좋겠습니다.

일반적으로 헌금에 대해서 생각할 때 돈이 많은 사람은 많이 드릴 수 있을 것으로 생각합니다. 어쩌면 옳은 생각일 수있지만 많이 드리는 사람의 마음의 태도가 액수의 많음 보다 더 중요합니다. 없다고 해서 적게 드림으로 만족할 수 있는 것도 아닙니다. 하나님을 의지하고 전부를 드릴 수 있는 절대 주권의 믿음이 헌금 속에 함께 내포될 때 그 헌금은 값어치가 있습니다.

마가복음 강해서 ③

하나님의 계명

■
초판 1쇄 인쇄 / 2015년 9월 10일
초판 1쇄 발행 / 2015년 9월 15일

■
지은이/안 병 만
펴낸이/김 수 관
펴낸곳/도서출판 영문
122-070 서울시 은평구 역촌동 10-82
☎ (02)357-8585
FAX • (02)382-4411
E-mail • kskym49@hanmail.net

■
출판등록번호/제 03-01016호
출판등록일/1997. 7. 24

정가 18,000원
ISBN 978-89-8487-320-9 03230
Printed in Korea